이 책을 읽을 필요가 없는 나의
소중한 친구 호머 크레이에게 바친다.

How to Win Friends
and Influence People

어떻게 친구를 만들고
상대를 설득할 것인가

데일 카네기 / 저

채혜원 / 옮김

차 례

개정판을 내면서

이 책(How to Win Friends and Influence People)은 1937년 단지 5,000부로 초판이 발행되었다. 저자인 데일 카네기(Dale Carnegie)나 출판사인 사이몬 앤드 슈스터(Simon and Schuster) 그 어느 누구도 이 책의 판매가 기본적인 부수를 넘어서리라고는 생각지 못했다. 그러나 놀랍게도 이 책은 선풍적인 인기를 끌었으며, 격증하는 독자층의 요구로 판을 거듭했다.

이후 이 책은 시대를 초월한 세계적인 베스트셀러로서 출판사상 거의 독보적인 위치를 차지하기에 이르렀다. 이 책은 사람들의 마음을 움직였으며, 불황 이후 시대의 변덕스러운 현상을 넘어서는 인간의 욕구들을 충족시켰다. 이는 이 책이 1980년대, 즉 거의 반세기 이후에까지 지속적이고 획기적인 판매를 보이고 있음으로 알 수 있다.

카네기는 영어로 하나의 문구를 만드는 일보다 백만 달러를 벌어들이는 일이 더 쉽다는 말을 자주 쓰곤 했다. 《어떻게 친구를 만들고 상대를 설득할 것인가(How to Win Friends and Influence People)》가 바로 그러한 문구가 되어, 정치 만평으로부터 소설에 이르기까지 헤아릴 수 없는 여러 상황에서 인용되고, 풍자되어 사용되었다. 이 책은 거의 모든 나라의 언어로 번역되었으며, 각기 다른 세대마다 새롭게 받아들여지고, 자기들과 밀접한 것임을 발견하게 되었다.

　이러한 현상은 우리들로 하여금 당연한 의문을 가져다준다. 이 책
이 활력과 호소력을 지니고 있음이 여태껏 증명되어 왔고, 지금도 계
속 밝혀지고 있는 마당에 왜 개정판을 내는 것인가? 이 물음에 대답
하기 위해서 우리는 카네기가 살아 있는 동안 자신의 작품에 대하여
끊임없이 수정 보완해 온 사람이라는 사실을 인식해야 한다.

　이 책은 『효과적인 대화술과 인간관계』라는 그의 강좌에서 교재
로 사용하기 위해 저술된 것으로, 지금까지도 카네기 코스에서 교재
로 쓰이고 있다. 1955년, 그가 죽기 직전까지 카네기는 계속 발전하
고 있는 독자층의 욕구를 충족시키기 위하여 그가 개설한 코스를 지
속적으로 발전시키고 수정 보완해 나갔다.

　현존하는 일상사의 변화무쌍한 추세에 데일 카네기보다 더 민감
한 사람은 없었다. 그는 자신의 교수 방법을 지속적으로 발전 갱신해
나갔으며, 효과적인 대화법에 관한 자신의 저술을 시대에 맞게 여러
번 고쳐 썼다. 그가 좀 더 오래 살았더라면 그는 1930년대 이래로 세
계의 변화 추세를 보다 잘 반영코자 이 책을 수정했었을 것이다.

　이 책에 나오는 많은 저명한 인물들이 책이 초판되던 당시에는
잘 알려진 인물들이었으나, 오늘날의 독자들에게는 더 이상 낯익은

이름들이 아니다. 예로 든 어떤 문장들이나 문구들은 마치 빅토리아 시대의 소설에서나 나옴직한 것과 같이 오늘날의 사회 분위기에는 걸맞지 않으며 시대에 뒤떨어진 감이 드는 부분도 있다. 중요한 메시지나 이 책이 주려고 하는 전체적인 영향이 그만큼 축소되는 것이다.

그러므로 이 수정판을 내놓으려는 우리의 목적은 오늘날의 독자층을 위해 이 책을 보다 분명하게 하고 강화시키고자 하는 것이다. 단지 몇몇 예로 든 문장을 삭제하고 보다 현대적인 감각의 예들을 추가하는 것 외에는 이 책의 전체적인 골격은 그대로 살아있다.

날카로우면서도 활기찬 카네기 스타일은 전혀 손상되지 않았고, 카네기 자신이 말한 그대로의 표현, 즉 활기차고 웅변적이며 대화적인 방식 그대로 썼다.

그래서 그의 책이나 저술 속에는 항상 그의 목소리가 그대로 진하게 남아 있다. 전 세계 수많은 사람들이 카네기 코스에서 훈련을 받고 있으며, 그 수는 해마다 늘고 있다. 또한 또 다른 부류의 수많은 사람들은 이 책을 읽고 연구하며 감동받아 자신들의 삶을 보다 윤택하게 하는 데 그 원칙들을 적용하고 있다. 명기도 끊임없이 갈고 닦는다는 정신으로 그러한 모든 사람에게 이 개정판을 바친다.

— 도로시 카네기(데일 카네기 부인)

나는 어떻게 해서 이 책을 썼으며, 그 동기는 무엇이었나?

20세기 최초의 35년 동안에 미국 내에 있는 출판사에서 간행된 출판물의 종류는 25만 가지 이상에 달했다. 그들 대부분은 단조롭고 재미없는 것들이었고, 재정상으로도 실패작이 많았다.

내가 많은 출판물이 실패였다고 말했는데, 다음에 드는 세계적인 어느 대출판사의 사장의 말은 내가 한 말을 뒷받침해 준다. 즉 그의 출판사는 75년이라는 긴 역사를 지닌 출판사이면서도 그들이 책 여덟 권을 냈다면 그 가운데 일곱 권은 손해를 보았다고 한다.

그렇다면 내가 또 하나의 책을 쓴다는 것은 무모한 짓이 아닐까? 책이 나온다 해도 읽어 주는 이가 없다면 어쩌지? 하고 물을 것이다. 물론 타당한 질문이다.

이에 대한 답변을 말해 보기로 한다.

1912년 이래로 나는 뉴욕에서 실업(實業) 및 기타 전문직에 종사하는 남녀를 위한 교육강좌를 해 오고 있다. 처음에는 연설법에 관한 강좌만을 했었는데, 그것은 성인(成人)으로 하여금 실습을 통하여 자기 스스로 생각하고 업무상 대인 접촉에서나 단체회합에서 각자의 의사를 보다 명확하고 힘 있고 침착하게 표현할 수 있도록 훈련시키는 과정이었다.

그래서 차차 시일이 경과함에 따라 나는 이들이 효과적인 화술에 대한 훈련을 필요로 하는 것 못지않게 일상생활에서, 또 사교적 대인 접촉에 있어서 사람들과 잘 어울려 나갈 수 있는 기술면의 훈련도 절실히 요구하고 있다는 것을 알게 되었다. 지난 과거를 회고해 보고 내가 얼마나 대인관계에 있어서 서투르고 이해가 부족하였던가를 생각할 때 놀라움을 금할 수 없었다. 20년 전의 그 당시에 만약 내 수중에 이 책과 같은 참고서가 있었던들 내게 얼마나 큰 도움이 되었으며 얼마나 귀중한 지침이 되어 주었을까?

사람을 다룬다는 것은 아마 누구나가 겪는 가장 큰 문제일 것이며, 특히 실업가에게는 더욱 그러할 것이다. 가정주부, 혹은 기자에게도 마찬가지다.

몇 해 전에 카네기 교육진흥재단이 주최하여 실시한 조사 결과 밝혀진 대단히 중요하고도 의미 깊은 한 사실이 있는데, 그 사실은 후에 카네기 기술연구소에서의 계속적인 연구에 의해서 확인되었다. 그 조사의 결과란, 엔지니어링과 같은 기술적인 분야에 있어서조차 재정적 성공의 15퍼센트는 자신의 기술적 지식에 의해서 성공을 거두었고, 나머지 85퍼센트는 대인관계, 즉 인품과 사람을 다루는 능력이 뛰어났기 때문에 성공을 거두었다는 것이었다.

여러 해 동안 나는 계절마다 필라델피아 엔지니어 클럽에서 강좌를 개최하였고, 한편 미국 전기 기술연구소 뉴욕 지부에서도 강좌를 가졌다. 천 5백 명 이상의 기술자들이 내 강좌를 수료하였다. 그들이 나한테 온 것은 다년간의 경험과 관찰을 통하여 공업 분야에서도 급료를 가장 많이 받는 사람들이 반드시 기술적 지식 면에서 뛰어난 사람이 아니라는 것을 깨달았기 때문이다.

예를 들어, 공업이나 회계, 건축, 기타 전문직 분야에 종사하는 사람들이라면 그들의 단순한 기술적 능력을 사서 적절한 급료를 지불하고 고용할 수가 있을 것이다. 그러나 그러한 기술적 지식에다가 자신의 의사표현에도 능하고, 사람을 다룰 줄 알고 타인의 열성을 불러일으킬 수 있는 재능까지 겸비한 사람은 더 많은 보수를 받기 마련인 것이다.

한창 활동기에 있던 존 D. 록펠러는, 『사람을 다루는 능력은 설탕이나 커피처럼 돈을 주고 살 만한 것이다. 그 능력이야말로 다른 어느 상품보다도 비싼 값을 치를 용의가 있다.』라고 말했다.

지구상에 있는 모든 대학에서, 이 지상에서 가장 고가의 재능을 계발하는 과정을 두어야 한다고 여러분은 생각지 않는가? 그러나 과문한 탓인지는 몰라도 세계 어느 곳에도 이 가장 실용적이며 상식적인 과목을 가르치는 대학은 적어도 내가 이 책을 집필하고 있는 현재까지는 하나도 없는 것 같다.

　시카고 대학과 YMCA 연합학교에서 성인들이 정말 습득하고자 하는 것이 무엇인지를 알아내기 위한 실태조사를 실시한 바 있다.

　이 실태조사에는 2만 5천 달러나 되는 비용이 들었다. 그 조사의 마지막 단계는 가장 전형적인 미국의 소도시라 할 수 있는 코네티컷 주의 메리덴에서 실시되었다. 메리덴 시내의 모든 성인을 면접하고 156개의 질의에 대한 반응을 조사하였는데, 그 질의 사항이란 『당신의 사업 또는 직업은? 교육 정도는? 여가 활용은? 취미는? 포부는? 지금 당신의 문제점은? 가장 배우고 싶은 것은?……』

　대체로 생활상의 문제 등에 관한 것이었다. 그 조사의 결과 판명된 것은 첫째, 건강이 성인의 가장 큰 관심사라는 것이고, 둘째로는 대인관계에 관한 것, 즉 어떻게 남을 이해하고 그와 조화될 수 있는가, 어떻게 타인에게 영향력을 끼치고 설득시킬 수 있을까 하는 것이었다고 한다.

　그리하여 그 실태 조사를 실시한 위원회가 메리덴 시의 성인들을 위해서 대인관계를 위한 강좌를 개최할 것을 결정하였다. 혹시 그 문제에 관한 적당한 교재가 없을까 하고 애써 찾아보았으나 그런 것은 어디에도 눈에 띄지 않았다.

끝으로, 그 위원회는 성인교육에 관한 체계적 권위자에게 문의해 보았으나 그의 대답 또한 부정적이었다. 『나도 그들이 원하는 것이 무엇인지는 잘 알지만, 거기에 소용될 만한 서적은 아무도 쓴 적이 없다』는 것이었다.

나의 경험에 비추어 보더라도 이 말이 사실임을 나는 알고 있었으니, 그것은 나 자신이 몇 년 동안이나 인간관계에 관한 실용적이고도 간편한 입문서를 찾느라고 헛고생만 한 적이 있었기 때문이다.

그러한 책이 없으니 부득이 내가 그 과정에 사용할 교재를 써보는 수밖에 없었다. 그 결과가 바로 이 책이다. 독자들에게 조금이라도 도움이 된다면 다행이겠다.

이 책을 저술하기 위한 준비로 나는 대인관계에 관해 쓴 글이라면 무엇이든지―나는 훈련된 연구원을 고용하여 1년 반이나 걸려 각 도서관을 두루 찾아다니면서 내가 접하지 못한 자료들을 읽어 오도록 하였다. 그는 심리학에 관한 권위서를 뒤적이고, 수백 권의 잡지 기사를 탐독하며 수많은 전기서(傳記書)를 섭렵하여 과거의 모든 위인들이 어떻게 사람을 다루었는지를 알아내려고 힘썼다.

우리는 각 시대의 위인전기를 같이 읽었고, 줄리어스 시저로부터 토머스 에디슨에 이르는 모든 위인들의 생애를 더듬어 보기로 했다.

내가 기억하건대, 아마 디어도어 루즈벨트의 전기만 해도 백 번은 더 읽었을 것이다. 우리는 시간이나 비용을 아끼지 않고 어느 시대에 어느 누가 친구를 만들고 사람을 움직이기 위하여 어떠한 생각을 가지고 행동하였는지를 발견하는 데 전력을 다하였다.

나는 세계적인 명성을 지닌 수많은 성공한 사람들과 직접 면담을 했다. 그 가운데는 말코니나 에디슨 같은 발명가, 프랭클린 D. 루즈벨트나 제임스 팔리 같은 정치가, 오웬 D. 영 같은 실업계의 리더, 클라크 게이블, 메리 픽포드 같은 영화배우, 마틴 존슨 같은 탐험가들이 있다. 나는 그들에게서 인간관계의 비결을 알아내려고 힘썼다.

이렇게 마련된 자료를 기초로 하여 나는 「어떻게 친구를 만들고 상대를 설득할 것인가?」라는 짤막한 강연 초고를 준비하였다. 나는 그것을 「짤막한」 것이라고 불렀다. 그것은 처음에는 짤막한 것이었지만, 지금은 한 시간 30분이나 걸리는 꽤 실팍한 강연거리가 되었다. 지난 수년 동안 나는 철마다 뉴욕에서 열리는 카네기 코스에서 성인 남녀에게 이 강연을 들려주었다.

나는 강연이 끝난 다음 수강생들에게 나가서 직접 사업이나 사교적인 접촉에서 시험해 보고 다시 강의실로 돌아와 그들이 겪은 경험이나 성과를 이야기해 보도록 하였다. 그것은 퍽 흥미있는 실험이었다. 자기 발전을 갈망하는 이들 남녀는 이 새로운 실험실—이 세상에서 최초이며 유일한 인간관계 실험실—에서 배운다는 생각에 크게 매혹당해 버리고 말았다.

이 책은 일상적인 의미에서 말하면 「저술」되었다고 말할 수 없다. 이 책은 한 어린아이가 자라나듯 그렇게 성장하였으며, 그러한 실험실과 수천 명의 경험을 통해서 성장하고 발전되어 온 것이다.

몇 년 전만 해도 우리는 우편엽서만한 카드에 몇 가지 원칙을 프린트한 것으로 출발하였다. 그 다음 계절에는 카드가 조금 커졌고, 그 다음에는 전단만해졌고, 그 다음에는 몇 권의 조그마한 책자가 되어 그 부피는 범위가 점점 확대되어 갔다. 그 이후 15년에 걸친 실험과 연구의 결정으로 이 책이 나오게 된 것이다.

이 책 속에 제시한 원칙은 단순한 이론이나 추측의 산물이 아니다. 이들 원칙은 신통하리만큼 잘 들어맞는다. 사실같이 들리지 않을지 모르겠지만, 그 원칙을 적용함으로써 여러 사람들의 생활에 문자그대로 혁명을 가져오는 것을 나는 목격하였다.

예를 들자면, 314명의 종업원을 거느린 한 기업가가 이 코스에 참석하였다. 수년 동안을 그 사람은 자기 부하 직원들을 마구 혹사하고 비판하고 욕해 왔었다. 친절이나 감사의 말이나 격려 따위는 그의 입에서 한 번도 나와 본 적이 없었다. 그런데 이 책에 씌어 있는 원리를 배운 다음부터는 그 사람의 인생관이 일대 전환을 하였다. 그의 회사는 이제 새로운 애사심과 새로운 열의와 새로운 협동의 정신으로 넘쳐흐르고 있다. 314명의 원수가 314명의 친구로 변한 것이다. 그는 그 강좌 석상에서 다음과 같이 술회했다.

『내가 회사 안을 걸어 지나가도 아무도 인사하는 사람이 없었습니다. 종업원들은 내가 가까이 다가가면 외면하기가 일쑤였습니다. 그러나 이제 그들은 모두 나와 친한 사이가 되었고, 심지어는 경비원까지도 나의 퍼스트 네임을 부를 정도입니다.』

이 사업가는 지금 더 많은 수익을 올리고 있고, 보다 많은 여가 시간을 즐기고 있으며, 그보다 더욱 중요한 것은, 그의 사업과 가정에서 보다 큰 행복을 찾게 된 것이다.

같은 원리를 응용함으로써 수많은 세일즈맨들은 판매 실적을 놀라울 정도로 증가시켰고, 전에는 아무리 애써도 얻을 수 없었던 새 거래선을 틀 수 있게 되었다. 회사 중역은 더 중요한 직책을 맡게 되고 급료도 인상되었다. 어느 회사 중역은 이들 원리를 응용한 덕택에 대폭적인 급료 인상을 받았다고 보고해 왔다.

필라델피아 가스회사의 한 중역은 그의 호전적인 성격과 부하 직원을 잘 통솔하지 못한다는 이유로 좌천을 당하게 되어 있었는데, 내 강좌에서 훈련을 받은 덕택으로 예순 다섯이나 된 나이에 좌천을 면하고 더 좋은 자리로 승진하여 더 많은 급료를 받게 되었다.

한 과정이 끝날 때 베풀어지는 연회석상에서 수많은 주부들이 자기 남편이 이 훈련을 받은 후로는 가정이 한결 더 행복해졌다고 나에게 말해 주기도 했다. 남자들은 남자들대로 그들이 거둔 훌륭한 성과에 경탄하는 경우가 많다.

모든 것이 요술 같기만 하다. 어느 때는 이틀 동안을 참고 기다려서 다음 주 초, 정례 강좌가 시작되는 날 얘기해도 될 일을 그들이 거둔 성과를 한시라도 빨리 나에게 알려주고 싶어서 일요일에 내 집으로 전화를 걸어 오는 사람도 있다.

어느 사람은 강좌에서 배운 처세 원리에 너무 열중한 나머지 다른 수강자들과 밤이 늦도록 토론을 벌이기도 했다. 새벽 세 시가 되어서 다른 사람들은 집으로 돌아갔으나, 그는 그의 지난 과오에 대한 각성 때문에 너무 흥분되고 눈앞에 전개된 새롭고도 풍요한 세계의 전망에 가슴이 벅차 잠들 수가 없었다. 그날 밤뿐이 아니라, 이튿날도 또 그 이튿날 밤도 그는 잠을 이룰 수가 없었다.

그는 누구였을까? 아무 이론이나 닥치는 대로 갑론을박하는 순진

하고 훈련 받지 못한 사람이었을까? 천만에. 그렇지 않다. 그는 아주 세련되고 세상 물정에 밝은 미술품 수집가로서 3개국어에 능통하고 유럽에서 대학을 두 군데나 졸업한 그 지역 유명 인사였다.

이 글을 쓰는 도중 나는 한 전통 있는 집안의 독일인으로부터 편지를 받았는데, 그의 집안은 대대로 호엔촐레른 가(家)에 속한 직업군인 장교였고 또 귀족이었다. 대서양을 건너는 여객선 안에서 부쳐 온 그 편지에는 처세원리를 실생활에 적용해 본 성과가 거의 종교적인 열정으로 적혀 있었다.

뉴욕 시의 사교계에 명성이 자자한 하버드 출신의 부자이며, 큰 카펫 공장을 경영하고 있는 다른 한 사람은 말하기를, 그는 사람을 다루는 방법에 관하여 대학 4년 과정에서 배운 것보다 나의 14주간에 걸친 훈련강좌에서 배운 것이 훨씬 더 많았다고 하였다.

어떻게 보면 가소롭고, 터무니없는 이상스런 얘기라고 할지 모를 일이다. 물론 여러분은 그 말을 어떻게 생각해도 좋을 것이다. 나는 다만 한 점잖고 사회적으로 명성이 높은 하버드 출신의 인사가 1933년 2월 23일 목요일 저녁, 뉴욕의 예일 클럽에 모인 약 6백 명의 청중 앞에서 연설한 그대로를 소개하는 것일 뿐이다.

『우리 인간이 본래 타고난 능력의 가능성에 비교한다면』 하고 저명한 하버드 대학의 윌리엄 제임스 교수는 말했다. 『우리는 아직 절반밖에 깨어 있지 못합니다. 우리는 육체적 및 정신적 역량의 극소 부분밖에 활용하지 못하고 있습니다. 그 능력을 보다 넓게 발휘함으로써 인간 개개인은 자기의 능력 한계 내에서 훨씬 넓게 삶을 영위할 수가 있습니다. 즉 인간은 습관적으로 사용하지 못하고 있는 다양한 종류의 힘을 내재하고 있는 것입니다.』

바로 『이 습관적으로 사용하지 못하고 있는 힘!』 이 책의 기본 목적은 여러분이 이와 같이 잠자고 있는 활용되지 못한 자질을 발견해서 개발시키고, 활용할 수 있도록 도와주는 데 있다 할 것이다.

전 프린스턴 대학총장 존 G. 히벤 박사도 말하기를, 『교육이란 생활의 모든 상황에 잘 대처할 수 있는 힘을 길러주는 것이다.』 라고 하였다. 어느 누가 이 책의 처음 3장을 다 읽고 난 다음에도 생활의 여러 가지 상황에 대처하는 능력이 조금이라도 나아지지 않았다고 한다면 저자는 이 책이 그 사람에게 있어서만은 완전히 실패작임을 자인하는 데 주저치 않을 것이다. 허버트 스펜서가 말한 대로, 교육의 첫째 목적은 지식이 아니라 행동이기 때문이다.

이 책은 그러한 행동의 서(書)임을 분명히 밝힌다.

— 데일 카네기

이 책의 효과적인 활용으로 최대한의
이익을 얻기 위한 9가지 제안

1. 이 책을 가장 유익하게 이용하기 위해서는 한 가지 필요불가결한
   요건이 있는데, 이것은 다른 어느 원칙이나 기술보다 더 중요한
   필수 조건이다. 이 기본적인 요건을 갖추고 있지 못하면 천 가지
   의 원리를 공부해도 아무 소용이 없을 것이다. 그러나 만일 당신
   이 이 가장 기본이 되는 자질만 지니고 있다면 당신은 이 책을 최
   대한으로 활용하기 위한 어떤 제안을 읽지 않고도 기적적인 성과
   를 거둘 수 있을 것이다.
   　이 신기한 요건이란 무엇일까? 그것은 다름 아닌, 사람 다루는
   능력을 터득하려는 깊고 열렬한 의욕과 그 능력을 키워 나가고자
   하는 굳건한 결의인 것이다.
   　그러면 어떻게 그러한 의욕을 발달시킬 것인가? 인간관계의
   원칙이 얼마나 우리 인간생활에 중요한가 하는 것을 늘 자기 자신
   에게 환기시키는 것이 그 방법이다. 이들 원칙을 실천함으로써 우
   리가 사회적으로나 경제적으로 성공하려는 생존경쟁에 얼마나 큰
   도움이 되겠는지를 한번 생각해 보라. 「나의 인망과 나의 행복,
   나의 부(富)가 사람을 다루는 능력에 크게 달려 있다」는 점을 한
   시도 잊어서는 안 된다.

2. 우선 각 장을 빨리 통독하여 그 대의(大義)를 파악토록 하라. 아마 다음 장으로 빨리 넘어가고 싶겠지만, 그렇게 해서는 안 된다. 그 저 심심풀이로 이 책을 읽는다면 모를 일이지만, 그렇지 않고 대 인관계의 기술을 터득하려는 목적으로 이 책을 읽고 있다면 읽은 장을 다시 한 번 숙독해야 한다. 이것이 결국은 시간을 절약하고 좋은 성과를 얻는 길이다.

3. 읽는 도중에 자주 중단하고 책이 말해 주는 방법을 어떻게, 그리고 언제 실제로 응용할 수 있을까를 자기 스스로에게 물어 보라.

4. 펜이나 색연필을 손에 들고 읽으면서 당신이 이용할 수 있다고 생 각되는 부분이 있으면 그 밑에 줄을 칠 것. 아주 훌륭하고 기억할 만한 제언이 있으면 그 문장 밑에 줄을 치거나 표(예를 들면 *와 같은)를 해두는 것도 좋다. 줄을 치거나 다른 표시를 해 놓으면 책 읽기가 훨씬 재미있어지고 나중에 다시 읽을 때 도움을 준다.

5. 나는, 15년간이나 어느 큰 보험회사의 지점장을 지낸 사람을 알고 있는데, 그는 매달 그의 회사가 체결하는 모든 보험계약서를 다 읽는 버릇이 있다. 그는 똑같은 계약문서를 매 달, 그리고 해가 바

꿰어도 되풀이해서 읽는다. 그 이유인즉, 그 계약의 조건을 기억하는 데 그 방법이 가장 좋다는 것을 경험으로 알고 있었기 때문이다.

　나 자신도 2년이나 걸려 연설법에 관한 책을 저술한 적이 있는데, 나 자신이 내 책 속에 쓴 내용을 몰라서 가끔 다시 꺼내 읽어보는 수가 있다. 우리의 망각의 속도는 실로 놀랄 만하다. 따라서 이 책을 정말 오래도록 유용하게 사용하려면, 한번 죽 훑어보면 되는 것으로 생각지 말 것이다. 끝까지 읽은 다음에 한 달에 한 번씩 시간을 내어 다시 읽어 보라. 언제나 그대의 책상 앞에 이 책을 비치해 두라. 틈틈이 책의 여기저기를 들여다보라. 앞에 놓여 있는 무한한 개선과 발전의 가능성을 자기 자신에게 끊임없이 상기시켜라. 부단하고 꾸준히 이 책이 제시하는 원칙을 되풀이 읽어보고 응용함으로써만 그것이 모르는 사이에 몸에 습관적으로 배게 되는 것이다. 이것만이 최선의 길이다.

6. 일찍이 버나드 쇼는 말하기를, 사람이란 남이 가르쳐주는 것은 배우려 들지 않는다고 하였다. 과연 옳은 말이다. 습득이라는 것은 능동적 과정이다. 우리는 자기가 직접 실천함으로써만 습득할 수

있는 것이다. 그러므로 이 책에서 배우고자 하는 원칙이 있으면 그것을 몸소 행동으로 터득할 일이다. 기회 있을 때마다 이들 제 원리를 응용해 보아야 한다. 그렇지 않으면 그 원리는 곧 잊히고 말 것이다. 실제로 활용한 지식만이 산지식으로서 마음속에 뿌리를 박게 되는 것이다.

항상 인간관계의 제 원리를 실생활에 응용한다는 것은 퍽 어려운 일이다. 그것은 나 자신이 이 책을 쓰고서도 내가 제창한 원칙들을 실제 응용하기 힘든 경우를 여러 번 겪어 보았기 때문에 잘 알고 있다.

이를테면, 기분이 나쁠 때 타인을 비판하고 욕하기는 쉬우나, 상대방의 관점을 이해하려고 노력한다는 것은 참으로 어려운 일이다. 남을 칭찬하기보다는 허물을 들춰내기는 쉬운 노릇이다. 상대가 원하는 것보다는 자기가 원하는 것을 내세우고자 함은 인간의 본성이기도 하다. 따라서 이 책을 읽어 내려가면서 여러분은 단지 어떤 지식을 얻으려고 하기보다는 그것을 자기 몸의 습성으로 삼아야 한다. 여러분은 새로운 생활방식을 시도하려 하는 것이므로 많은 시간과 꾸준한 인내와 노력이 요구될 수밖에 없다.

그러므로 이 대목을 자주 참고삼아 찾아 읽어야 한다. 이 책을 인간관계를 잘 이룩해 나가기 위한 지침서로 생각하고 어떤 특수한 문제에 부딪쳤을 때마다—가령 어린아이를 다룬다거나, 아내의 버릇을 고쳐 준다거나, 화를 내는 고객의 비위를 맞춘다거나 하는 경우—자기 본능대로 충동적으로 행동하기 전에 다시 한 번 생각을 가다듬어 이 책을 열고 참고될 만한 대목을 다시 읽어보고 난 다음 이 책이 지시하는 대로 행동하면 놀라운 성과를 거둘 것이 틀림없다.

7. 여러분은 각자가 이 책의 지시를 어겼을 때마다 아내나 아들이나 혹은 회사 동료에게 얼마간의 벌금을 무는 내기를 해보는 것도 좋다. 이러한 규칙을 마스터하기 위해 효과적인 게임을 하는 것도 좋은 방법이다.

8. 어느 강좌 석상에서 월 스트리트의 어느 일류은행 은행장이 자기 개선을 도모하는 데 사용한 효과적인 방법을 이야기한 적이 있다. 그 사람은 정식 학교교육은 별로 받지 못했지만 미국에서 가장 중요한 금융인의 한 사람이 되었다. 그의 말을 그대로 옮겨본다.

『몇 년 동안 계속해서 나는 그날 그날의 약속을 수첩에다 기재해 왔습니다. 토요일 밤이면 나는 혼자 방에 들어앉아서 자기반성과 검토와 평가에 몇 시간을 보내곤 합니다. 즉 수첩을 펼쳐놓고 지난 한 주일 동안에 만난 사람, 그 사람들과 주고받은 말, 그리고 단체 회합의 경과 등을 일일이 회고해 보는 것입니다. 그리고 나 자신에게 이렇게 물어 봅니다.

『내가 그 때 무슨 실수나 하지 않았는가?』

『내가 한 일이 과연 옳았는가, 어떻게 했으면 더 좋은 결과를 가져왔을까?』

『지난 경험에서 나는 무슨 교훈을 찾을 것인가?』

이러한 주말의 반성이 마음을 괴롭힐 때도 있고, 내가 저지른 큰 과실에 스스로 놀랄 경우도 많습니다. 그러나 한 해, 두 해 지나 감에 따라 그러한 과실이 점점 줄어들고 또 급속한 대인관계의 개선에 흡족한 자기만족을 느끼게 되었습니다.

이러한 자기 분석, 자기 교육이 몇 년 동안 계속됨으로써 나는 이 세상의 다른 어느 것에도 비교될 수 없으리만큼 훌륭한 성과를 거두게 되었습니다. 그것은 나의 결단력을 증진시켜 주었고, 사람 들과 접촉하는 데 큰 도움을 주었습니다.』

여러분도 이 책에서 배운 원리를 응용함에 있어 이러한 방법을 실천해 보면 좋을 것이다. 그렇게만 한다면 그 결과로 여러분은 두 가지 소득을 얻을 수 있을 것이다.

첫째, 매우 흥미있고, 가치 있는 교육과정을 수료하는 것이고,

둘째, 사람을 대하고 다루는 능력이 눈에 띄게 하루하루 발전하게 될 것이다.

이 책의 효과적인 활용으로 최대한의 이익을 거두려면,

a. 인간관계의 원칙을 터득하는 데는 불타는 의욕이 필요하다.

b. 각 장을 반드시 두 번 읽고 난 다음에 다음 장으로 넘어갈 것.

c. 이 책에 서술된 방법을 어떻게 실행할 것인가를 늘 책을 찾아보면서 생각할 것.

d. 중요하다고 느껴지는 부분에는 밑줄을 쳐 놓을 것.

e. 매달 한 번씩 책을 다시 읽어 볼 것.

f. 책에 열거되어 있는 방법을 기회 있을 때마다 실제로 응용해 보고 늘 책을 곁에 비치해 두어서 일상생활의 문제를 해결하는 지침서 내지 참고서로 삼을 것.

g. 이 책의 지시를 어길 때에는 벌금을 무는 내기를 친구와 걸 것.

h. 이 책의 가르침을 잘 활용하고 있는지를 매주 점검해 보고, 자기의 과오와 진보와 경험을 장래를 위하여 평가하고 반성해 볼 것.

PART 1.

사람을 다루는 기본적인 테크닉

1

꿀을 따려거든 벌통을 차 엎지 마라

1931년 5월 7일 뉴욕 시에서는 전대미문의 일대 수색작전이 전 개되었다. 이른바 살인범 『쌍권총 크롤리』—살인자, 술과 담배를 않는 총잡이—가 수 주간에 걸쳐 경찰에 쫓기던 끝에 웨스트엔드 가에 있는 그의 정부(情婦)의 아파트로 도망쳐 들어간 것이다.

150명의 경찰관이 범인이 숨어 있는 아파트의 맨 위층을 포위 하고 지붕에 구멍을 뚫어 최루 가스를 집어넣어 크롤리를 밖으로 몰아내려고 하였다. 주위 건물의 옥상에는 기관총이 장치되었다. 그로 말미암아 뉴욕의 고급 주택가는 한 시간 반 이상이나 콩볶는 듯한 권총과 기관총의 소란 속에 파묻혔다.

크롤리는 두툼한 소파 뒤에 몸을 감추고는 경찰관들에게 간단 없이 총알을 퍼부었다. 만 명도 넘는 흥분한 시민들이 이 총격전 을 숨을 죽이고 주시하고 있었다. 이는 실로 뉴욕 뒷골목에 일찍 이 없었던 일대 활극이었던 것이다.

크롤리가 체포되었을 때 경찰국장 멀루니는 말하기를, 이 쌍권총의 흉한은 뉴욕 범죄사상 드물게 보는 흉악범으로서 「하찮은 동기」만으로도 능히 사람을 죽이는 위인이라는 것이었다.

그렇다면 이 쌍권총의 크롤리 자신은 자기를 어떻게 생각하고 있을까?

이에 대한 해답을 얻을 만한 수사 기록이 남아 있었다. 그것은 그가 체포되기 직전 「관계자 여러분」 앞으로 된 한 통의 편지를 썼다. 그 편지를 쓰는 동안에도 그의 상처에서는 피가 흘러내려 종이 위에는 검붉은 핏자국이 물들어 있었다. 그 편지의 일절에서 크롤리는 이렇게 말하고 있다.

『내 육신 속에 있는 마음은 삶에 지쳐 있으나 어진 마음이다. 어느 누구도 해치려는 생각이 없다.』

이 사건이 있기 직전, 크롤리는 롱아일랜드의 시골길에다 차를 세워놓고 그의 정부와 한참 기분을 내고 있었다. 때마침 순찰 중이던 경관이 그의 차로 다가와 『실례합니다만, 면허증 좀 보여주시겠습니까?』하고 말하자, 크롤리는 아무 대꾸도 없이 권총을 꺼내서는 경찰관을 향해 무자비하게 쏘아댔다. 경찰관이 쓰러지자 크롤리는 차에서 뛰어내려 경관의 권총을 빼앗고는 숨져 가는 그에게 다시 한 방을 쏘았다. 이런 흉악한 살인범이 「누구도 해치려는 생각이 없는 어진 마음」의 소유자라고 자처했던 것이다.

크롤리는 사형선고를 받고 싱싱 형무소의 전기의자에 앉았을 때, 과연 그가 『많은 사람을 죽였으니 자업자득이지』라고 술회했을까? 오히려 그는 『나는 나 자신을 지킨 것뿐인데, 이런 꼴을 당하다니』하고 투덜거렸다.

이 이야기의 요점은, 흉악무도한 크롤리조차도 자신이 나쁘다고는 결코 생각지 않는다는 것이다. 이렇게 생각하는 범죄자는 드물지 않다.

『나는 생애의 전성기를 남을 위해 애써 왔지만, 그 대가란 세상 사람들의 비난과 경찰의 미행뿐이었다.』

이렇게 한탄한 것은 일찍이 시카고를 손아귀에 쥐고 전 미국을 공포의 도가니로 몰아넣은 암흑가의 왕자 알 카포네였다. 카포네처럼 흉악한 인간도 스스로를 악인이라고는 생각지 않았던 것이다. 오히려 자신을 자선가로 자처하면서 세상이 그것을 알아주지 않은 것을 탓하고 있다.

뉴어크(Newark)에서 폭력집단끼리의 총격전에서 쓰러지기 전의 더치 슐츠 또한 그러했다. 뉴욕에서 둘째가라면 서러워할 악당 슐츠도 어느 신문기자와의 인터뷰에서, 자기는 사회의 은인이라고 말한 적이 있다. 사실 그도 그렇게 믿고 있었다.

이들 범죄자들에 관해서 나는 싱싱 형무소의 워든 로즈 소장으로부터 흥미 있는 이야기를 들은 적이 있다.

대부분의 수감자들은 스스로를 악인이라고 생각하지 않는다는 것이다. 자기도 선량한 보통 시민과 조금도 다를 바가 없다고 믿고 있으며 자기 행위를 정당화하려고 한다는 것이다. 왜 금고를 털지 않으면 안 되었는가? 왜 권총을 쓰지 않으면 안 되었는가? 범죄자들 대부분은 자신의 범법행위를 그럴 듯한 이유를 붙여서 정당화하고 형무소에 들어오게 된 것은 실로 부당하다고 주장한다.

알 카포네, 크롤리, 슐츠와 같은 흉악범들조차 자신을 나쁘다고 생각지 않는데, 하물며 그들보다 가벼운 죄를 저지른 사람들은 어떠할까?

『30년 전, 나는 남을 꾸짖는다는 것이 어리석은 일임을 깨달았다. 내 스스로의 어려움도 감당해 내지 못하는 주제에 내 어찌, 하나님이 만인에게 평등한 지능을 부여하지 않은 데 대해 짜증을 낼 수 있단 말인가?』

이렇게 고백한 것은 미국의 위대한 실업가 존 워너메이커(John Wanamake, 미국의 실업가. 서점 점원으로 사회에 첫 발을 들여놓은 후 뉴욕에 미국 최초로 백화점을 설립하였으며, 우정장관을 지냈고 교육·위생·박애사업에 힘을 기울여 주일학교를 설립하였으며 도시의 위생사업에도 많은 공헌을 하였다. 필라델피아의 YWCA 회장이 되어 사회에 공헌했다)였다. 워너메이커는 일찍이 이를 깨달았지만, 나는 유감스럽게도 나이 40이 다 되어서야, 인간은 아무리 자기가 잘못되었더라도 결코 자기를 나쁘게 생각하려 들지 않는다는 것을 겨우 깨닫기 시작한 것 같다.

남의 허물을 들춰낸다는 것은 아무 쓸모없는 짓이다. 허물을 잡히는 사람은 곧 방어태세를 갖추고 어떻게든 자기를 정당화하려 들 것이다. 더구나 자존심을 상한 상대방은 결국 반항심을 갖게 되어 더욱 위험하게 된다.

유명한 심리학자인 스키너는, 잘한 행동에 대해서 칭찬을 받은 동물은 나쁜 행동에 대해 벌을 받은 동물보다 훨씬 더 빨리 배우고, 또 배운 것을 훨씬 효과적으로 몸에 익힌다는 것을 실험을 통해서 증명했다.

그 밖에 여러 연구에서도 같은 사실이 인간에게도 그대로 적용된다는 것을 보여주고 있다. 남의 허물을 비판함으로써 우리들은 영속적인 변화를 만들어내는 것이 아니라, 그로 말미암은 빈번한 충돌과 반감으로 원한을 맺게 되는 것이다.

또 다른 심리학자 한스 셀리는 이렇게 말하고 있다.

『우리들은 동의 받기를 갈망하는 만큼 또한 비난 받기를 두려워한다.』

오클라호마 주 에니드의 조지 존스톤은 한 기술 용역회사의 안전담당관이었다. 그의 임무 가운데 하나는 현장 종업원들에 대한 안전모 착용 여부를 감독하는 일이었다.

존스톤은 안전모를 착용하지 않은 종업원을 만날 때마다 권위주의적인 태도로 회사의 규칙에 대해서 설명하고 그에 따를 것을 강요한 것이다. 그 결과 존스톤은 그들의 반감을 불러일으키게 되었고, 그가 자리를 뜨고 나면 종업원들은 안전모를 팽개쳐 버리곤 했다.

그래서 존스톤은 방법을 달리해 보기로 작정했다. 이후로 안전모를 착용하지 않은 종업원을 발견하면, 그는 안전모가 거추장스럽지는 않은지, 또는 머리에 제대로 맞는지 하는 것을 물었다. 그런 다음 존스톤은 부드러운 소리로, 안전모는 작업 중의 위험으로부터 자기 자신을 보호하는 것이므로 좀 거추장스럽더라도 만약을 위해 항상 착용할 것을 종업원들에게 일깨워 주었다. 그런 결과, 반항이나 감정적인 대립은 점차 사라지고 규칙을 준수하는 종업원이 늘어났음은 두말할 나위도 없었다.

남의 허물을 들춰내는 일이 무익하다는 예는 역사상 허다하다. 시어도어 루즈벨트 대통령과 그 후계자인 태프트 대통령과의 마찰도 그 한 예이다.

그로 말미암아 이들이 영도하는 공화당은 분열되었고, 결국 민주당의 우드로 윌슨을 백악관 주인으로 들여앉혔을 뿐만 아니라, 제1차 세계대전에 미국이 참가하게 됨으로써 역사의 흐름이 바뀌는 결과를 가져왔다. 이 사건을 돌이켜 보기로 하자.

1908년, 루즈벨트는 대통령직을 같은 공화당의 태프트에게 물려주고 아프리카로 사자사냥을 떠났다. 얼마 후 돌아와 보니 태프트가 하는 일이 너무 보수적이고 마음에 들지 않았다. 이에 루즈벨트는 차기 대통령 후보의 지명권을 획득하기 위해 진보적인 제3당인 「불 무스」 당을 조직했다.

그 결과 공화당은 붕괴의 위기에 직면하게 되었다. 선거 결과 태프트를 후보로 내세운 공화당은 버몬트와 유타 두 주에서 겨우 지지를 얻었을 뿐 공화당으로서는 유례없는 참패였다.

루즈벨트는 태프트를 질책했다. 그러나 책망을 받은 태프트는 과연 자기가 잘못했다고 생각했을까? 물론 그렇지 않았다.

『나로서는 그렇게밖에 달리 도리가 없었다.』하고 태프트는 패배의 쓰라림을 말했다.

이들 두 사람 중에서 어느 쪽이 나쁜지를 따진다면 나는 솔직히 모른다고 할 수밖에 없겠고, 또 누구의 잘잘못을 따질 필요도 없다.

내가 말하고자 하는 것은, 루즈벨트가 아무리 심하게 태프트를 질책했더라도 태프트로 하여금 스스로의 잘못을 깨닫게 할 수 없었다는 점이다.

결과는 태프트로 하여금 애써 자기의 입장을 정당화하기에 급급해서 『나로서는 달리 도리가 없었다.』는 말만 되풀이하게 만드는 것뿐이었다.

또 하나의 예를 티포트 돔 유전(油田) 의혹사건에서 들어 보자.

이것은 미국에서도 전례가 없는 큰 독직사건으로 수년 동안 신문지상을 떠들썩하게 했고 국민의 분노 또한 대단히 큰 사건이었다.

앨버트 폴이라는 사람이 이 독직사건의 중심인물로서 하딩 대통령 내각의 내무성 장관으로서 당시 정부 소유의 티포트 돔과 엘크 힐의 유전 대여에 관한 실권을 쥐고 있었다.

본래 이 유전은 해군용으로 보존해 두기로 되어 있었던 것인데, 폴은 입찰의 절차도 거치지 않고 선뜻 그의 친구인 에드워드 L. 도헤니에게 수의계약으로 대여해 줌으로써 큰 돈벌이를 시켜 주었던 것이다.

이에 대하여 도헤니는 대여금이란 명목으로 폴에게 10만 달러의 돈을 융통해 주었다. 그리고는 이 내무성 장관은 해병대를 동원해서 그 유전 부근의 다른 업자들을 쫓아버렸다. 이는 엘크 힐의 석유 매장량이 이웃에 있는 유전으로 인해서 감소될까 염려한 독선적인 수단이었다.

그러나 무력에 의해 쫓겨난 업자들이 연대하여 법정에 이 사건을 제소하기에 이르렀다. 그리하여 이 1억 달러 규모의 대 독직사건은 백일하에 드러나게 되었던 것이다.

이 사건은 너무도 추악한 것이어서 마침내는 하딩 대통령의 사임을 초래하기에 이르렀고, 전 국민의 분노를 산 나머지 공화당은 위기에 빠져버렸으며, 급기야 내무성 장관 앨버트 폴은 투옥당하기에 이른 것이었다.

폴은 현직 관리로서는 전례가 드문 형벌에 처해지게 되었다. 그럼 그것으로써 폴은 자기 죄를 뉘우쳤을까? 실은 그렇지가 못했다. 그로부터 몇 년 후, 허버트 후버 대통령이 어느 강연회에서,

동지에게 배신당한 정신적 고뇌가 하딩 대통령의 목숨을 재촉하였다고 말한 적이 있는데, 이를 듣고 있던 폴 부인이 의자를 박차고 일어나 주먹을 휘두르면서 부르짖었다.

『뭐라고요? 하딩이 폴에게 배반당했다고? 천만의 말씀! 내 남편은 남을 배신한 적이라곤 한 번도 없어요. 설사 이 건물 안에 황금이 가득 있다고 해도 내 남편은 그것에 혹해서 나쁜 일을 저지를 사람이 아닙니다. 배신당한 것은 바로 내 남편이에요. 그야말로 억울하게 죽음을 당한 수난자입니다.』

이처럼 잘못을 저지른 인간일수록 자기 잘못을 깨닫지 못하고 남을 헐뜯으려고 드는 법이다. 이것이 곧 인간의 천성인 것이다. 그러나 이는 악인에게 한한 일만이 아니라 우리 모두가 마찬가지다. 그러므로 만약 남을 비난하고 싶어지면 알 카포네나 크롤리나 폴의 이야기를 상기해 보라.

남을 비난한다는 것은 누워서 침 뱉는 거나 다름없어서 반드시 자기에게 되돌아오기 마련이다. 남의 잘못을 비난하고 책망하려 하면 상대방은 오히려 반발하여 이쪽을 원망하고 태프트같이 『그때 나로서는 그렇게 할 수밖에 없었다.』고 변명이나 늘어놓게 할 따름이다.

1865년 4월 15일 아침, 포드 극장에서 부스의 흉탄에 쓰러진 에이브러햄 링컨은 극장 바로 맞은편 싸구려 여관 침대에 누워서 죽음을 기다리고 있었다. 그의 거구에 비해 침대가 너무 작아 링컨은 비스듬히 뉘어져 있었다.

방안 벽에는 로자 보뇌르의 유명한 그림 〈말 시장(馬市場)〉의 복사본 한 폭이 덩그러니 걸려 있을 뿐, 어둠침침한 가스등의 노란 불꽃이 하늘거리고 있었다.

이 서글픈 광경을 지켜보던 스탠튼 육군장관은 『여기 누워 있는 분만큼 완전히 인간의 마음을 지배할 수 있었던 사람은 이 세상에 또 없을 것이다.』라고 되뇌었다.

그처럼 사람을 잘 다루었던 링컨의 비결은 무엇이었는가? 나는 링컨의 생애를 10년간 연구하였고, 그 후 만 3년이나 걸려 《세상에 알려지지 않은 링컨》이라는 책을 쓴 관계로 링컨의 사람됨과 그의 가정생활에 대해서도 깊이 연구하여 누구보다도 잘 알고 있다고 자부하지만, 그 가운데서도 특히 링컨의 사람을 다루는 방법에 대해 주력해서 연구했다.

링컨도 사람을 비난하는 데 꽤 흥미를 가졌던 때가 있었다. 그가 젊었을 때 인디애나 주의 피전 크리크 벨리라는 시골에 살고 있을 당시 그는 남의 허물을 곧잘 들추어 낼 뿐만 아니라, 남을 비웃는 시며 편지를 써서는 사람 눈에 띄는 길에 떨어뜨려 놓고는 했다. 그 편지 하나 때문에 한 평생 그에게 반감을 갖게 된 사람도 있었을 정도였다.

그 후 스프링필드로 나아가 변호사 개업을 한 뒤에도 그는 반대파 인사들을 공박하는 편지를 신문지상에 자주 투고하곤 했는데, 그로 인해 큰 봉변을 당할 뻔한 일이 있었다.

1842년 가을, 링컨은 제임스 실즈라는 허세 잘 부리고 싸움 좋아하는 아일랜드 태생의 정치가를 조롱하는 풍자의 글을 익명으로 스프링필드 《저널》지에 투고했다. 이 글이 신문에 게재되자 시는 온통 웃음바다가 되었고, 실즈의 꼴은 말이 아니었다. 자존심이 강하고 감정을 억누르지 못하는 실즈는 화가 머리끝까지 치밀어 그 글을 투서한 자를 알아내고는 말을 몰아 달려와서는 링컨에게 결투를 신청했다. 링컨은 결투에는 반대였으나 결국 받아들이지 않을 수 없었고, 무기의 선택권은 링컨에게 주어졌다. 링컨은 팔이 길었기 때문에 기병용의 날이 넓은 칼을 택하여 육군사관학교 출신의 친구로부터 교습을 받았다.

마침내 약속된 날 두 사람은 미시시피 강의 모래사장에서 마주 대하고 막 결투가 시작되려는 찰나, 쌍방의 입회인이 중재하여 결투를 그만두게 되었다.

이 사건으로 인해 링컨도 상당히 당황했다. 덕분에 그는 사람을 다루는 방법에 대하여 매우 귀중한 교훈을 얻을 수 있었다. 그 후로 두 번 다시 그는 남을 업신여기거나 조롱하는 편지를 쓰지 않았고, 어떠한 일이 있어도 남을 비난하지 않게 되었다.

남북전쟁 중에 링컨은 몇 번이나 포토맥 지구의 전투사령관을 교체시키지 않으면 안 되었다. 맥래런, 포프, 번사이드, 후커, 미드 등 다섯 명의 장군을 차례로 바꾸어 보았으나, 그들 모두가 실망만 안겨다 주자 링컨은 몹시 난처해졌다.

국민들은 이들 무능한 장군들을 통렬하게 비난했지만, 링컨은 『만인에게 악의를 버리고 사랑으로』라고 자신을 타이르면서 마음의 평정을 잃지 않았다.

『남의 심판을 받기 싫거든 남을 심판하지 말라.』하는 것이 그의 좌우명이었다. 링컨은 그의 부인이나 측근이 남부 사람들을 욕하면 이렇게 타일렀다.

『그들을 나무라지만 말게. 우리가 그들 입장이 되면 남부 사람들과 똑같이 될 걸세.』

그러나 세상에 남을 비난해도 좋을 사람이 있다면 그는 바로 링컨일 것이다. 그 한 가지 예를 들어 보자.

1863년 7월 1일부터 사흘간에 걸쳐 게티즈버그에서 남북 양군이 격전을 벌이고 있었다. 4일 밤이 되자, 리 장군 휘하의 남군이 때마침 퍼붓는 호우를 틈타 후퇴하기 시작했다.

패잔병을 이끌고 리 장군이 포토맥 강까지 퇴각해 왔을 때는 강은 이미 밤새 내린 폭우로 범람하여 도저히 건널 수가 없었고, 뒤에는 의기충천한 북군이 밀어닥치고 있었다. 남군은 완전히 궁지에 몰리고 말았다.

링컨은 남군을 괴멸시키고 전쟁을 종결시킬 절호의 기회가 찾아온 것을 기뻐하여 벅찬 가슴으로 미드 장군에게 때를 놓치지 말고 즉각 추격할 것을 명령했다. 이 명령은 전보로 먼저 미드 장군에게 전달되었고, 뒤이어 대통령의 특사가 파견되어 즉각적인 공격 지시가 장군에게 내려졌다.

그러나 미드 장군은 링컨의 명령과는 정반대로 행동했다. 작전 회의를 열어 공연히 시간을 허비하며 여러 가지 구실을 만들어 공격을 회피했다. 그러는 동안 강물은 빠지고 리 장군이 이끄는 남군은 강 건너로 무사히 퇴각하고 말았다.

링컨은 격노했다. 『도대체 어떻게 된 일인가!』 그는 아들 로버트에게 소리쳤다. 『이런 어처구니없는 노릇이 있나! 적은 독 안에 든 쥐였는데, 이쪽에서 조금만 손을 썼더라도 궤멸시킬 수 있었을 텐데. 내가 뭐라 해도 아군은 옴짝하지 않았단 말이야. 그 같은 상황 하에서는 어떤 장군이라도 리를 무찌를 수 있었을 텐데……나라도 능히 할 수 있었을 거야.』

몹시 낙담한 링컨은 미드 장군에게 한 통의 편지를 썼다. 이 무렵 링컨은 언사에 지극히 조심성스러웠다는 점을 참고로 말해 둔다. 그리고 1863년에 쓰인 이 편지는 링컨이 몹시 분개한 나머지의 산물임에 틀림없다.

— 친애하는 장군
나는 적장 리의 탈출이 가져올 불행한 사태의 심각성을 귀관이 올바로 인식하고 있지 못한 것으로 생각합니다. 적은 바로 우리 손안에 있었으며, 곧바로 추격했다면 우군이 거둔 곳곳에서의 전과와 더불어 전쟁을 종결시킬 수 있었을 것입니다. 그러나 이 호기를 놓친 현재로서는 전쟁 종결의 전망은 불투명하게 되었습니다. 귀관이 지난 월요일 리를 공격할 수 없었다면 그가 강을 건넌 지금 그를 공격한다는 것은 절대 불가능합니다. 지금은 당시 병력의 3분의 2밖에 사용할 수 없기 때문입니다. 금후로 귀관의 활약을 기대한다는 것은 어려울 것이고, 또 기대하지도 않습니다. 귀관은 천재일우의 기회를 놓치고 말았습니다. 그로 말미암아 나는 또 예측할 수 없는 괴로움을 겪고 있습니다.

미드 장군이 이 편지를 받아 보고 어떻게 생각했을까? 실인즉, 미드는 이 편지를 읽지 못했다. 그것은 링컨이 부치지 않았기 때문이다. 이 편지는 링컨의 사후 그의 서류함 속에서 발견되었던 것이다.

나의 추측이지만, 아마도 링컨은 이 편지를 쓰고 나서 한참 동안 창 밖을 내다보면서 이렇게 중얼거렸을 것이다.

『잠깐, 이건 너무 서두르는 게 아닌가? 이렇게 조용한 백악관에 들어앉아서 미드 장군에게 공격명령을 내리는 것은 쉬운 일이지만, 만약 내가 게티즈버그 전선에서 이 한 주일 동안 미드 장군이 목격한 유혈을 직접 보고, 전상자의 비명과 단말마의 신음소리를 들었다면─아마 나라도 선뜻 공격을 속행할 마음이 생기지 않았을 것이다. 만약 나도 미드와 같이 소심한 사람이었다면 같은 행동을 취했을 것이다. 그리고 이미 엎질러진 물이다. 이 편지를 보내서 내 기분은 다소 후련해질지 모르지만 미드는 어떠할까? 자신을 정당화하려고 거꾸로 나를 비난하겠지. 그리하여 나에 대한 반감만 불러일으켜 앞으로는 사령관으로서 쓸모없는 사람이 될 것이고, 급기야는 군을 떠나게 될지도 모른다.』

그래서 링컨은 마음속에 맺힌 응어리를 글로 써 놓고는 심사숙고 끝에 그것을 부치지 않았을 것이다. 링컨은 과거의 쓰라린 경험으로 심한 질책이나 비난이 대부분의 경우 아무 소용이 없다는 것을 깨닫고 있었던 것이다.

시어도어 루즈벨트는 대통령 재임 중 어떤 난관에 봉착하면 거실 벽에 걸려 있는 링컨의 초상화를 바라보고 『링컨 같으면 이 문제를 어떻게 처리할 것인가?』하고 생각해 보는 버릇이 있었다고 스스로 말하고 있다.

우리는 남을 비난하고 싶을 때면 루즈벨트 대통령의 본을 받아 『링컨이라면 이런 경우 어떻게 할 것인가?』하고 생각해봄직 하지 않겠는가.

작가 마크 트웨인은 걸핏하면 울화통을 터뜨리곤 했는데, 그때마다 그는 욕설로 가득한 편지를 썼다. 이를테면 마크 트웨인은 언젠가 자신을 화나게 만든 사람에게 이런 편지를 썼다.

『당신 같은 사람에게 필요한 것은 매장 허가증이오. 언제라도 요청만 하면 적극 주선해 주겠소.』

또 다른 경우, 마크 트웨인은 자기 글에 대한 맞춤법과 구두점을 고쳐 보려고 시도한 출판사의 교정계원에 대해 편집자에게 편지를 써서 『지금부터는 내 원고에 대해 일체 손댈 생각을 하지 말 것이며, 교정계원에게 그런 건방진 생각은 그 썩은 대갈통 속에 그냥 묻어두는 게 좋을 거라고 충고하시오.』라고 명령했다.

이러한 가시 돋친 편지를 쓰는 것은 마크 트웨인의 기분을 풀어주었다. 그 편지들은 그의 분을 삭여주는 데 커다란 도움을 주었지만, 결코 아무에게도 해를 입히지 않았다. 왜냐하면 그의 아내는 그런 편지들을 남편 모르게 빼돌려 놓았기 때문이다.

남의 결점을 바로잡아 주려는 마음씨는 분명 훌륭하고 칭찬할 만하지만, 왜 먼저 자신의 결점을 고치려고는 하지 않는 것일까? 함부로 남을 교정하려 드느니보다 자기 자신을 고치는 편이 이기주의적인 견지에서도 훨씬 더 유익하며 또한 위험이 덜할 것이다.

『자기 집 대문 앞이 지저분한데도 이웃집 지붕의 눈을 치우지 않는다.』고 탓하지 말라고 가르친 것은 동양의 성인 공자다.

내가 아직 젊었을 때의 일이다. 당시 나는 기회 있을 때마다 나의 존재를 인정받을 수 없을까 하고 애태우고 있을 때, 나는 당시 미국 문단에서 명성을 떨치기 시작한 작가 리처드 하딩 데이비스에게 어리석은 편지를 낸 적이 있다. 나는 어느 잡지에 작가론(作家論)을 쓰기로 되어 있어, 그의 작품활동 방법을 직접 문의해 본 것이다.

그보다 몇 주일 전 나는 어떤 사람으로부터 편지를 받았는데, 그 끄트머리에 『구술은 했지만, 읽어 보지는 않았음』이라고 씌어 있었다.

나는 그 구절이 마음에 들었다. 이 편지의 주인은 매우 다망(多忙)한 중요 인물임에 틀림없다고 생각하였다. 나는 결코 바쁘지 않았지만, 어떻게든 데이비스에게 강한 인상을 주려 한 나머지 그 글귀를 편지 말미에 적어 넣고 말았다.

데이비스는 회신 대신 내 편지를 그대로 회송시켰다. 회송된 편지의 여백에는,

『무례한 짓은 그만두게』라고 씌어 있었다.

분명 나의 실수였다. 그 정도 핀잔은 당연했다. 그러나 나도 인간이기에 분개하지 않을 수 없었다.

그로부터 10년 후, 데이비스의 죽음을 신문에서 보았을 때, 먼저 내 가슴에 떠오른 생각은, 부끄러운 일이지만 그 때의 모욕이었다.

죽을 때까지 남의 원망을 받고 싶은 사람은 남을 신랄하게 비판하는 일을 일삼기만 하면 된다. 그 비판의 횟수가 많으면 많을수록 효과적이다.

무릇 인간을 다루는 데 있어 상대를 논리(論理)의 동물이라고 생각하면 큰 오산이다. 상대는 감정의 동물이며, 편견에 가득 차 있고 자존심과 허영에 따라 행동한다는 것을 명심하지 않으면 안

된다.

사람을 비난하는 것은, 말하자면 위험한 불꽃과 같다. 그 불꽃은 자존심이라는 화약고의 폭발을 유발하기 쉽다. 이 폭발은 왕왕 사람의 목숨조차 앗아가는 일이 있다.

영문학의 찬란한 별 토머스 하디가 영구히 소설을 쓰지 않게 된 동기도 혹평을 받은 데 있었고, 영국의 천재 시인 토머스 채터튼을 자살로 몰아넣은 것도 비평 때문이었다.

청년시절 사교술이 없었던 벤저민 프랭클린은 뒷날 탁월한 사교술을 익혀 사람을 능란하게 다루었고, 마침내는 주 프랑스 미국대사로 임명되었다. 그의 성공비결은,

『결코 남에 대해 나쁘게 얘기하는 일이 없이, 장점만을 들추어 칭찬하는 것』이라고 말하고 있다.

남을 비평한다든지 비난한다든지, 잔소리를 한다든지 하는 일은 어떤 바보라도 할 수 있다. 바보일수록 그러기를 좋아한다. 그러나 이해와 관용은 훌륭한 성품과 극기심을 갖춘 사람만이 지닐 수 있는 미덕이다.

영국의 사상가 칼라일(Thomas Carlyle)은,

『위인은 소인을 다루는 솜씨로써 그 위대함을 보여준다.』고 말했다.

유명한 시험비행사이며, 우리에게 여러 차례 공중곡예를 보여준 밥 후버는 샌디에이고에서의 에어쇼를 끝내고 로스앤젤레스의

자기 집으로 돌아가고 있었다. 《비행기술》이라는 잡지에 자세히 묘사된 것처럼 3백 피트 상공에서 돌연 양쪽 엔진이 멈춰 버렸다. 그러나 능숙한 솜씨를 발휘해서 그는 비행기를 착륙시켰다. 하지만 기체는 무참하게 부서졌다. 다행히 사상자는 아무도 없었다.

비상착륙을 한 뒤, 후버가 처음 취한 행동은 비행기의 연료를 체크하는 일이었다. 예상했던 대로 그가 조종하던 2차대전 때의 비행기에는 휘발유가 아니라 제트연료가 들어 있었다.

비행장으로 돌아온 밤 후버는 비행기를 정비한 정비사를 찾았다. 그 젊은 정비사는 자신의 실수로 몹시 고민하고 있었다. 후버가 다가가자 그의 얼굴은 눈물로 얼룩져 있었다. 그는 자신의 과오로 엄청나게 비싼 비행기와 하마터면 세 사람의 인명을 잃게 할 뻔했던 것이다.

후버의 분노는 상상하고도 남음이 있었다. 모두들 정비사의 과오에 대해 후버가 심한 욕설을 퍼부을 거라고 예상하고 있었다. 그러나 후버는 정비사에게 욕을 퍼붓지도 않았고, 책망조차 하지 않았다. 그 대신 그는 정비사의 어깨에 팔을 두르고 이렇게 말했다.

『자네가 다시는 그런 실수를 저지르지 않으리라는 것을 나는 확신하고 있네. 그러니 내일 F-51은 자네가 맡아서 정비해 주게.』

흔히 부모들은 자녀들을 책망한다. 당신은 내가『책망하지 말라』고 말하기를 기대하고 있겠지만, 나는 그렇게는 말하지 않을 것이다. 나는 다만 이렇게 말할 것이다 『자녀들을 책망하기 전에 미국 저널리즘의 고전적 논설 중 하나인 《아빠 곧잘 까먹는단 다》를 읽어 보라.』

그것은 원래 《피플즈 홈 저널》지에 사설로 게재되었던 것이다. 우리들은 작가의 동의를 얻어 《리더스 다이제스트》지에 요약된 것을 여기에 옮겨 실었다.

《아빠 곧잘 까먹는단다》는, 진솔한 느낌이 드는 순간 곧장 써 내려 가는 짤막한 작품 가운데 하나로서 많은 독자의 심금을 울리며 오랜 동안 판을 거듭해 오고 있다. 작가인 W. 리빙스턴 라니드는 미 전역에서 발행되는 수백 가지의 잡지, 사보 그리고 신문에 글을 기고하고 있다. 이 글은 각국어로 번역되어 세계 여러 나라에서 읽혀지고 있다.

아빠 곧잘 까먹는단다
— W. 리빙스턴 라니드 —

얘야, 아빠 말을 들어 보렴. 아빠 네가 잠들어 있는 사이에 얘기를 하고 있단다. 네 작은 손은 뺨 밑에 끼어 있고, 금발 곱슬머리는 땀에 젖은 이마에 달라붙어 있구나. 아빠는 네 방에 몰래 들어왔단다. 몇 분 전 서재에 앉아 서류를 읽고 있을 때, 후회의 거센 파도가 나를 덮쳐왔단다. 그래서 나는 죄책감으로 네 잠자리를 찾았단다.

아빠가 생각하고 있던 몇 가지 일이 있단다. 아빠 너한테 너무 냉정하게 대해 왔어. 네가 아침에 일어나 타월로 얼굴에 물만 찍어 바른다고, 학교 갈 준비를 하고 있는 너를 꾸짖어대곤 했지. 또 네가 신발을 깨끗이 닦지 않는다고 너를 나무랐지. 또 물건들을 아무 데나 함부로 던져 놓는다고 네게 화를 내기도 했구나.

아침식사 때도 아빠 너의 잘못된 점을 꼬집어 냈지. 너는 음식을 쏟고, 잘 씹지도 않고 그냥 삼켰거든. 너는 식탁에 팔꿈치를 올려 놓는가 하면, 빵에 버터를 너무 두껍게 바르기도 했지. 그리고 너는 학교에 가고 아빠는 출근을 할 때, 너는 뒤돌아보며 손을 흔들며 말했지. 『안녕, 아빠!』 그 때도 아빠 얼굴을 찌푸리며 대답했지. 『어깨를 펴라!』

그리고 똑같은 일이 다시 저녁 때도 되풀이되곤 했지. 집으로 들어오는 길에 너를 만났는데, 넌 땅바닥에 무릎을 꿇고 앉은 채 구슬치기를 하고 있더구나. 네 양말에는 구멍이 나 있었고 아빠 네 친구들이 보는 앞에서 너를 끌고 들어옴으로써 너에게 창피를 주었지. 양말이 얼마나 비싼 줄 아니? 네 돈을 주고 사는 것이라면 너는 좀 더 조심을 했을 테지!

기억하고 있니? 아빠가 서재에서 일을 하고 있을 때, 너는 잔뜩 경계의 빛을 띠고 겁먹은 얼굴로 들어왔었지? 아빠 일을 방해받은 데 짜증을 내면서 서류에서 눈을 들고 문 앞에서 망설이는 너를 쳐다보며 아빠는 『무슨 일이지?』하고 퉁명스럽게 말했지.

그 때 너는 아무 말도 않고 갑자기 내게로 달려와 내 목에 매달려 뽀뽀를 했지. 네 작은 팔은 하나님이 네 마음속에 애정을 꽃피운 듯 나를 꼭 껴안았지. 그건 어떤 냉담함도 시들게 할 수 없는 것이었단다. 그리고는 넌 계단을 쿵쾅거리며 네 방으로 뛰어올라가 버렸지.

애야, 내 손에서 서류가 마룻바닥으로 미끄러져 내리고 말할 수 없는 두려움이 나를 덮쳐누른 것은 그 순간이었단다. 내가 왜 이런 못된 버릇을 갖게 되었을까? 잘못만을 들춰내서 꾸짖는 버릇—그건 널 올바른 아이로 만들려다 생긴 버릇이란다. 그건 널 사랑하지 않아서가 아니었단다. 다만 어린 네게 너무도 많은 것을 기대한 데서 비롯된 잘못이란다. 아빠는 아빠의 어린 시절의 자로 너를 재고 있었던 거야.

그러나 너의 성품에는 너무나 많은 좋은 점과 우수한 점과 진실이 있단다. 너의 작은 마음은 넓은 언덕 위를 비추는 새벽별처럼 한없이 넓단다. 그건 순간적인 충동에 아빠에게 달려와 저녁 잠자리의 뽀뽀를 하던 네 행동 속에 잘 나타나 있지. 오늘밤엔 아무것도 필요가 없구나. 애야, 아빤 어두운 네 침실에 들어와 무릎을 꿇고 나 자신을 부끄러워하고 있단다.

이것은 아주 작은 속죄에 불과하지만, 네가 깨어 있는 시간에 얘기를 해도 넌 이런 일을 이해하지 못하리라는 것을 나는 잘 알고 있단다. 그러나 내일부턴 참된 아빠가 되겠다! 아빠는 너와 사이좋게 지내며, 네가 고통받을 때 함께 고통받고, 웃을 때 함께 웃을 것이다. 짜증스런 말이 튀어나오려고 하면 혀를 꽉 물겠다. 나는 주문처럼 욀 것이다. 『우리 아이는 작은 어린애에 불과하다』라고

너를 한 사람의 어른으로 보아 온 것을 부끄럽게 생각한다. 지금 네가 침대에 등을 구부리고 자는 것을 보니 너는 아직도 철부지에 지나지 않는다는 것을 알겠구나. 어제까지도 너의 머리는 엄마의 팔에 안겨 있었지. 아빠는 너에게 너무나 많은 것을 요구해 왔구나, 너무나도 많은 것을.

남을 비난하는 대신 그들을 이해하려고 힘써야 할 것이다. 어떻게 해서 상대가 그런 행동을 하게 되었는지를 곰곰이 생각해 보라. 그러는 편이 훨씬 유익한 계책도 되고 또 흥미 있을 것이다. 그렇게 되면 동정이나, 관용, 호의가 생겨나기 마련이다. 모든 것을 알게 되면 모든 것을 용서하게 된다.

영국의 위대한 문학자 존슨 박사는 일찍이 말하기를, 『하나님도 인간의 심판을 죽은 뒤로 미루신다』고 했다. 하물며 우리 보잘것없는 인간에 있어서랴.

【원칙 1. 남을 비판하거나 비난하거나 불평하지 말라.】

— — ·· — ·· — ·· — · 2 — — ·· — ·· — ·· — ·

사람을 다루는 비결

사람을 움직이는 비결은 오로지 하나밖에 없다. 이 사실을 알고 있는 사람은 매우 드문 것 같다. 그러나 사람을 움직이는 비결은 확실히 하나밖에 없다. 즉 스스로 움직이고 싶은 마음을 불러일으키게 하는 것—이것이 비결이다. 거듭 말하지만, 이 밖에 다른 방법은 없다.

물론 상대방의 가슴에 총부리를 들이대고 그로 하여금 손목시계라도 풀게 한다든지, 종업원에게 해고하겠다고 으름장을 놓음으로써 협력을 강요할 수도 있을 것이며, 적어도 감시의 눈을 부릅뜨고 있는 동안만이라도, 채찍을 들고 엄포를 놓아 어린아이들을 마음대로 움직일 수도 있을 것이다. 그러나 이처럼 난폭한 방법은 항상 달갑지 않은 반발을 불러일으키기 십상이다.

사람을 움직이는 데는 상대에게 그가 원하는 것을 주는 것이 최선의 방법이다. 사람은 무엇을 원하고 있을까? 위대한 심리학자

지그문트 프로이트(Sigmund Freud, 1856~1939) 박사에 의하면, 인간의 모든 행동은 두 가지 동기—즉 성(性)의 충동과 위대해지고 싶은 욕망—에서 비롯된다는 것이다.

미국의 저명한 철학자이며 교육가인 존 듀이(John Dewey, 1859~1952) 교수도 같은 뜻의 말을 약간 표현을 달리해서 피력하고 있다. 즉 인간의 가장 뿌리 깊은 충동은 「중요한 인물이 되고자 하는 욕구」라는 것이다.

「중요한 인물이 되고자 하는 욕구」라는 말은 참으로 의미심장한 것으로서 이 책에서 깊이 있게 생각해 보고자 한다.

인간은 무엇을 원하는가? 별로 많은 것을 바라지 않는 사람에게도 악착같이 욕구하는 몇 가지 정도는 있는 법이다. 보통 사람이라면 우선 다음과 같은 것을 희구할 것이다.

1. 건강과 장수
2. 음식물
3. 수면
4. 돈과 돈으로 살 수 있는 것
5. 내세(來世)의 삶
6. 성욕의 충족
7. 자손의 번영
8. 자기의 중요감

이들 욕구는 거의 대부분 만족시킬 수 있는 것이지만, 하나만은 예외다. 이 욕구는 음식이나 수면의 욕구처럼 뿌리 깊고 절박한 것이지만, 좀처럼 충족시키기 힘든 것이다.

이것이 바로 프로이트가 「위대해지고 싶은 욕망」이라 부르고, 존 듀이가 약간 달리 표현한 「중요한 인물이 되고자 하는 욕구」이다.

링컨이 어느 편지의 첫머리에서 『인간은 누구나 칭찬의 말을 좋아한다』고 쓴 적이 있다. 심리학자 윌리엄 제임스는 『인간의 성정(性情) 가운데서 가장 강한 것은 남들로부터 인정받고자 갈망하는 마음이다』라고 말했다.

여기에서 제임스가 「희망」한다든지, 「염원」한다든지, 「동정」한다든지 하는 말 대신 「갈망(渴望, craving)」한다고 굳이 표현한 점에 주의해야 할 것이다.

이것이야말로 인간의 마음을 줄기차게 휘어감는 집착인 것이다. 타인의 이러한 갈망을 시원하게 만족시켜 주는 사람은 극히 드물지만, 그것을 할 수 있는 사람만이 비로소 타인의 마음을 자기 손아귀에 넣을 수 있는 것이다. 장의사라 할지라도 그러한 사람의 죽음은 진심으로 슬퍼할 것이다.

자기의 중요감에 대한 욕구는 인간을 동물과 구별하는 중요한 인간의 특성이다.

이에 대한 재미있는 이야기가 있다.

내가 미주리 주의 시골에 살던 어린 시절, 아버지는 듀록 저지 종(種)의 우량종 돼지와 흰 머리의 순종 소를 사육하고 있었는데, 그것을 중서부 각지의 경진회며 가축 품평회에 출품하여 여러 번이나 1등상을 타곤 했다.

그 때마다 아버지는 명예의 블루리본들을 한 장의 흰 모슬린 천에다 핀으로 꽂아 손님이 올 때마다 그 긴 모슬린 천을 끄집어내어 그 한쪽 끝은 아버지가 들고 다른 한쪽은 내가 잡고는 블루리본을 손님들에게 자랑스럽게 보이곤 했다.

만약 우리의 선조들이 자기의 중요감에 대한 열렬한 욕구를 가지고 있지 않았던들 인류의 문명도 탄생하지 않았을 것이다.

교육도 받지 못한 가난한 일개 식료품점의 점원을 분발시켜 오래 전 그가 50센트를 주고 사두었던 몇 권의 법률서적을 궤짝 속에서 끄집어내어 공부하도록 한 것은 자기의 중요감에 대한 욕구 때문이었다. 이 점원은 모든 사람이 알고 있는 바로 링컨 그 사람이다.

영국의 소설가 찰스 디킨스로 하여금 위대한 작품을 쓰게 한 것도, 18세기 영국의 유명한 건축가 크리스토퍼 렌 경이 불후의 걸작을 남기게 한 것도, 또 록펠러가, 평생 써도 못 다 쓸 거대한 부(富)를 쌓게 한 것도 모두 자기의 중요감에 대한 욕구이다. 부자가 필요 이상으로 큰 저택을 짓는 것도 같은 욕구 때문인 것이다.

최신 유행 스타일을 몸에 걸치고 신형 자동차를 몰고 싶다거나,

자기 자식 자랑을 한다거나 하는 것도 모두 이 욕구 때문인 것이다.

수많은 청소년들이 악의 길로 끌려 들어가는 것도 이 욕구 때문이다. 뉴욕 경찰국장을 지낸 멀루니는 이같이 말하고 있다.

『오늘날의 청소년 범죄자는 마치 자아(自我)의 덩어리 같다. 체포된 뒤 그들의 최초 요구는, 자신을 영웅처럼 대서특필하고 있는 신문을 보여 달라는 것이다. 자기의 사진이 스포츠의 영웅이나, 정치가, 텔레비전이나 영화 스타들의 사진과 나란히 실려 있는 것을 보고 있는 동안, 형무소에서 복역하게 될 걱정 따위는 아무렇지도 않게 여긴다.』

자기의 중요감을 만족시키는 방법은 사람에 따라 다르고, 그 방법을 들으면 그 사람의 인품을 짐작할 수가 있다. 자기의 중요감을 만족시키는 방법에 따라 그 사람의 성격을 규정지을 수 있다는 것이다.

이것은 대단히 의미심장한 말로서, 예컨대 존 D. 록펠러에게 있어서 자기의 중요감을 충족시키는 방법은 낯선 중국의 빈민들을 위해서 북경에 근대적 병원을 지을 자금을 기부하는 것이었다. 그러나 딜린저 같은 사람은 똑같은 자기의 중요감을 만족시키기 위하여 도둑질, 은행 갱 노릇을 하고 마침내는 살인까지 저지르게 되었다.

수사관에 쫓겨 미네소타의 농가에 뛰어들면서 그는, 『나는 딜린

저대!』라고 외쳤다. 이는 자기가 흉악한 범인임을 과시하려 한 것이다. 『나는 너희들을 해칠 생각은 없다. 하지만 내가 딜린저라는 걸 알아둬!』

딜린저와 록펠러의 중요감의 차이점은 각자의 중요감에 대한 욕구를 충족시키기 위한 방법의 차이뿐이다.

유명인이 자기의 중요감을 충족시키려고 고심한 흥미 있는 예는 역사상 어디에서나 찾아볼 수 있다. 조지 워싱턴도 「합중국 대통령 각하」라고 불리기를 좋아했다. 콜럼버스도 「해군 대제독」, 「인도 총독」이라는 칭호로 불리기를 원했다.

러시아의 캐서린 여왕은 자기에게 오는 편지 중에서 첫머리에 「폐하」라고 씌어 있지 않은 것은 거들떠보지도 않았으며, 또 링컨 부인은 대통령 관저에서 그랜트 장군 부인에게, 『당신은 어찌 그리 뻔뻔하세요! 내가 앉으라고 말하기도 전에 앉다니!』하고 눈살을 찌푸리고 화를 냈다는 것이다.

1928년, 버드 소장의 남극탐험을 미국의 백만장자들이 자금지원을 해준 것은 남극의 새로 발견될 빙산에 그들의 이름을 따서 명명한다는 조건 때문이었다. 또 프랑스의 대작가 빅토르 위고는 파리를 자기의 이름을 따서 개칭시키려는 커다란 욕망을 품고 있었다. 저 위대한 셰익스피어까지도 자신의 이름을 빛내려고 돈을 들여 가문(家紋)을 사들였던 것이다.

타인의 동정과 주의를 환기시킴으로써 자기의 중요감을 만족시키고자 병을 앓는 사람도 더러 있다. 예컨대 매킨리 대통령 부인의 경우가 그렇다. 그녀는 자기의 중요감을 충족시키고자 남편인 매킨리 대통령으로 하여금 중대한 국사조차 소홀히 하게 하면서 침실에 들어와 자기가 잠들 때까지 몇 시간이고 애무를 계속하게 했다.

또 부인은 이를 치료받는 동안 줄곧 남편을 곁에서 못 떠나게 함으로써 남의 주의를 환기시키려는 자기 욕구를 충족시켰으며, 한번은 대통령이 국무장관과의 중요한 약속이 있어 부인을 치과 의사에게 맡겨 놓고 자리를 떴는데, 그만 커다란 소동이 일어나고 말았다는 것이다.

작가인 매리 로버츠 라인하르트는 언젠가 나에게, 유능하고 활기에 찬 한 젊은 여성이 자신의 중요감을 얻기 위해 환자가 되었다는 얘기를 한 적이 있다.

이 여성은 어느 날 뭔가 알 수 없는, 벽에 부딪친 것 같은 느낌을 받았다. 아마 그 벽은 그녀의 나이였을 것이다. 혼기를 놓치고, 앞길은 희망이 없고, 고독한 세월만이 그녀를 기다리고 있을 뿐이었다.

마침내 그는 자리에 눕고 말았다. 그로부터 10년간 그녀는 어머니가 하루 세 끼 식사를 3층에 있는 그녀의 침실로 날라다 주면서 간병을 계속해 오던 중, 어느 날 병시중에 지친 늙은 어머니는 쓰러져 그대로 세상을 떠나고 말았다. 환자는 비탄에 젖어 수 주

일을 지내더니 이윽고 자리에서 일어나 다시 옛날과 같이 건강한 사람이 되었다.

전문가의 말에 의하면, 현실세계에서 자기의 중요감을 만족시키지 못한 나머지 광기(狂氣)의 세계에서 그 만족을 찾고자 실제로 정신의 이상을 가져온 사람도 있다는 것이다.

미국의 병원에는 정신병 환자가 다른 모든 질병 환자의 합계보다도 많이 수용되어 있다.

정신 이상의 원인은 무엇일까?

이런 막연한 질문에 쉽사리 대답하기는 곤란하지만, 우리는 어떤 종류의 병, 예컨대 매독 같은 병에 걸리면 뇌세포가 침범되어 발광한다고 알고 있다.

사실 모든 정신질환의 약 반수는 뇌조직 장애, 알코올, 약물, 외상 등의 신체적 원인에서 비롯된 것이다.

그러나 나머지 반수는—이것이 이 얘기의 놀라운 부분이지만—명백히 그들의 뇌세포에 아무런 원천적인 결함을 발견할 수 없다는 것이다. 시체를 해부하여 뇌 조직을 정밀한 현미경으로 조사해 보아도 보통 사람과 아무런 차이가 없다는 것이다.

뇌 조직에 아무런 이상이 없는 사람이 어째서 정신이상자가 되는가?

나는 얼마 전 이에 관해 어느 일류 정신병원장에게 문의해 본 적이 있다. 정신병의 최고 권위자로 자타가 인정하는 이 원장은,

『확실히 말해서 그러한 사람들이 왜 정신이상을 초래하는지 나 자신도 알 길이 없다.』라고 말하는 것이 아닌가.

확실한 것은 아무도 모른다. 그러나 현실의 세계에서 충족되지 못한 자기의 중요감을 얻기 위해서 미치광이가 되는 사람이 많은 것만은 분명하다고 이 원장은 말한다. 그에 대해 다음과 같은 얘기를 들려주었다.

『지금 우리 병원에 결혼에 실패한 부인 환자가 한 분 있습니다. 그녀는 애정, 성적인 만족, 자녀, 사회적 지위 등을 기대하고 결혼 생활을 시작했습니다. 그러나 현실은 그녀의 희망을 무참히 짓밟아 버렸습니다. 남편은 그녀를 사랑해 주지도 않았고, 식사도 같이 하지 않고 자기의 식사만 2층 자기 방으로 가져다 먹곤 했습니다. 그녀는 아이도 낳지 못했고, 사회적 지위도 신통치 못했습니다. 마침내 그녀는 정신에 이상이 오기 시작했습니다. 결국 광기의 세계에서 그녀는 남편과 이혼하고 예전 성(姓)을 쓰게 되었습니다. 지금은 영국의 귀족과 결혼한 것으로 믿고 있고, 스미스 후작부인이라고 불러주지 않으면 만족해하지 않지요. 또 그녀는 아기를 매일 밤 낳고 있다고 믿고 있어서 내가 진찰할 적마다 그녀는 어젯밤에 아기가 태어났다고 말합니다.』

그녀의 꿈을 실은 배는 번번이 현실이라는 암초에 부닥쳐 산산이 부서지고 말았으나, 지금은 광기의 찬란한 공상 세계 속에서 그녀의 꿈을 실은 배는 순풍에 돛을 달고 즐거운 항해를 하고 있는 것이다.

이것이 비극일까? 나는 모르겠다. 그 의사도 이렇게 말하고 있다.

『가령 내가 손을 뻗쳐 그녀의 정신이상을 고칠 수 있다고 하더라도, 나는 그렇게 할 생각은 없다. 왜냐하면 지금 그녀의 현 상태가 훨씬 행복하기 때문에.』

자기의 중요감을 갈망하는 나머지 광기의 세계에까지 들어가 그것을 충족시키려는 사람도 이 세상에는 있다. 그렇다면 우리들이 정상적인 현실세계에서 그 욕망을 만족시켜 준다면 어떤 기적이라도 일으킬 수 있지 않을까?

미국의 실업계에서 최초로 연봉 1백만 달러 이상의 급료를 받은 사람 가운데 한 사람이 찰스 슈와브이다. 슈와브의 나이 불과 38세 때인 1921년, 앤드류 카네기는 새로 설립된 〈US 스틸〉 회사의 사장으로 그를 발탁했다(슈와브는 뒤에 〈US 스틸〉을 그만두고 당시 고전하고 있던 베들레헴 강철회사를 인수하여 미국에서 가장 수익률이 높은 회사의 하나로 일으켜 세웠다).

앤드류 카네기가 이 슈와브라는 사나이에게 무엇 때문에 1백만 달러, 즉 하루 3천 달러 이상의 급료를 지불했을까? 슈와브가 천재였기 때문일까? 그렇지 않다.

제철계의 최고 권위자이기 때문일까? 천만의 말씀이다.

슈와브의 말을 빌리면, 그가 부리고 있는 수많은 종업원들이

철에 관해서는 자기보다 훨씬 더 잘 알고 있다는 것이다. 슈와브
가 그만한 급료를 받는 중요한 이유는, 그가 사람을 다루는 명수
이기 때문이라고 그 자신이 말하고 있다. 어떻게 사람을 다루느냐
고 묻자, 그는 다음과 같은 비결을 일러주었다.

이는 실로 금언(金言)이라고 할 만하다. 동판에 새겨서 각 가정,
학교, 상점, 사무실 등의 벽에 걸어놓을 만한 것이다.

아이들도 라틴어의 동사변화나 브라질의 연간 강우량을 암기
하는 틈틈이 이 말을 기억해둘 만하다. 이 말을 잘 활용한다면 우
리의 인생을 크게 변모시킬 수 있을 것이다.

『나에게는 사람의 열의(熱意)를 불러일으키는 능력이 있는데,
이것이 나에게 있어 가장 소중한 보배이다. 타인의 장점을 키우기
위해서는 칭찬과 격려가 가장 좋은 방법이다. 상사로부터 질책을
받는 것처럼 향상심을 저해하는 것은 없다. 나는 결코 사람을 비
난하지 않는다. 사람을 일하게 만들려면 격려가 필요하다고 나는
믿는다. 따라서 나는 사람을 추켜올리는 것은 퍽이나 좋아하지만,
깎아내리는 것은 대단히 싫어한다. 마음에 드는 일이 있으면 진심
으로 찬성하고 아낌없는 찬사를 보낸다.』

이것이 슈와브의 방법이다. 그러나 보통 사람들은 어떠한가?
이와는 정반대다.

마음에 맞지 않으면 무조건 송두리째 공박하고 마음에 들면 아
무 말도 하지 않는다.

『나는 지금까지 세계 각국의 많은 훌륭한 인사들과 접촉해 왔지만, 아무리 지위가 높은 사람이라도, 잔소리를 듣고 일할 때보다 칭찬을 듣고 일할 때가 일에 열의도 더 있고 성과도 좋은 법이다. 이에서 그 예외는 한 번도 겪어 본 적이 없다.』라고 슈와브는 단언한다.

실로 이것이 앤드류 카네기의 대성공의 관건이라고 슈와브는 말하고 있다. 카네기도 타인을 어느 경우에나 칭찬하는 버릇이 있었다. 카네기는 타인의 일을 자신의 묘비(墓碑)에까지 새겨 칭송하고자 했다. 그가 스스로 쓴 묘비명은 이렇다.

— 자기보다 현명한 인물을 신변에 끌어 모으는
방법을 터득한 사람이 여기 잠들다. —

진정으로 감사하는 것이 록펠러의 사람 다루는 비결이었다. 그에게는 다음과 같은 일화가 있다.

에드워드 베드포드라는 그의 동업자가 있었는데, 한번은 그 사람이 남미에서 거래상 실패를 하는 바람에 회사에 백만 달러나 되는 큰 손해를 끼쳤다. 다른 사람 같으면 아마 책임추궁을 했겠지만, 록펠러는 베드포드가 최선을 다했다는 걸 알고 있었고, 또 이미 끝나버린 일이었다. 그는 거꾸로 그를 칭찬해 줄 재료를 찾았다. 즉 베드포드가 투자한 돈의 60퍼센트를 회수할 수 있었던 것을 기뻐하며,

『훌륭해. 그만큼이나마 회수할 수 있은 것은 큰 다행이야. 항상 잘할 수만은 없으니까.』라고 말했다.

나의 자료들 가운데 결코 있을 법 하지 않은 얘기가 하나 끼어 있는데, 그것이 진실성을 담고 있어 여기에 소개해 볼까 한다.

이상한 얘기는 이렇다. 한 농장에서 남자들이 고된 하루 일을 끝내고 돌아와 식탁 앞에 둘러앉자, 그 집 안주인은 식탁 위에 건초더미를 올려놓았다. 남자들이 화를 내면서 미치지 않았느냐고 소리를 지르자, 그녀는 이렇게 대답했다.

『어떻게 그것을 아셨죠? 저는 지난 20년 동안 당신들을 위해 음식을 만들어 왔는데, 당신네들이 건초를 먹지 않는다는 얘기는 한 마디도 들어 본 적이 없었어요.』

몇 년 전, 가출한 주부들에 관한 연구가 있었는데, 주부들이 집을 뛰쳐나간 중요한 이유를 당신은 무엇이라고 생각하는가? 그것은 바로「칭찬의 부족」이었다. 만일 가출을 한 남편에 대해서도 같은 연구가 행해진다면 마찬가지 대답이 나올 것이라고 나는 장담한다. 우리는 흔히 배우자에게 감사하고 있다는 것을 나타내지 않는 것을 당연한 일로 생각하고 있다.

우리 강좌에 참석한 한 회원은 자기 아내의 질문서에 대한 얘기를 했다. 그의 아내와 같은 교회에 나가는 부인들의 한 그룹은 자기개선 프로그램에 참가하고 있었다. 그녀는 남편에게 그녀가 보다 훌륭한 가정주부가 되는 데 필요하다고 생각하는 요구사항

여섯 가지를 기입해 달라고 말했던 것이다. 그 남편은 강좌에서
이렇게 보고했다.

『나는 그런 요청을 받고 놀랐습니다. 솔직히 말해서 아내가 고
쳐 주었으면 하고 생각하고 있는 여섯 가지를 적는 일은 쉬운 일
이었죠. 그러나 아내도 내가 고쳐 주었으면 하고 생각하고 있는
것이 수백 가지는 될 것 같았습니다. 그래서 나는 기입하지를 않
고 아내에게 「생각할 시간이 필요하니 내일 아침에 대답을 하겠
소」 하고 말했습니다.

이튿날 아침, 나는 아침 일찍 꽃집에 전화를 걸어 붉은 장미 여
섯 송이를 아내에게 보내 달라고 부탁했습니다. 꽃다발에는 「당
신이 고쳐야 할 여섯 가지 일을 도저히 생각해 낼 수가 없었소.
나는 지금 그대로의 당신을 사랑하오.」라고 쓴 카드를 첨부해 놓
도록 했습니다.

저녁 때 집에 돌아왔을 때 나를 문까지 나와 맞아 준 사람은
누구였을 거라고 생각하십니까? 그렇습니다. 아내였습니다. 아내
의 눈에는 눈물이 가득 담겨 있었습니다. 말할 나위도 없이 나는
아내가 요구한 그녀에 대한 비판을 하지 않은 것을 무척 다행스럽
게 생각했습니다.

돌아온 주일날, 교회에서 아내가 자신의 연구과제에 대한 성과
를 보고하자, 아내와 함께 연구를 하고 있는 그룹의 몇몇 여성들
이 나를 찾아와 「우리가 들은 얘기 중에서 가장 사려 깊은 대답

이었습니다.」하고 말했을 때, 비로소 나는 칭찬의 힘이 얼마나 위대한가 하는 것을 깨달았습니다.』

플로렌츠 지그펠트라고 하면 브로드웨이를 매혹시킨 대흥행사인데, 그는 어떤 여자라도 눈부신 미인으로 만들어낼 수 있는 뛰어난 수완으로 명성을 얻었다. 아무도 거들떠보지 않을 초라한 아가씨를 데려와서 무대 위에 세울 때는 놀랄 정도의 매혹적인 모습으로 변모시켜 놓는 것이다.

상대를 칭찬하고 신뢰하는 것이 얼마나 중요한지를 알고 있는 그는 친절과 호의를 다해서 여자로 하여금 자기가 아름답다고 믿도록 해주는 것이다. 그는 또한 실제로 주급 30달러인 코러스 걸의 급료를 1백 75달러까지 인상시켜 주었다. 그는 또 기사도의 멋도 아는 사람이어서 공연 첫날 저녁에는 출연 스타들에게 축전을 쳐 주고, 코러스 걸 전원에게 호화로운 꽃다발을 보내는 일을 잊지 않았다.

한때 나는 왠지 모르게 단식을 해보고 싶어져서 엿새 동안을 아무것도 먹지 않고 지내 본 적이 있다. 그다지 어려운 일은 아니었다. 마지막 날인 엿새째보다 이틀째 밤이 더 힘이 들었다. 그런데 가령 가족이나 자기가 고용하고 있는 사람에게 엿새 동안이나 음식을 주지 않았다면 우리들은 일종의 죄악감을 느낄 것이다. 그러면서도 음식 못지않게 누구나가 갈망하고 있는 진심에서 우러난 찬사는 엿새는커녕 6주간, 때로는 6년간이나 주지 않고도 아무렇지 않게 여기고 있다.

《빈의 재회》라는 유명한 연극에서 주인공 역할을 맡았던 알프레드 런트는 이렇게 말했다.

『나에게 가장 필요한 영양소는 자부심을 높여 주는 말이다.』 우리는, 아이들이나 친구나 고용인의 육체에는 영양을 주면서도 그들의 자기 존중에는 영양분을 공급하지 않는다. 쇠고기며 감자를 주어 체력을 북돋아주기는 하지만, 부드러운 칭찬의 말을 해주지는 않는다. 정다운 칭찬의 말은 새벽하늘에 빛나는 별들의 음악처럼 언제까지나 기억에 남고 마음의 양식이 되어주는 것이다.

폴 하베이는 그의 라디오 프로 《나머지 이야기》에서 칭찬이 어떻게 한 사람의 일생을 바꿀 수 있었는지에 대해서 얘기했다.

몇 년 전, 디트로이트에 있는 한 교사가 스티비 모리스에게 교실 안에서 없어진 쥐를 잡는 일을 도와 달라고 부탁했다. 교사는, 어떤 학생도 갖지 못한, 자연이 오직 스티비에게만 내려준 재능을 알고 있었던 것이다. 자연은 스티비에게 그의 눈을 멀게 한 대가로 뛰어난 청각을 내려주었던 것이다.

하지만 스티비가 자기의 재능 있는 귀에 대해 칭찬을 들은 것은 그것이 처음이었다. 몇 년의 세월이 흐른 지금 스티비는 그러한 칭찬이 새로운 인생의 시발점이 되었다고 회상하고 있다. 그 때부터 스티비는 듣는 재능을 발전시켜 마침내는 「스티비 원더」라는 이름으로 70년대의 가장 훌륭한 팝송 가수가 되었으며 작곡가가 되었다.

『대체 말도 안 되는 소리! 공치사, 아첨! 그 따위는 낡고 소용없는 수법이야. 지성 있는 사람들에겐 아무런 효과도 없어!』

독자들 가운데는 여기까지 읽으면서 이렇게 말할 사람도 있을 것이다.

물론 분별있는 사람들에게는 아첨은 효과가 없다. 공치사란 천박하고 이기적이고 무성의한 것이어서 그것이 통용되지 않는 것은 당연한 일이다. 하기야 굶어죽기 직전의 인간이 풀이건 나뭇잎이건 벌레건 닥치는 대로 집어먹듯이 아무것이나 받아 삼킬 만큼 찬사에 굶주린 사람들이 세상에 있다는 것도 사실이다.

영국의 빅토리아 여왕도 아첨을 좋아하는 경향이 있었다. 당시의 재상 디즈레일리도 여왕에 대해서는 비위를 맞추느라 퍽 애썼노라고 고백하고 있다.

그의 말을 빌면, 「흙손으로 벽을 바르듯이」 치사의 말을 했다고 하는데, 그로 말하면 대영제국의 재상 중에서 손꼽을 만큼 세련된 사교의 천재였다. 디즈레일리가 사용한 방법을 우리가 쓴다고 반드시 유효하다고는 할 수 없다. 결국 아첨은 이로운 점보다 해를 가져오는 일이 더 많다. 공치사는 위조지폐와 같은 것이다. 쓰다 보면 종내는 화를 당하기 마련이다.

아첨하는 말과 감사의 말과의 차이는 매우 간단하다. 후자는 진실인 데 반해 전자는 진실이 아니다. 후자는 마음속에서부터 우러나오지만, 전자는 혓바닥 끝에서 나오는 것이다. 후자가 몰아적(沒我的)이라면 전자는 이기적이다. 후자는 모두가 반겨하지만 전자는 누구나 싫어한다.

나는 최근 멕시코시티의 차플테펙 궁전을 방문한 자리에서 멕시코의 영웅 오브레곤 장군의 흉상을 본 적이 있다. 그 흉상 하부에 다음과 같은 장군의 신조가 새겨져 있었다.

『적을 두려워할 것이 아니라 감언(甘言)으로 아첨하는 친구를 두려워하라.』

나는 결코 감언으로 아첨할 것을 여러분에게 권하고 있는 것은 아니다. 내가 권하는 것은 「새로운 생활법」이다. 거듭 말하지만, 나는 새로운 생활법을 말하고 있는 것이다.

영국 왕 조지 5세는 버킹검 궁전 내의 서재에 6개 항의 금언을 걸어놓고 있었다. 그 중 하나가,

『값싼 칭찬은 하지도 말 것이며 받지도 말라.』하는 것이다.

아첨하는 말은 곧 값싼 칭찬이다. 또 아첨하는 말의 정의에 관해서는 아래와 같이 설명한 것을 읽은 기억이 있다.

『아첨이란 상대방의 자기 평가와 일치하는 말을 해주는 것.』

이는 음미해 볼 만한 말이다.

미국의 사상가 에머슨은 『어떠한 말을 사용하건 인간은 본심을 속일 수는 없다.』고 지적하고 있다.

만약 아첨을 해서 만사가 잘 되어 나간다면 모두가 아첨꾼이

되어 이 세상은 대인관계의 명수들로 가득 차게 될 것이다. 인간은 어느 특별한 문제가 있어 그것에 몰두하고 있을 때 이외에는 대개 자신의 일을 생각하는 데 시간의 95퍼센트를 소비한다. 그래서 만일 잠깐 자신의 일에 대한 생각을 중단하고 남의 장점을 생각해 보면 어떨까? 타인의 장점을 알게 되면 속이 훤히 들여다보이는 값싼 아첨의 말 따위는 할 필요가 없게 될 것이다.

우리가 일상생활을 하는 가운데 가장 잊어버리기 쉬운 일 중 하나는 칭찬이다. 자녀들이 학교에서 좋은 성적을 받아 왔을 때 칭찬하기에 인색하며, 아이들이 과자를 굽거나 새 집을 만드는 데 처음으로 성공했을 때도 격려해 주기를 게을리 한다. 아이들에게는 부모의 그러한 관심이나 칭찬만큼 기쁜 것은 없는데도.

레스토랑에서 요리를 맛있게 먹었을 때는 훌륭한 요리였다고 주인에게 한마디 하라. 그리고 피로에 지친 판매원이 친절을 베푼다면 고맙다는 인사를 하라.

모든 성직자나 강연자, 대중 연설가들은 청중에게 자신을 송두리째 쏟아 붓고서도 아무런 반응을 얻지 못하면 실망해 버린다. 직업적인 사람들조차 그럴진대, 하물며 사무실이나 상점이나 공장에서 일하는 사람들이나, 우리들의 가족, 친구들은 더할 나위가 없을 것이다. 우리의 이웃이나 동료는 모두 인간이며 칭찬에 굶주려 있다는 것을 잊어서는 안 될 것이다. 그것은 모든 인간이 갈구하는 정당한 요구인 것이다.

일상적인 삶의 여로에서 조그만 우호적인 감사의 발자취를 남기도록 힘쓰자. 훗날, 그 곳을 찾았을 때, 당신은 그것이 어떻게 조그마한 우정의 불꽃에 불을 붙여 장밋빛 횃불이 되어 비쳐 주는지 놀랄 것이다.

코넥티컷 주 뉴 페어필드에 사는 파멜라 던햄은 직장에서의 임무 가운데 일이 서툰 직공을 지도하는 일도 맡고 있었다. 한 직공이 어찌나 일을 신통치 않게 하는지 다른 종업원들이 그를 놀려대는 것은 물론이고, 작업시간에 통로를 돌아다니며 그가 만든 제품을 들고 창피를 주곤 했다. 그것은 회사로서 난처한 일이었다. 작업 분위기가 흐려질 뿐만 아니라, 작업 능률에서도 장애가 많았다.

파멜라는 그 직공에게 자극을 주기 위해 여러 가지 방법을 써보았으나 별 효과가 없었다. 파멜라는 이따금 그가 유난히 일을 잘 해낼 때가 있다는 것에 주목했다. 파멜라는 그 때마다 다른 직공들 앞에서 그를 칭찬하기로 했다. 날마다 그의 솜씨는 나아져갔고, 이내 그는 모든 일을 훌륭하게 해내게 되었다. 현재 그는 남보다 오히려 뛰어난 작업 능률을 올리고 있으며, 다른 종업원들도 그에게 칭찬을 해주고 그의 능력을 인정해 주고 있다.

진정한 칭찬이 결국 비판이나 비웃음이 이루어내지 못한 결과를 가져다 준 것이다.

사람의 감정을 상하게 하는 비판은 상대를 변화시키지도 못할 뿐더러 아무런 가치도 없는 일이다. 내가 매일 아침 볼 수 있도록 거울에 오려붙여 놓은 옛 격언이 하나 있다.

> 나는 이 길을 꼭 한 번만 지나간다. 그러므로 다른 사
> 람에게 어떤 좋은 일이나, 어떤 친절을 베풀 수 있다면
> 지금 바로 행하라. 미루거나 게을리 하지 말라. 왜냐하면
> 나는 이 길을 다시는 지나가지 않을 테니까.

에머슨은 또 이렇게 말했다.

『어떤 사람이라도 나보다 어느 면에서는 뛰어나다. 그 점에서
나는 누구에게서나 배울 것이 있다고 생각한다.』

에머슨에게 그러했다면 범속한 우리들에게는 몇 갑절이나 더
그렇지 않겠는가.

자신의 장점, 욕구를 잊고 타인의 장점을 생각해 봄이 어떤가.
그렇게 되면 아첨 따위는 소용이 없다. 거짓이 아닌 진심으로부터
의 찬사를 보내 보자.

『진심에서 찬사를 보내고 아낌없이 칭찬을 하자.』 그러면 상대
방은 그것을 마음 깊이 간직하고 평생 잊지 않을 것이다. 주는 사
람은 잊어버릴지라도 받는 사람은 깊이 간직하고 마음 흐뭇해 할
것이다.

【원칙 2. 솔직하고 진지한 칭찬을 하라.】

3

『이것을 할 수 있는 사람은 이 세상을 얻을 것이며,
그렇지 못한 사람은 외로운 길을 걸을 것이다』

해마다 여름이 되면 나는 메인 주로 낚시를 떠난다. 그런데 나
는 딸기와 크림을 좋아하는데, 물고기는 왜 그런지 벌레를 좋아한
다. 그래서 낚시를 갈 때 나는 내 기호물에 대해서는 생각지 않고
물고기가 좋아하는 것만을 생각한다.

딸기나 크림을 낚싯밥으로 쓰지 않고 지렁이나 메뚜기를 낚싯바
늘에 꿰어 물속에 드리워 놓고, 『하나 잡수어 보시오』하는 것이
다. 사람을 낚을 때도 이 물고기 낚시의 상식을 그대로 이용하면
어떨까?

영국 수상을 지낸 로이드 조지(1st Earl of Dufor Lloyd Geo
rge David, 1863~1945)는 이 방법을 곧잘 이용했다. 1차대전 중
그와 같이 활약한 연합군의 지도자인 윌슨, 올란도, 클레망소 등
이 모두 실각하고 세인의 기억으로부터 사라졌는데, 어떻게 그 혼
자만이 여전히 집권하고 있는지를 물었을 때 그는 대답하기를, 낚

시에는 물고기가 좋아하는 것만을 단다고 대답했다.

자기가 좋아하는 것은 문제 삼을 필요가 없다. 그런 것을 문제 삼는 것은 유치하고 어리석은 노릇이다. 물론 우리는 자기가 원하는 것에 관심을 가지는 것이며, 또 이 관심은 영구히 지속되는 것도 있다. 그러나 자기 이외에는 아무도 흥미를 가져 주지 않는다. 너나없이 다 자기 일에만 정신이 팔려 있다. 따라서 사람을 움직이는 유일한 방법은 상대방이 원하는 문제를 같이 이야기해 주고 또 그것을 달성하는 방법을 가르쳐주는 것이다.

지금부터라도 당장 누구를 움직이고자 한다면 이 사실을 꼭 명심해야 한다.

가령 자기 자식에게 담배를 피우지 못하게 하고 싶으면 설교는 좋지 않다. 자기의 희망을 떠들어대서도 안 된다. 다만 담배 피우는 사람은 야구선수도 못되고 백 미터 달리기에도 우승하지 못한다는 점을 설명해 주면 된다.

이 방법을 잘 응용하면 아이들이건 송아지건 침팬지건 간에 마음대로 움직일 수가 있다. 그 한 예를 들어보자.

어느 날, 에머슨과 그의 아들이 송아지를 외양간에 집어넣으려고 하였다. 그런데 에머슨 부자는 흔히 누구나가 저지르는 잘못을 저질렀다. 그들은 자기들의 원하는 목적만 생각하여 아들은 앞에서 잡아끌고 아버지는 뒤에서 밀었다. 송아지 또한 에머슨 부자와 마찬가지로 자기의 원하는 바만 생각해서 네 다리를 뻗대고 풀밭에서 한 발짝도 옮겨놓으려 하지 않았다. 이 광경을 보다 못한 아일랜드 태생의 하녀가 도와주려고 쫓아왔다.

그녀는 논문이나 책을 저술할 만한 지식은 없었지만, 적어도 이 경우에 한해서만은 에머슨보다 훌륭한 상식을 갖추고 있었던 모양으로, 먼저 송아지가 무엇을 원하는지를 알아내려 했던 것이다. 그녀는 자신의 손가락을 송아지 입에 물리고 그것을 빨리면서 손쉽게 외양간 안으로 끌어넣었다.

인간의 모든 행위는 무언가에 대한 욕구로부터 나오는 것이다. 적십자사에 돈을 기부하는 행위는 어떤가? 그것도 이 원칙에 대한 예외일 수는 없다. 왜냐하면 그것은 남을 도와주려는 욕구, 아름답고 이타적이고 거룩한 행위를 하고 싶은 욕구에서 출발했기 때문이다.

『가난한 형제에게 선을 행하는 것은 곧 주를 섬김과 같으니라.』

아름다운 행위에서 우러나는 기쁨보다 돈이 더 소중하다고 생각하는 사람은 기부 같은 것은 하지 않을 것이다. 물론 거절하기가 난처하다든가, 친분관계 때문에 마지못해 기부하는 경우도 있을 것이다. 그러나 기부를 한 이상 무엇인가를 원했던 것만은 사실이다.

미국의 심리학자 해리 오버스트리트 교수의 명저 《인간의 행동을 지배하는 힘》에는 다음과 같은 구절이 있다.

『인간의 행동은 마음속의 욕구로부터 생겨난다……따라서 사람을 움직이는 최선의 방법은 먼저 상대방의 마음속에 강한 욕구를 불러일으키는 것이다. 장사를 하는데도, 가정이나 학교에 있어서도, 혹은 정치에 있어서도 사람을 움직이려 한다면 이 사실을 잘 기억해둘 필요가 있다. 이것을 할 수 있는 사람은 온 세상을 얻을 것이며, 그렇지 못한 사람은 외로운 길을 걸을 것이다.』

강철왕 앤드류 카네기도 본래 스코틀랜드 출신의 가난뱅이로서 한 시간에 2센트의 급료밖에 못 받는 하급 노동자였지만, 마침내는 여러 방면에 3억 6천 5백만 달러나 기부를 할 만큼 대부호가 되었다.

그는 나이 어려서부터 이미 사람을 움직이는 데는 그 사람이 원하는 것을 이야기해 주는 것 외에 다른 방법이 없다는 것을 깨닫고 있었다. 학교라고는 4년밖에 다녀보지 못했지만, 그는 사람을 다루는 법을 잘 알고 있었던 것이다.

이런 이야기가 있다. 카네기의 형수는 예일 대학에 가 있는 두 아들 때문에 병이 날 지경으로 걱정을 하고 있었다. 두 아들 다 자기 일에 마음을 빼앗겨 집에는 편지 한 통 보내지 않았고, 어머니가 아무리 근심하는 글을 보내도 답장 한 번 하는 법이 없었다.

카네기는 그 조카들에게 답장을 하라는 말도 하지 않고, 회답이 올 것인지, 안 올 것인지 백 달러 내기를 해보자고 했다. 그 내기에 응하는 사람이 있어 그는 조카들에게 별 내용도 없는 편지를 써 보냈다. 단지 추신으로 두 조카에게 각기 5달러씩 돈을 보낸다는 말을 간단히 덧붙였을 뿐이었다. 그러면서 그는 그 돈을 동봉하지 않았다.

조카들로부터는 곧 감사하다는 답장이 날아왔다.

『앤드류 숙부님, 편지 잘 받아 보았습니다……』 그 다음 말은 여러분의 상상에 맡긴다.

또 한 가지 예는 우리 코스에 참가한 오하이오 주 클리블랜드에 사는 스탠 노박의 얘기다.

어느 날 저녁, 스탠이 직장에서 집에 돌아오자, 막내아들 팀이 거실 바닥에 주저앉아 발버둥을 치며 악을 쓰고 있었다. 팀은 내일부터 유치원에 가기로 되어 있었는데, 유치원에 가지 않겠다고 억지를 부리고 있었던 것이다.

스탠의 일상적인 대처 방법은 아이를 자기 방에 가두어 놓고 유치원에 가겠다고 할 때까지 문을 열어주지 않는 것이었다. 그로서는 그 방법밖에는 없었다. 하지만 오늘밤에는 그렇게 해보았자 마음이 내켜 스스로 유치원에 가겠다고 하기는 틀렸다는 생각이 들어 스탠은 조용히 생각을 해보았다.

『내가 팀이라면 유치원에 가는 것이 어째서 흥미롭겠는가?』

스탠과 아내는 마주앉아서 팀이 좋아할 유치원에서의 놀이, 가령 손가락으로 그림 그리기, 노래 부르기, 새로운 친구 사귀기 등을 리스트로 만들었다. 그리고 그들은 행동으로 옮겼다.

『우리 식구 모두—아내 릴과 큰아들 밥, 그리고 나—는 부엌 식탁 위에다 손가락으로 그림을 그리기 시작했습니다. 곧 팀은 곁눈질로 우리들을 훔쳐보기 시작했습니다. 그러자 팀은 자기도 끼어달라고 졸라댔습니다. 「안 돼. 손가락으로 그림을 그리려면 먼저 유치원에서 그림 그리는 법을 배워 와야 해.」

그러면서 나는 열심히 팀이 알아들을 수 있는 말로 리스트에 적은 재미있는 놀이들을 설명해 주었습니다. 이튿날 아침, 나는 언제나처럼 내가 제일 일찍 일어난 줄 생각했습니다. 아래층으로 내려가 보니 팀이 거실의자에 앉아서 자고 있지 않겠어요?』

『애야, 여기서 뭘 하고 있니?』하고 내가 물었습니다.

『유치원에 가려고 기다리고 있는 거야. 시간에 늦으면 안 되잖아.』

우리 온 가족의 열의가 위협이나 억지로는 이룰 수 없는 의욕을 팀에게 불러 일으켜 주었던 것입니다.

내일이면 당신은 누군가를 설득시켜 어떤 일을 성취하기 원할지도 모른다. 그 때는 얘기를 꺼내기 전에 잠시 쉬며 자기 자신에게 물어 보라.

『어떻게 하면 그렇게 하고 싶은 기분을 상대방의 마음속에 불러일으킬 수 있을까?』

자신에게 대한 이런 질문은 남을 쫓아다니며 붙들고 이러쿵저러쿵 부탁하고, 쓸데없는 잔소리를 지껄이고 할 필요가 없는 것이다.

　나는 강연회를 개최하기 위해서 뉴욕의 어느 호텔 대강당을 계절마다 20일 동안씩 밤에만 빌리기로 했다. 그런데 어느 땐가는 강연회 개최에 임박해서 갑자기 호텔 측으로부터 사용료를 종전의 3배 가까이 인상하겠다는 통지를 받았다. 그 때는 이미 입장권은 다 인쇄되어 예매를 하고 있었으며, 일반에게 발표까지 한 뒤였다.

　나로서는 그러한 인상을 당연히 받아들이고 싶지 않았으나, 내 기분을 호텔 측에 이야기해 보았자 아무 소용이 없을 것 같았다. 그들은 오로지 자기네 입장만 내세울 것이다. 그래서 나는 한 이틀쯤 지나서 지배인을 만나러 갔다.

　『그 통지를 받았을 때는 약간 놀랐습니다만, 나는 당신을 원망하고 싶은 생각은 추호도 없습니다. 나도 아마 당신의 입장이었다면 같은 통지서를 쓸 수밖에 없었겠지요. 호텔의 지배인으로서는 될 수 있는 대로 호텔의 수입을 올리는 것이 업무일 테니까요. 그것을 못하는 지배인이라면 당연히 자리를 물러나야겠지요. 그런데 이번 사용료의 인상 문제입니다만, 그것이 호텔 측에 어떠한 이익과 불이익을 가져올 것인지를 한번 표를 작성해서 검토해 보실까요?』

　이렇게 말하고 나는 백지 한 장에다 선을 긋고 양쪽에 이익과 손해 두 난을 만들었다.

나는 이익 난에 『넓은 방이 빈다』라고 기입하고 나서 말을 계속했다.

『빈 대강당을 댄스파티나 집회용으로 자유로이 빌려줄 수 있다는 이익이 생깁니다. 이것은 확실히 큰 이익입니다. 강연회용으로 빌려주는 것보다 훨씬 비싼 사용료를 받을 수 있겠지요. 20일간이나 대강당이 강연회로 자리를 빼앗긴다는 것은 호텔 측으로서는 큰 손실입니다.

그러면 이번에는 손해에 대해 생각해 봅시다. 첫째로 나한테서 들어오는 수익이 늘지 않고 거꾸로 줄 것입니다. 아니, 주는 것이 아니라 한 푼도 들어오지 않겠지요. 나는 당신이 요구하는 인상된 사용료를 지불하기는 어려운 처지이니, 강연회는 어디 다른 장소로 옮기는 수밖에 없겠지요.

다음으로 또 하나 호텔 측에 불이익한 점이 있습니다. 이 강연회는 주로 지식인이나 문화인들이 많이 오는데, 이것은 호텔을 위해서 훌륭한 선전이 되는 것입니다. 실제로 신문광고에 5천 달러를 들인다고 해도 이 강연회에 모여드는 청중의 수만큼 많은 사람이 호텔을 보러 오리라고는 생각되지 않습니다. 그렇다면 이 강연회가 호텔 측에 굉장히 유리한 것이 아닐까요?』

이상 두 가지 손해를 해당 난에 기입하고 나서 그 종이를 지배인에게 주었다.

『여기에 적은 이익과 손해를 잘 참작하셔서 최종적인 연락을 해주시기 바랍니다.』

이튿날 나는 사용료를 3배가 아닌 50퍼센트만 인상하겠다는 통지를 받았다.

이 문제에 대해서 나는 자신의 요구는 한 마디도 입 밖에 내지 않았음에 주의해 주기 바란다. 처음부터 끝까지 상대방의 요구에 관해서만 이야기하고 어떻게 하면 그 요구를 충족할 수 있을까를 이야기하였던 것이다.

가령 내가 인간의 자연스런 감정에 못 이겨 지배인 방으로 쫓아 들어가 이렇게 소리질렀다고 치자.

『여보! 지금 와서 갑자기 3배나 사용료를 올리다니 말이 됩니까? 입장권도 벌써 다 찍어 놓았고, 발표도 이미 끝났다는 것을 당신도 잘 알고 있지 않소. 3배라니 어림도 없소. 그렇게는 지불 못하겠소.』

그러면 어떤 결과가 벌어졌을까? 서로가 흥분해서 욕설이 오가고, 그 다음은 뻔한 노릇이다. 설사 내가 상대방을 설득시켜 그의 잘못된 점을 깨닫게 해주었다 하더라도 상대는 쉽게 물러나지 않았을 것이다. 자존심이 그것을 허락지 않았을 것이기 때문이다.

자동차 왕 헨리 포드는 인간관계에 관해서 다음과 같은 얘기를 했다.

『성공에 비결이라는 것이 있다면, 우선은 상대방의 입장을 이해하고 자기의 입장과 동시에 상대의 입장에서도 사물을 볼 줄 아는 능력일 것이다.』

이 얼마나 음미할 만한 말인가. 몇 번이고 되풀이해서 기억해 둘 만한 말이다. 아주 간단하고 알기 쉬운 말이지만, 대다수 사람들은 이를 망각하고 있다. 그와 같은 예는 얼마든지 있다.

매일 아침 배달되어 오는 우편물이 그것이다. 대개의 편지는 이 상식의 대원칙을 무시하고 있다. 그 하나의 예로서, 전국에 지사를 가진 어느 광고회사의 방송부장으로부터 각 지방 방송국장 앞으로 보내는 편지를 들어보기로 한다(괄호 안은 이에 대한 나의 비평이다).

폐사는 라디오 광고 대행업자로서 언제나 제1류가 되고자 염원하고 있습니다.

당신 회사의 염원 따위야 알 바가 아니다. 이쪽도 골치 아픈 문제가 산적해 있다. 집은 저당 잡혀 언제 명도 당하게 될지 모르고, 귀중한 정원수는 해충으로 시들어 가고 있다. 증권시세는 폭락. 오늘 아침에는 통근차를 놓쳐 지각했고, 어젯밤엔 웬일인지 존스씨 댁의 무도회에 초대를 못 받았다. 의사는 내게 고혈압에다 신경질환이라구. 가뜩이나 신경이 날카로워져서 사무실에 도착하니 이게 뭐야. 이런 편지가 와 있다. 어느 주제넘은 녀석이 자기네 회사가 원하는 것만 잔뜩 떠벌이고 있지 않은가? 멍텅구리 같으니라구. 이 편지가 상대방에게 어떤 인상을 줄 것인지도 모를 정도라면 일찌감치 광고업을 그만두고 구충제 장사라도 시작하는 편이 좋을 것이다!

우리나라 방송 사업이 발족한 이래로 폐사의 업적은 실로 현저한 바 있어 항상 업계에서 두각을 나타내고 있습니다.

당신 회사가 대규모고 자본이 많고 업계에서 제일이라고 치자. 그것이 어쨌다는 말인가? 설사 당신 회사가 제너럴 모터스와 제너럴 일렉트릭 그리고 미 합동참모부를 다 합친 것만큼 크다고 하더라도 그런 것은 아무래도 좋다. 이쪽은 당신 회사가 얼마나 큰가 하는 것보다 우리 회사가 얼마나 큰가에 관심을 두고 있다. 세 살 먹은 어린아이가 아닌 다음에야 그만 정도는 알 만할 텐데. 당신 회사의 자랑을 듣고 있으면 이쪽 체면이 깎이는 기분이 든단 말이오

폐사는 항상 라디오 방송에 관한 최근 정보를 고객에게 서비스하기를 바라 마지않습니다.

바라 마지않다니…. 바보 같으니라구! 당신이 뭘 바라든, 미국대통령이 뭘 바라든 내가 상관할 바가 아니오. 이것 보시오, 나의 관심은 내가 바라는 일에 대해서란 말이오. 그런데 자기의 바람만 자꾸 내세우면 어쩌자는 심산인가. 이쪽 바람에 대해서는 일언반구도 없잖나?

따라서 귀국의 주간 보고를 받고자 하오니 대행업자에게 필요하다고 생각되는 사항을 자세히 알려주시기 바랍니다.

뻔뻔스럽기 짝이 없는 말투다. 실컷 제멋대로 자랑을 늘어놓은 다음에 보고를 하라니 이 무슨 수작인가?

귀국의 최근 현황에 관하여 즉각 답신해 주시면 상호간에 유익하리라 생각합니다.

어리석게도 이런 엉터리 편지를 보내고 급히 답신을 달라니 기가 막힐 지경이군. 아마 이 편지를 추풍에 날리는 낙엽처럼 전국 각지에 뿌릴 작정이겠지. 『즉각』이 다 뭐냐! 이쪽도 당신 못지않게 바쁘단 말이야. 도대체 당신은 무슨 권리로 명령을 내리는가? 『상호간에 유익하다고?』 끝에 와서 겨우 이쪽 입장에도 관심을 약간 보이기는 했으나, 도대체 이쪽에 무엇이 어떻게 유익하다는 말인지 분명치가 않잖소?

추신 : 《브랭크빌 저널》지의 사본을 한 통 동봉하오니 귀국의 방송에 이용해 주시면 다행으로 생각합니다.

추신에 와서야 겨우 이쪽에 도움이 될 얘기를 비치는군. 처음에 썼더라도 큰 차이는 없었겠지만, 대개 이런 터무니없는 편지를 태연히 보내는 광고업자는 아마 머리가 좀 돌지 않았나 생각된다. 당신에게 필요한 것은 이쪽의 현황 보고가 아니라, 바보 머리를 고치는 치료약일 것이다.

광고업을 본직으로 삼고 사람들로 하여금 물건을 사도록 유인하는 전문가여야 할 사람마저 이런 식의 편지를 쓸 적에야, 다른 직업에 종사하는 사람들이 쓰는 편지가 어떠하리라는 것쯤은 짐작하고도 남음이 있을 것이다.

여기에 또 한 통의 편지가 있다. 어느 운송회사의 수송계장으로부터 내 강습회의 수강생인 에드워드 버밀렌 씨에게로 온 것이다. 이 편지를 받아 본 사람에게 어떤 효과를 나타냈을까 한번 읽어보고 생각해 보기로 하자.

― 버밀렌 씨 귀하

저희 형편을 말씀드리지만, 취급 화물의 대부분이 저녁때쯤 한꺼번에 쇄도하기 때문에 발송업무에 지장을 받는 경우가 허다합니다. 그 결과 저희 사무실 직원들은 시간 외 초과 노동을 하게 되고 적하와 수송은 지연되기 마련입니다. 지난 11월 10일 귀사로부터 510개나 되는 대량의 화물을 접수하였습니다만, 그 때는 이미 오후 4시 20분이었습니다.

저희는 그러한 사태로 인한 작업의 혼란과 불편을 피하고자 귀사의 적극적인 협조를 바라 마지않는 바입니다. 전기한 바와 같은 대량의 화물은 도착 시간을 좀 당겨 주시든지, 또는 오전 중에 화물의 일부가 도착되도록 힘써 주시기 바랍니다.

그렇게 배려해 주신다면 귀사의 차량이 대기하는 시간도 단축될 수 있는 등 여러 가지 유익한 점이 많을 것으로 생각합니다.

이 편지를 다 읽고 나서 A. 제레가 선주 회사의 판매과장인 버밀렌 씨는 다음과 같은 비평을 붙여 나에게 보내왔다.

이 편지는 그 의도하는 바와는 오히려 반대의 결과를 가져왔다. 처음부터 자기의 형편만 이야기하고 있는데, 그런 것은 이쪽에는 별로 흥미가 없는 일이다. 다음에는 협력을 구하고 있으나, 그것이 이쪽에 가져다주는 불편은 전혀 무시하고 있다. 겨우 마지막 구절에 와서야 협력하면 이쪽에는 이러저러한 이익이 있을 것이라고 하였는데, 가장 긴요한 점을 뒤에서 얘기했으니 협력은커녕 적개심이 일어날 지경이다.

한번 이 편지를 좀 더 잘 고쳐 쓸 수는 없을까? 자기 형편에만 정신을 쓸 것이 아니라, 자동차 왕 포드의 말처럼 『타인의 입장을 이해하고 자기의 입장과 동시에 남의 관점에서도 사물을 보도록』 해봄직 하지 않은가?

아래와 같이 써 보면 물론 완전하다고는 못하겠으나, 먼저 것보다는 훨씬 나을 것이다.

― 버밀렌 씨 귀하

폐사는 14년 동안이나 귀사의 사랑을 받아 오면서 늘 감사하게 생각하고 있으며 앞으로도 더욱 신속하고 능률적인 서비스로써 그 호의에 보답코자 노력하겠습니다. 그러나 지난 11월 10일처럼 오후 늦게 한꺼번에 대량의 화물을 보내시면 유감스럽게도 기대에 어긋나게 되는 경우도 있습니다. 그 까닭인즉, 다른 하주들도 오후 늦게야 하물을 보내오는 경우가 많으므로 일이 폭주하여 혼란이 생기고 따라서 귀사의 차량도 오래 기다려야만 하게 됩니다. 때로는 하물의 선적에도 지연을 가져오는 수가 있습니다. 이는 실로 저희들도 매우 유감으로 여기는 바입니다. 이러한 사태를 피하기 위해서는 가급적 오전 중으로 화물을 보내 주시는 것도 한 방법이 아닐까 생각됩니다. 그럴 경우 귀사의 트럭이 오래 대기할 필요도 없을 것이며 화물은 즉시 선적이 가능해질 것이고, 또 폐사의 종업원도 제 때에 가정에 돌아가 귀사 제품인 맛있는 마카로니 저녁상 앞에 앉아 피곤을 풀수 있게 될 것입니다.

언제라도 정성껏 기쁜 마음으로 신속한 서비스를 해드리겠습니다. 바쁘실 테니까 답장은 주시지 않아도 무방합니다.

뉴욕의 한 은행에 근무하는 바바라 앤더슨 여사는 자기 아들의 건강문제로 애리조나 주 피닉스로 이사를 하고자 했다. 그녀는 우

리 코스에서 배운 원칙들을 사용하여 피닉스에 있는 12개 은행에
다 다음과 같은 편지를 보냈다.

ー 친애하는 은행장님께

저의 10년 동안의 은행 실무경험이 귀 은행과 같이 급속도로
발전하는 은행에 도움이 되리라 생각합니다.

뉴욕의 뱅커스 트러스트 회사에서 많은 은행 실무를 익힌 현
재 지점장의 직책에 이르기까지 본인은 고객관리, 신용계, 대부
계, 그리고 관리업무 등과 같은 은행 실무의 제반 사항을 나름
대로 익혀 왔습니다.

5월 중 피닉스로 이주하게 되며, 제가 귀 은행의 성장과 이익
에 이바지할 수 있기를 바라 마지않습니다. 4월 셋째 주 경에
피닉스에 가면 그 때 제가 귀 은행에 미력이나마 도움을 드릴
수 있는지를 말씀드릴 기회를 제공해 주시면 감사하겠습니다.

과연 앤더슨 여사는 이 편지의 회신을 몇 통이나 받았을까? 12
개 은행 중 10개 은행이 앤더슨 여사에게 면담을 요청해 왔고, 여
사는 이들 중 어느 은행의 요청을 받아들여야 할지 즐거운 비명을
질러야 했다. 왜일까? 앤더슨 여사는 자기가 원하는 것은 일언반
구도 쓰지 않은 대신 그들을 어떻게 도와줄 수 있는가, 그리고 그
들의 요구사항에만 초점을 맞춰서 편지를 썼기 때문이다.

오늘도 수많은 세일즈맨들이 성과도 못 올리고 실망한 채 피곤

한 몸을 이끌고 터덜터덜 거리를 걷고 있다.

무엇 때문일까?—그들은 항상 자기네가 원하는 것밖에 생각할 줄 모르기 때문이다.

우리는 원하는 물건이 있으면 직접 나가서 산다. 우리는 자신의 문제를 해결하는 데 늘 관심을 가지고 있다. 따라서 그 문제를 해결하는 데에 세일즈맨이 팔려고 하는 물건이 필요하다는 것만 증명된다면 이쪽에서는 자진해서 산다. 세일즈맨이 강매하다시피 할 필요는 전혀 없다.

고객은 마음이 내켜서 사는 것은 좋아하지만, 억지로 떠맡기는 것은 사고 싶어 하지 않는다. 그럼에도 불구하고 세일즈맨의 대다수는 고객의 입장에서 생각하고 팔려고 하지 않는다. 그 좋은 예가 하나 있다.

나는 수년 동안 뉴욕 교외의 포레스트 힐즈에 살고 있는데, 어느 날 정거장으로 급히 가던 중 롱아일랜드에서 다년간 부동산 중개업을 하고 있는 사람을 만났다. 그 사람은 포레스트 힐즈의 사정에 밝았으므로 내가 살고 있는 집의 건축재료에 관해서 물어보았다. 그러자 그 사람은 모른다고 대답하고 주택협회에 전화를 걸어서 물어 보라고 했다. 그런 정도라면 내가 묻지 않아도 알고 있는 일이다. 그런데 그 이튿날 그로부터 한 통의 편지가 왔다. 어제 물어본 일을 알아서 연락해 주는 것일까?—전화를 걸면 1분도 안 걸릴 문제인데. 이렇게 생각하면서 편지를 뜯어보니 그런 내용이 아니었다. 그 전날과 같이 전화로 물어 보라는 말을 되풀이하고 나서는 보험에 가입해 달라는 부탁이 씌어 있었다.

이 사람은 나에게 도움이 될 만한 일에는 도무지 흥미가 없고, 자기 자신에게 이로울 일에 대해서만 관심이 있는 것이다. 이 사람이 남을 돕는 데 관심을 갖게 된다면 나를 보험에 가입시키는 것보다 몇 천 배의 이익을 얻게 될 텐데.

앨러배마 주 버밍햄에 사는 하워드 루카스 씨는, 같은 회사에 근무하는 보험 외무사원 두 명이, 동일한 상황 하에서 그들이 각각 어떤 방법으로 대처했는지를 나에게 얘기해 주었다.

『몇 년 전 저는 규모가 작은 한 회사의 관리직에 근무하고 있었습니다. 우리 회사 옆에는 어느 일류 보험회사의 출장소가 있었죠. 보험회사 외무원에게는 일정한 구역이 할당되었는데, 우리 회사에는 두 명의 보험 외판원이 할당되었습니다. 카알과 존이 바로 그들이었습니다.

어느 날 아침, 카알이 우리 사무실로 들어오더니, 자기네 회사에서 이번에 관리직을 위한 신종 생명보험을 취급하게 되었다면서, 우리가 관심을 갖게 될 테니 좀 더 자세한 정보를 입수하면 다시 들르겠다고 했습니다.

같은 날, 커피를 마시고 돌아오던 길에 그 회사의 또 한 사람의 직원 존이 우리를 보더니 「루카스 씨, 잠깐, 굉장한 뉴스가 있어요.」하고 소리치더군요. 존은 부리나케 우리 쪽으로 다가오더니,

바로 그날 처음으로 자기네 회사에서 개발한 관리직을 위한 신종 생명보험에 대해 흥분한 어조로 말하더군요(카알이 말한 바로 그 보험이었습니다). 존은 우리가 제일 먼저 가입하기를 원했습니다. 그리고 우리에게 보험 배상 범위에 대해서 몇 가지 중요한 사실을 말해 주면서 「이 생명보험은 관리직을 위한 보험으로, 이것은 신종 보험이므로 본사에서 내일 사람이 와서 직접 설명할 작정입니다. 그러니까 이 신청서에다 사인을 해주면 그 사람이 와서 많은 정보를 제공해 줄 겁니다.」라고 말했습니다. 존의 열성이 우리로 하여금 아직 자세한 내용은 모르더라도 그 보험에 들고 싶은 욕구를 불러일으켰습니다. 나중에 더 자세한 내용을 알게 되었을 때, 처음에 존이 이 보험에 대해서 얘기해 준 내용이 정확한 것임이 증명되었습니다. 존은 우리를 그 보험에 가입시켰을 뿐만 아니라, 보험 배상 범위도 두 배로 늘려 주었습니다. 카알도 우리에게 그 보험을 팔 수 있었지만, 그는 우리가 그 보험을 사고 싶은 욕구가 일어나도록 아무런 노력을 기울이지 않았던 것입니다.」

세상에는 자기 자신의 이익만 생각하고 움직이는 인간들이 득실거린다. 따라서 자기보다도 남을 위해 봉사하려고 하는 소수의 사람들에게 이 사회는 대단히 많은 기회가 주어져 있다. 말하자면 경쟁자가 거의 없는 셈이다. 저명한 변호사이며 미국 기업계의 위대한 지도자인 오웬 D. 영은 이렇게 말했다.

『남의 입장에 자기를 놓을 줄 알고, 타인의 심중을 헤아릴 수 있는 사람은 장래를 걱정할 필요가 없다.』

이 책을 읽고 여러분이 『늘 상대방의 입장에 자기를 놓고 상대방의 입장에서 사물을 본다』는 단 한 가지만을 터득하여 준다면 그것은 성공에의 제1보를 내디딘 것이나 다름없다.

상대방의 입장에 서서 그로 하여금 어떤 욕구가 생겨나도록 하는 일은, 상대방에게는 이득이 되고 자기는 손해를 보게 된다고 생각해서는 안된다. 쌍방 모두 협상을 통해서 각기 이익을 얻는 것이다.

화물 터미널 소장이 버밀렌 씨에게 보낸 편지를 보더라도 쌍방은 제시된 요구사항을 충족시킴으로써 각기 이익을 얻고 있다. 은행과 앤더슨 여사 사이에서도, 은행으로서는 유능한 고용인을 얻은 셈이고, 앤더슨 여사로서도 적당한 일자리를 갖게 되었다. 루카스 씨에게 보험을 들도록 만든 존의 경우도 모두 이 거래를 통해서 서로 이익을 얻고 있는 것이다.

상대의 마음에 강력한 욕구를 불러일으키는 이런 원칙을 사용하여 모두가 이익을 취할 수 있었던 또 한 가지 예를 들어 보자.

로드아일랜드의 워위크에 사는 마이클 E. 위든 씨는 쉘 석유회사의 지역담당 판매원으로 일하고 있다. 마이클 씨는 자기 지역에서 으뜸가는 판매원이 되고 싶어 했지만, 한 군데의 주유소가 골칫거리였다. 이 주유소는 늙은이가 경영하는 곳으로 이 늙은이는 아무리 주유소 주위를 청결하게 하라고 얘기해도 막무가내였다.

주유소가 너무 지저분해서 판매량이 눈에 띌 정도로 줄어들었다.

주유소의 청결을 당부하는 마이클의 애원에도 불구하고 이 늙은 주인은 아랑곳하지 않았다. 수많은 경고와 흉금을 튼 대화가 오고간 끝에—모두 소용이 없었으므로—마이클은 그 지역 내에서 가장 최근에 생긴 주유소로 이 늙은이를 안내했다.

그 새 주유소의 시설에 너무 감동을 받은 이 늙은 주인은, 그 다음번에 마이클이 다시 찾아갔을 때는 주유소는 정갈하게 정돈되어 있었고, 판매량도 늘어났다. 그 후 마이클은 그 지역에서 으뜸가는 판매원이 될 수가 있었다. 마이클이 늘어놓은 충고나 비판, 논쟁 따위는 그 노인에게는 절실하게 와 닿지 않았던 것이다. 그러나 현대적 시설로 설비된 곳을 구경시킴으로써 노인의 마음속에 열렬한 욕구를 불러일으켰고, 마이클은 당초에 자신이 목표한 일을 이룰 수 있었으며, 결과적으로 그 노인과 마이클은 서로가 이익을 얻을 수가 있었던 것이다.

대학에서 버질의 작품을 읽고 난해한 미적분을 공부한 사람들조차도 자기 자신의 마음의 움직임에 대해서는 전혀 모르는 수가 많다.

일찍이 나는 냉난방기 제조회사로 유명한 캐리어 사에 〈효과적인 대화〉라는 제목으로 강의를 하러 간 일이 있는데, 수강생은 모두가 대학을 갓 졸업한 신입사원들뿐이었다. 수강생 중 한 사람이 동료들을 권유해서 여가 시간에 농구를 함께하려고 여러 사람들을 향해 이렇게 말했다.

『같이 가서 농구나 합시다. 나는 농구를 좋아해서 몇 번인가 체육관에 가 보았지만, 언제나 인원수가 모자라 게임을 할 수 없었어요. 며칠 전에는 두셋이서 볼을 던지고 받고 하다가 눈퉁이를 얻어맞아 멍이 들었답니다. 내일 밤에는 꼭 나와주기 바랍니다. 나는 농구를 하고 싶어 미칠 지경이에요.』

그는 다른 사람에게 하고 싶은 마음을 불러일으키는 말은 한마디도 하지 않았다. 아무도 안 가는 체육관에 가고 싶어 할 리가 없다. 그가 아무리 농구가 하고 싶은들 다른 사람이야 무슨 상관이란 말인가. 더구나 공에 얻어맞으려고 체육관까지 가겠는가?

이것을 좀 달리 말할 수 있었을 것이다. 농구를 하면 어떤 이익이 있다는 점을 그는 왜 말하지 않았는가. 기운이 난다든가, 식욕이 왕성해진다든가, 머리가 밝아진다든가, 아주 재미있다든가 하는 등등의 이로운 점을 여러 가지 들 수 있었을 것이다.

여기에서 오버스트리트 교수의 말을 상기해 볼 필요가 있다.

『먼저 상대의 마음속에 강한 욕구를 불러일으킬 것. 이것을 할 수 있는 사람은 세상을 얻을 수 있을 것이고, 그렇지 못한 사람은 외로운 길을 걸을 것이다.』

우리 코스에 참가한 어느 사람의 이야기다. 그는 언제나 자기 어린 아들을 걱정하고 있었다. 그 아이가 너무 편식을 하여 몸이 여위었기 때문이다. 누구나 흔히 그렇듯이 그도 자기 아내와 함께 잔소리만 퍼부었다.

『엄마는 네가 이걸 먹기 원한다.』

『아빠는 네가 몸이 튼튼한 사람이 되는 것이 소원이다.』

이런 잔소리를 듣고 이 아이가 부모의 말을 잘 들었다면 그야말로 이상한 노릇이다.

30대의 아빠 생각을 세 살짜리 어린아이에게 강요하는 것이 무리라는 것쯤은 누구라도 알고 있다. 그럼에도 불구하고 이 아빠는 그것을 관철하려 든 것이다. 어리석은 이야기다. 마침내 그 아빠도 자기의 어리석음을 깨달았는지 이렇게 생각해 보았다.

『도대체 저 아이는 무엇을 가장 원하고 있는 걸까? 어떻게 하면 저 애의 원하는 것과 내 희망과를 일치시킬 수 있을까?』

생각해 보면 어려운 일도 아니다. 그 아이는 세발자전거를 타고 집 앞에서 놀기를 좋아했다. 그런데 이웃에 사는 개구쟁이가 그 자전거를 빼앗아 제 것처럼 타고 놀기가 일쑤였다. 자전거를 빼앗긴 아이는 울음을 터뜨리며 엄마에게 달려온다. 엄마는 쫓아가서 자전거를 다시 찾아온다. 이런 일이 거의 매일 되풀이된다.

이 아이는 무엇을 가장 원하고 있을까? 셜록 홈즈의 신세를 질 것까지도 없이, 생각해 보면 곧 알 수 있다. 자존심, 분노, 자기의 중요감—이러한 강렬한 감정이 이 아이를 지배하고 있어 언젠가는 그 개구쟁이를 한번 혼내 주어야겠다는 결심을 하게 되었다.

『엄마가 타이르는 대로 무엇이나 가리지 않고 잘 먹으면 머지 않아 너는 그 애보다 기운이 세져요.』

아빠의 이 한 마디로 해서 그 아이의 편식문제는 쉽게 해결되었다. 그 아이는 그 개구쟁이를 이기기 위해서 무엇이나 가리지 않고 먹게 되었다. 편식문제가 해결되자, 아빠는 다음 문제에 또 봉착하게 되었다. 이 아이는 곤란하게도 자면서 오줌을 싸는 버릇이 있었다. 아이는 늘 할머니와 같이 자는데, 아침이면 할머니가,

『자니, 또 쌌구나!』 하고 야단을 친다. 아이는 이를 완강히 부인하고 오줌을 싼 것은 할머니라고 우겨댄다.

그럴 때마다 혼을 내주거나 달래거나, 엄마의 희망을 들려주거나 하지만 아무런 효과도 없다. 그래서 마침내 부모는 아이가 잠자리에다 오줌을 싸지 않을 방법을 궁리하기에 이르렀다.

아이는 무엇을 바라고 있을까? 첫째로 할머니와 같은 잠옷이 아니라 아빠와 같은 파자마를 입고 싶어 한다. 다음으로 아이가 갖고 싶어 하는 것은 자기만의 침대였다. 할머니도 이에는 반대할 까닭이 없다. 그래서 어머니는 자니를 데리고 백화점에 갔다.

『우리 아이가 물건을 좀 사겠다는데요.』

여점원에게 눈짓을 하며 이렇게 말하자, 여점원도 눈치를 알아차리고 아이에게 공손히 인사를 했다.

『어서 오세요. 무얼 드릴까요, 도련님?』

이러한 여점원의 응대에 자기의 중요감을 충족시킨 자니는 신이 나서 대답했다.

『내가 잘 침대요.』

다음날 침대가 집으로 배달되었다. 저녁에 아버지가 집에 돌아오자 자니는 현관까지 뛰어나왔다.

『아빠, 빨리 2층에 올라가서 내가 사온 침대 좀 봐요!』

아버지는 그 침대를 바라보면서 여러 가지 칭찬의 말을 해주고 나서는 이렇게 말했다.

『설마 이렇게 멋진 침대를 오줌으로 적시진 않겠지.』

아버지의 말에 자니는 절대로 오줌을 싸지 않겠다고 약속을 했고, 실제로 그 후로는 잠자리에다 오줌 싸는 버릇이 없어졌다.

자존심이 약속을 지키게 했던 것이다. 자기의 침대이고, 더구나 제 손으로 골라서 사온 침대인 것이다. 어른처럼 파자마도 입었겠다, 그러니 어른처럼 행세하고 싶은 욕구가 있었던 것이다. 이제 그 욕구가 충족된 것이다.

또 다른 아빠의 얘기가 있다. 더치맨이라는 전화기사가 우리 코스에 참가했는데, 그도 역시 세 살짜리 딸이 아침밥을 잘 먹지 않아 애를 태우고 있었다. 야단도 치고 달래 보기도 했지만 소용이 없었다. 그래서 도대체 어떻게 하면 아이가 아침밥을 먹고 싶어 하게 될까를 생각해 보았다.

아이는 엄마의 흉내를 내기를 좋아했다. 그래서 하루 아침은 아이에게 아침식사를 차려 보도록 했다. 딸아이가 요리 만드는 흉내를 한창 내고 있을 적당한 때를 보아 아버지가 주방을 들여다보았더니, 아이는 신이 난 듯이 소리쳤다.

『아빠, 이것 좀 봐요. 내가 지금 아침을 짓고 있어요!』

그날 아침 아이는 오트밀을 두 접시나 먹어치웠다. 아침식사에 대해서 관심을 갖게 되었기 때문이다. 아이는 자기의 중요감을 충족시킬 수 있었고, 아침상을 차리는 것으로 자기표현의 방법을 발견했기 때문이다.

『자기표현은 인간의 중요한 욕구의 하나다.』

이것은 윌리엄 윈터의 말로서 우리는 이 심리를 실제 생활에 응용할 수 있을 것이다.

어떤 훌륭한 아이디어가 떠올랐을 경우, 상대로 하여금 그것을 요리하고 활용하도록 해주기만 하면 되지 않을까? 그쪽에서는 그것을 자기의 착상으로 생각하고 양껏 먹어치울 것이다.

『먼저 상대의 마음속에 강한 욕구를 불러 일으켜라. 이것을 할 수 있는 사람은 만인의 지지를 얻을 수 있을 것이요, 그렇지 못한 사람은 외로운 길을 걸을 것이다.』

【원칙 3 상대의 마음속에 열렬한 욕구를 불러 일으켜라.】

· PART 1 요 약 ·

사람을 다루는 기본적인 테크닉

원칙 1. 남을 비판하거나 비난하거나 불평하지 말라.

원칙 2. 솔직하고 진지한 칭찬을 하라.

원칙 3. 상대의 마음속에 열렬한 욕구를 불러 일으켜라.

PART 2.

사람들이 당신을 좋아하게

만드는 여섯 가지 방법

— · · — · · — · · — · 1 — · · — · · — · · — ·

누구에게서나 환영받을 수 있는 비결

친구를 얻는 법을 배우기 위해서 굳이 이 책을 읽어 볼 것까지도 없이 이 세상에서 가장 그 방면에 재주가 있는 사람들의 방식을 배우면 될 것이다.

그 방면에 재주가 있는 사람은—우리는 매일 거리에서도 그러한 사람들을 만날 수가 있지만—이쪽에서 호의를 가지고 접근하면 꼬리를 흔들기 시작한다. 가만히 다가가 쓰다듬어 주면 신이 나서 호의를 표시하려고 애쓴다. 무슨 엉큼한 생각이 있어서 그렇게 애정을 표시하는 것도 아니고, 가옥이나 토지를 팔아넘기려거나 결혼을 간청하려는 속셈이 있어서도 아니다.

아무 일도 하지 않고 먹고 살 수 있는 동물은 오로지 애완견뿐이다. 닭은 알을 낳고, 소는 젖을 짜고, 카나리아는 노래를 부르지만, 애완견은 그저 애정만을 사람에게 제공함으로써 살아가고 있다.

내가 다섯 살 적에 아버지께서 노란 강아지 한 마리를 50센트

주고 사 주셨다. 그 강아지의 존재가 당시의 나에게는 무엇에도 비길 수 없는 기쁨이자 광명이었다. 매일 오후 네 시 반쯤이면 강아지는 꼭 앞마당에 주저앉아서 반짝이는 눈으로 현관 쪽을 바라보고 있다. 내 소리가 들리거나, 밥그릇을 들고 화단 사이를 걸어오는 내 모습을 발견하면 총알같이 달려와서는 깡충깡충 뛰면서 반가워 어쩔 줄 몰라 하며 내 얼굴을 핥아댄다.

그로부터 5년 동안 강아지 티피는 나의 둘도 없는 친구가 되어 왔다. 그러던 어느 날 밤, 티피는 내 눈앞 3미터 밖에서 벼락을 맞고 죽었다. 티피의 비참한 죽음은 평생 사라지지 않는 슬픔을 나의 어린 가슴 속에 안겨 주었다.

티피는 심리학책을 읽은 일도 없고, 또 그럴 필요도 없었다. 상대의 관심을 끌려고 하기보다는 상대에게 순수한 관심을 보내는 것이 훨씬 더 많은 친구를 얻을 수 있다는 것을 티피는 본능적으로 알고 있었던 것이다.

다시 말하면, 친구를 얻는 데는 상대방의 관심을 끌려고 하기보다는 상대방에게 순수한 관심을 보내는 일이다. 그러나 세상에는 타인의 관심을 끌기 위하여 헛된 노력을 경주하면서도 그 과오를 깨닫지 못하는 사람이 많이 있다.

이러한 그릇된 노력은 아무리 계속해도 소용이 없다. 인간은 본래 타인에 대하여 관심을 두기보다는 자기 자신의 일에만 관심을 갖는 법이다—아침이나 낮이나 밤이나.

　뉴욕의 전화회사에서 어떤 단어가 통화중 가장 많이 사용되는지에 관해서 상세하게 연구한 적이 있는데, 짐작했던 대로 가장 빈번히 쓰이는 말은 「나」라는 일인칭 대명사였다. 5백 회의 통화에서 3천 9백 번이나 「나」라는 말이 사용되었다.

　여럿이서 같이 찍은 사진을 들여다 볼 때 우리는 제일 먼저 누구의 얼굴을 찾는가?

　만약 자기에게 얼마나 많은 사람이 관심을 가지고 있는지를 알려면 다음 물음에 대답해 보라—

　『만약 내가 오늘밤 죽었다고 하면 몇 사람이나 내 장례식에 참석해 줄 것인가?』

　또 이렇게도 자문자답해 보라.

　『먼저 내가 남에 대하여 관심을 갖지 않았는데, 어떻게 남이 나의 일에 관심을 가져 줄 수 있을 것인가?』

　그저 사람을 감동시켜서 그의 관심을 불러일으키려고 할 뿐이라면 결코 참다운 친구를 많이 얻을 수 없다. 참된 친구는 그러한 방법으로는 만들어지지 않는 것이다.

　나폴레옹이 그러했다. 그는 아내 조세핀과 헤어질 때 이렇게 말했다.

　『조세핀, 나는 세계 제일의 행운아야. 그러나 내가 진실로 신뢰할 수 있는 사람은 당신 한 사람뿐이지.』

　그러한 조세핀조차 그에게 있어 정말 신뢰할 수 있는 인간이었는지는 의문이라고 역사가들은 말하고 있다.

빈의 유명한 심리학자 알프레드 아들러는 그의 저서 《인생이 당신에게 주는 의미는 무엇인가》에서 이렇게 말했다.

『타인의 일에 관심을 갖지 않는 사람은 고난의 생애를 살아 갈 수밖에 없고, 타인에게 무거운 짐이 될 뿐이다. 인간의 온갖 실패 는 그러한 인간들 사이에 일어나기 마련이다.』

심리학에 관한 서적은 많지만, 어느 것을 읽어 보아도 나에게 이처럼 깊은 감명을 준 구절은 찾아보기 힘들다. 이 아들러의 말 은 몇 번이고 되풀이해서 음미해 볼 가치가 있다.

동료들에게 관심을 기울이지 않는 사람은 자기 또한 인생의 어려움을 당하게 될 뿐더러, 다른 사람들에게도 해를 끼치는 사람이다. 인간의 모든 실패가 바로 이런 유형의 인물에서 비 롯된다.

나는 뉴욕대학에서 단편소설 창작법에 관한 강의를 들은 적이 있는데, 그 때의 강사는 유명한 잡지사의 편집장이었다. 그는 매 일 책상 위에 쌓여 있는 수많은 원고뭉치 중에서 어느 하나를 펴 들고 두세 구절만 읽어 보면 그 작가가 사람들을 좋아하고 있는지 어떤지를 곧 알 수 있다고 했다.

『작가가 사람을 좋아하지 않으면 세상 사람들도 역시 그의 작 품을 좋아하지 않는다.』고 그는 말했다.

이 편집장은 소설 창작법에 대한 강의를 한참 하는 도중에 갑자기 두 번씩이나 강의를 중단하고 이렇게 말하는 것이었다.

『목사의 설교 같아서 좀 안됐지만, 만약 여러분이 소설가로서 성공하고 싶으면 타인에 대해서 관심을 가질 필요가 있다는 것을 명심해 주기 바랍니다.』

소설을 쓰는 데 그것이 필요하다면 사람을 다루는 데는 세 곱절이나 더 필요하다고 생각해서 틀림이 없다.

하워드 서스톤은 유명한 마술사인데, 그가 얼마 전 브로드웨이에 공연차 왔을 때, 나는 그를 무대 뒤의 의상실로 찾은 적이 있다. 그는 과연 마술계의 왕자로서 40년간이나 세계 각지를 순회공연하면서 관중들로 하여금 환상을 불러일으키게 하고, 또 경탄과 아울러 손에 땀을 쥐게 한 사람이었다. 6천만 명 이상의 관객이 그에게 입장료를 지불하였으며, 그는 2백만 달러나 되는 수입을 올렸다.

나는 서스톤 씨에게 성공의 비결을 물어보았다. 학교교육이 그의 성공과 아무 관계가 없음은 뻔한 일이다. 그는 어렸을 때 집을 뛰쳐나와 부랑아가 되어 화물차에 무임승차를 하기도 하고, 건초더미 속에서 잠을 자거나 남의 집 문전에서 끼니를 구걸하기도 하였다. 글자 읽는 법은 철도 연변의 광고를 화물차 속에서 보고 배웠을 정도이다.

그가 마술에 대해서 특히 뛰어난 지식을 가지고 있는가 하면 그런 것도 아니다. 마술에 관한 책이라면 출판된 것만도 산더미 같을 것이며, 그와 비교할 만큼 마술에 관한 지식을 가지고 있는 사람은 많다고 그는 말했다. 그러나 그는 다른 사람이 흉내 내지 못할 두 가지 점을 가지고 있다.

첫째는 관객을 끄는 그의 인품이다. 그는 매우 뛰어난 예능인으로서 인정(人情)의 기미를 잘 파악하고 있다. 몸짓 이야기하는 태도, 얼굴 표정 등 미세한 부분에 이르기까지 미리 충분한 연습을 하고, 그 연습한 것을 실연(實演)에 옮기는 데 단 1초의 착오도 없이 해낸다.

둘째로, 서스톤은 사람들에 대하여 진실 된 관심을 가지고 있다. 그의 이야기로는, 대개의 마술사는 관객을 앞에 맞이하면 마음속으로 『흥, 보아하니 모두 얼간이 같은 인간들만 모였군. 이런 사람들의 눈을 속이기란 식은 죽 먹기보다 쉽지.』하고 생각한다는 것이다.

그러나 서스톤은 전혀 그와는 달리 무대 앞에 설 때면 이렇게 생각한다고 한다.

『여러 손님들이 이렇게 보러 와주시니 얼마나 고마운 일인가. 이분들 덕택에 나는 하루하루를 편안히 살아갈 수 있지 않은가. 그러니 최선의 연기를 보여 드려야지.』

서스톤은 무대에 오를 때마다 반드시 마음속으로 『나는 관객을 사랑하고 있다』고 몇 번이고 되뇐다고 한다. 독자는 혹 이야기가 유치하다거나 혹은 우스꽝스럽다고 생각할지 모르지만, 나는 다만 세계 제일의 마술사가 지니고 있는 비법을 있는 그대로 공개한 데 지나지 않는다.

펜실베이니아 주 노스 워렌에 사는 조지 다이크 씨는 자기가 경영하는 주유소 자리를 관통해서 새 고속도로가 나게 되자, 하는 수없이 30년 동안이나 지켜 온 일터를 버리고 떠나야 할 처지에 놓이게 되었다. 얼마 지나지 않아 주유소는 문을 닫고, 은퇴 후의 지루한 나날들은 그를 괴롭히기 시작했다.

다이크 씨는 해묵은 바이올린을 끄집어내서 연주하며 시간을 보내기로 했다. 그리고 음악 감상을 하러 동네를 돌아다니면서 재능이 풍부한 바이올린 연주가들과 담소를 나누게 되었다.

겸손하고 다정한 다이크 씨는, 자신이 사귄 음악가들의 배경과 그들의 관심에 대해서 점점 흥미를 갖게 되었다. 비록 자신은 뛰어난 연주가는 아니지만, 많은 친구를 사귈 수가 있었다. 경연대회에도 참석하고, 그러면서 마침내는 미 동부지역의 음악 애호가들로부터 「킨주아 지방의 바이올린 연주자 조지 아저씨」라는 애칭으로 불리게 되었다.

조지 아저씨라고 불릴 당시 그의 나이는 72세였지만, 인생의 후반을 보람되고 유익하게 즐기고 있었다. 다른 사람에게 끊임없는 관심을 가진 덕분에 대부분의 사람들이 이제 생산적인 시절은 다 끝났다고 여길 무렵, 다이크 씨는 새로운 인생을 창조해 낼 수가 있었던 것이다.

시어도어 루즈벨트의 절대적인 인기의 비결도 역시 그러한 데 있었다고 하겠다. 집안 하인에 이르기까지 그를 존경하지 않은 사람이 없었고, 그를 섬긴 적이 있는 흑인 시종 제임스 A. 아모스는 《시종의 영웅 시어도어 루즈벨트》라는 제목으로 책까지 쓴 적이 있다. 그 책 속에 다음과 같은 구절이 있다.

어느 날, 내 아내가 대통령께 메추라기란 어떤 새인가 하고 물어본 적이 있다. 아내는 메추라기를 본 적이 없었기 때문이다. 대통령께서는 메추라기란 이러저러한 새라는 점을 자세히 설명해 주셨다. 그리고 나서 얼마 있자 집으로 전화가 걸려 왔다(아모스 부부는 오이스터 베이에 있는 루즈벨트 대통령 저택 안의 조그마한 행랑 오막살이에 살고 있었다). 아내가 전화를 받아 보니 그 전화는 대통령께서 몸소 걸어주신 것이었다. 지금 바로 아내의 방 창 밖에 메추라기 한 마리가 날아와 앉아 있으니, 창문으로 내다보면 보일 것이라는 말씀을 일부러 전화까지 걸어서 알려주신 것이다.

이 사소한 사건이 대통령의 인품을 잘 말해 주고 있다. 대통령은 우리 살림방 곁을 지나치실 적마다 우리들의 모습이 보이거나 보이지 않거나 간에 반드시 『여보게, 애니! 여보게 제임스』하고 다정한 인사말을 던져 주시곤 하였다.

이러한 주인을 좋아하지 않을 하인은 이 세상에 아무도 없을 것이다. 비록 수하의 피고용인뿐 아니라, 모든 사람이 그를 좋아하게 되기 마련이다.

루즈벨트가 대통령 자리를 물러난 어느 날, 태프트 대통령 부처가 부재중에 백악관에 전화를 건 루즈벨트는 그가 대통령으로 재임하고 있을 때부터 근무하고 있는 하인들의 이름을 모두 기억하고 있어서 심지어는 주방의 하녀에게까지 그 이름을 부르고 친절하게 안부를 물어 주었다. 이는 그가 손아래 사람들에게 진심으로부터 우러나오는 호의를 품고 있었다는 증거이기도 하다.

한편 아르키 퍼트 씨는 이렇게 회고하고 있다.

『그분이 조리실에서 하녀 앨리스를 만나자 그녀에게, 요즈음도 여전히 옥수수빵을 굽고 있는지 물었습니다. 가끔 저희 하인들끼리만 먹기 위해서 구울 뿐이에요. 2층에 계신 분들은 아무도 그것을 드시지 않으니까요, 하고 앨리스가 대답하자, 루즈벨트는 큰 소리로 말했습니다.

「아직 그 빵맛을 모르는 모양이군. 내가 대통령을 만나면 한번 이야기하지.」

앨리스가 접시에 담아 내놓은 옥수수빵을 한 쪽 집어서 맛을 보면서 그는 사무실로 걸어가면서 도중에 정원사며 고용인들을 만나면 그전과 조금도 다름이 없이 다정한 목소리로 한 사람 한 사람의 이름을 불러가며 이야기를 주고받곤 하셨죠.』

특히 40년 동안이나 백악관의 수석 집사를 지낸 아이크 후버는 감격의 눈물을 뚝뚝 흘리면서 이렇게 말했다.

『근래 2년 동안 이렇게 기쁜 날은 다시없었습니다. 이 기쁨은 도저히 돈을 주고도 살 수 없는 것이라고 다들 이야기하고 있지요.』

뉴저지 주의 샤텀에 사는 〈존슨 앤 존슨〉사의 영업 책임자인 에드워드 사이키스 씨는, 얼핏 보기에 별로 중요한 인상을 주지 않는 사람들에게 이와 유사한 관심을 가짐으로써 거래처와 계속 관계를 유지하고 있다.

『몇 년 전, 저는 매사추세츠 지방에 있는 우리 회사의 한 고객을 방문한 적이 있습니다. 그 단골 고객은 힝햄에 있는 어느 약국이었습니다. 그곳에 들르면 저는 가게 주인으로부터 주문을 받기 전에 항상 점원들과 먼저 대화를 나누곤 했습니다. 어느 날, 가게 주인이 나한테 더 이상 〈존슨 앤 존슨〉사 제품에는 관심이 없으니 가게를 나가 달라고 하더군요. 그 이유는 존슨 사 측에서 주로 식품가게와 할인매장에만 신경을 쓰고 있기 때문에 자기네와 같은 조그마한 약국에는 별로 도움을 주지 않는다더군요. 실망한 나머지 저는 그곳을 나와 몇 시간 동안 읍내 여기저기를 차를 타고 돌아다녔습니다. 그리고 나서 나는 마침내 그 약국 주인에게 되돌아가서 제 입장을 설명하기로 작정했습니다.

다시 들어가서 여느 때와 마찬가지로 점원들에게 인사를 했죠.

가게 주인이 나를 보고 웃더니, 어서 오라고 말하더군요. 그리고 는 평상시의 두 배가 되는 주문을 했습니다. 나는 어리둥절해서 어찌된 일이냐고 물었습니다. 그러자 한 젊은 점원을 가리키면서, 내가 나간 후 그가 자기에게 와서, 이 가게에 들어와 점원들에게 일일이 찾아가 인사를 하는 몇 안 되는 영업사원 중의 한 사람이 라고 말하더라는 겁니다. 가게 주인과 장사를 할 만한 사람은 바 로 나라고 말하더라는 것입니다. 그 뒤, 그 가게 주인은 나의 절친 한 고객이 되었습니다. 세일즈맨이 갖추어야 할, 아니 모든 사람 들이 갖추어야 할 가장 중요한 자질은, 다른 사람에 대해 진정한 관심을 가져 주는 것이라는 사실을 결코 잊을 수가 없습니다.』

나의 경험에 비추어 보아도 이쪽에서 진정한 관심을 보이면 아 무리 바쁜 사람이라도 주의를 기울여 주고 시간도 내주며 협력도 해주는 법이다.

예를 들어 보자.

얼마 전 나는 브루클린 예술과학 아카데미에서 소설작법 강의 를 계획한 일이 있었다. 우리들은 그 당시의 유명한 작가 캐더린 노리스, 패니 허스트, 아이다 타벨, 앨버트 패이슨 터훈, 루퍼트 휴 즈 등으로부터 그들의 유익한 경험담을 듣고 싶었다. 그래서 우리 는 그들의 작품을 애독하고 있으며, 직접 그들의 이야기를 들어 성공의 비결을 배우고자 한다는 요지의 편지를 그들 작가 앞으로 띄웠다.

편지 한 장마다 약 150명의 학생들이 서명을 했다. 이 작가들이 몹시 바빠서 강연 준비를 할 여가가 없으리라는 것을 짐작하고 있었으므로 우리는 미리 편지에다 이쪽의 질문을 표로 만들어 동봉했다. 그렇게 한 것이 그쪽의 마음에 들었는지 그 작가들은 먼 길을 무릅쓰고 브루클린까지 와 주었던 것이다.

이 같은 방법으로 나는 시어도어 루즈벨트 내각의 재무장관인 레슬리 M. 쇼, 태프트 내각의 법무장관 조지 W. 위크샴, 윌리엄 제닝스 브라이언, 프랭클린 루즈벨트 및 그 밖의 여러 저명인사에게 나의 코스 참가자들을 위해 강연을 해주도록 설득할 수 있었다.

인간은 누구나 자기를 칭찬해 주는 사람을 좋아하는 법이다. 한 예로서 독일의 빌헬름 황제는 제1차 세계대전에 패했을 때, 그는 이 세상에서 가장 처참하게 미움 받는 존재였음에 틀림없다. 목숨이 위태로워져서 네덜란드로 망명할 때쯤은 그의 신하, 백성들조차 그를 원수로 여길 정도였다. 몇 백만이나 되는 인간이 그를 증오하고 그의 사지를 갈기갈기 찢어 화형에 처해도 시원치 않다고들 생각하였다. 이러한 분격의 도가니 속에서 어느 소년 하나가 진정과 존경심 넘쳐흐르는 편지를 황제에게 보냈다.

『다른 사람들이야 어떻게 생각하건 저는 폐하를 언제까지나 저의 황제로서 경애하겠습니다.』

황제는 이 글을 읽고 깊이 감동한 나머지 그 소년을 자기 집으로 초청했다. 소년은 그의 어머니와 함께 찾아왔다. 그 후 황제는 그 소년의 어머니와 결혼하게 되었다. 그 소년은 말하자면, 날 때부터 사람을 움직이는 법을 터득하고 있었던 셈이니, 이 책 같은 것은 구태여 읽을 필요도 없을 것이다.

친구를 얻으려면 먼저 남을 위해서 자기의 시간과 노력을 바치고, 사려 깊고 몰아적으로 처신할 일이다. 윈저 공이 영국 왕실의 황태자로 있을 무렵 남미여행 계획을 세우고 있었다. 외국에 나가면 그 나라의 언어로 말을 하고 싶다고 생각한 공은 출발하기 전 몇 달 동안 스페인어를 열심히 공부했다. 과연 남미에서의 그의 스페인어 연설은 윈저 공의 인기를 치솟게 만들었다.

오랜 세월 동안 나는 친구들의 생일을 기억하는 데 힘써 오고 있다. 그 기억하는 방법이란, 본래 나는 점성술 따위는 믿지 않는 성격이지만, 인간의 생년월일과 성격, 기질과의 사이에 무슨 관계가 있는지 어떤지를 먼저 상대방에게 물어보고 나서 상대방의 생년월일을 물어본다.

가령 11월 24일이라고 상대방이 대답하면 나는 마음속으로 11월 24일, 11월 24일 하고 몇 번이고 되풀이하면서 틈을 보아 상대방의 이름과 생일을 메모지에 써서 집으로 가지고 와 생일수첩에 기입해 둔다. 해마다 정월이면 새 탁상 달력에 그 생일을 다 적어놓는다. 이렇게 해두면 잊어버릴 염려가 없다. 그 사람들은 생일날에 틀림없이 내가 보낸 축전이나 축하의 편지를 받아 본다.

이것은 매우 효과적이어서 그 사람의 생일을 기억하고 있던 사람이라고는 이 세상에선 나 하나밖에는 없다고 할 경우조차 가끔 있게 된다.

친구를 만들고 싶으면 타인을 만날 적에 활발하고 열의 있는 태도로 인사를 할 것이다. 전화를 받는 경우도 마찬가지여서 전화를 받은 것이 대단히 반갑다는 기분을 담뿍 실은 목소리로 『여보세요』하고 응답해 보라. 많은 회사에서는 전화 교환양들에게 자기 회사로 걸려오는 전화에 대해 관심과 열의를 가지고 응대하게 하는 훈련을 시키고 있다. 그러면 전화를 건 상대방은 이 회사가 자기에게 관심을 가지고 있다고 믿게 된다. 내일 아침, 전화가 걸려왔을 때 이 사실을 명심해 두도록 하라.

타인에게 진심으로 관심을 보이면 친구도 사귈 수 있을 뿐만 아니라, 일반 고객들을 보다 견실한 고객으로 만들 수가 있다.

뉴욕 노스 아메리카 내셔널 뱅크의 사보에 그 은행 예금주인 마들린 로즈데일 부인이 보낸 한 통의 편지가 실려 있었다.

『귀하의 은행 직원들에게 어떻게 감사의 말씀을 드려야 할지 모르겠군요. 모두 예의바르고 정중하며, 도움을 주었어요. 줄을 서서 오랜 동안 기다리다가도 창구에서 반갑게 맞아주니 얼마나 기쁜지 몰라요. 작년에 저희 어머니께서 다섯 달 동안 병원에 입원을 한 적이 있었어요. 저는 종종 출납계원인 마리 페트루첼로 양을 만나러 갔죠. 그녀는 우리 어머니 건강을 걱정해 주면서 차도

가 있는지도 물어보더군요.』

로즈데일 부인이 이 은행과 계속해서 거래하는 데 대해 의심의
여지가 있을까?

뉴욕의 어느 큰 은행에 근무하고 있는 찰스 월터즈는 어떤 회
사에 관한 기밀을 조사하도록 명령받았다. 월터즈는 그 회사의 사
정에 정통한 사람을 단 한 사람 알고 있었는데, 그 사람은 어느
큰 공업회사의 사장이었다. 월터즈가 그 회사를 찾아가 사장실에
안내되었을 때, 마침 젊은 여비서가 방안을 들여다보며 사장에게
이렇게 말했다.

『죄송하지만 오늘은 드릴 우표가 없는데요.』

『열두 살 난 제 아들이 우표 수집을 하기 때문에.』

사장은 월터즈에게 그렇게 설명했다. 월터즈는 용건을 말한 다
음에 질문을 시작했으나, 사장은 애매모호한 태도를 취했다. 그
화제에 대해서 언급하기를 매우 꺼려하는 이상 그에게서 어떤 정
보를 이끌어낸다는 것은 도저히 불가능한 일로 생각되었다. 회견
은 단시간에 끝나고, 그가 얻은 소득이라고는 아무것도 없었다.

『솔직히 말해서 나도 그 때는 어떻게 해야 좋을지 막막했다.』
고 월터즈는 당시의 일을 술회하고 있다.

『그러다가 문득 나는 여비서가 사장에게 하던 이야기를 생각해
냈다. 우표, 열두 살 난 아들……동시에 내가 일하고 있는 은행의
국제과가 머리에 떠올랐다.』

국제과에서는 세계 각국에서 오는 편지의 우표를 수집하고 있다. 이튿날 오후, 나는 그 사장을 찾아가 그의 아들을 위하여 우표를 가지고 왔노라고 말했다. 물론 대환영이었다. 그가 설사 상원 의원에 입후보하고 있었더라도 그처럼 친절하게 나를 맞이해주지는 않았을 것이다.

아주 기분이 좋아진 사장은 우표를 좋아라고 만지작거리면서 이것은 분명히 내 아들 존이 좋아할 것이라는 둥, 저것은 굉장히 값이 나가는 우표일 것이라는 둥 신이 나서 떠들어대는 것이었다.

사장과 나는 그로부터 한 30분 동안 우표 얘기도 하고 그의 아들 사진을 들여다보기도 하고 있자니까, 사장은 내가 먼저 이야기를 꺼내기도 전에 내가 알고자 하는 정보에 관하여 털어놓기 시작하였다. 한 시간 이상에 걸쳐 그는 자기가 아는 바를 다 털어놓고 나서 다시 부하 직원을 불러 물어보거나, 전화로 알 만한 사람에게 문의까지 해주는 것이었다. 나는 충분히 목적을 달성한 셈이었다. 신문기자가 말하는 이른바 특종을 얻은 것이다.

또 하나 다른 예를 들어 보자.

필라델피아에 살고 있는 C. M. 내플이라는 사람은 어느 큰 연쇄점과 석탄 거래를 트려고 몇 년 동안이나 애써 왔다. 그 연쇄점에서는 연료를 시외의 업자로부터 사들이고 있었고, 그 연료를 실은 화물차가 늘 보란 듯이 내플의 상점 앞을 지나다니곤 했다.

어느 날 저녁, 내플은 나의 강좌에 나와서 연쇄점에 대한 평소

의 불만을 토로하고, 연쇄점이란 시민의 적이라고까지 욕하는 것
이었다.

그렇다고 그가 그 연쇄점에 석탄을 팔려는 노력을 포기한 것은
아니었다.

나는 좀 다른 방법을 써 보는 것이 어떻겠느냐고 그에게 제안
했다. 간단히 그 전말을 설명해 보면 이렇다.

즉 강좌의 토론 제목으로서 〈연쇄점의 확장이 지역 발전에 득
이 되는가, 손해가 되는가〉라는 문제를 내놓기로 한 것이었다.

내플은 내 권고에 따라 연쇄점을 변호하는 입장에 서게 되었다.
그는 평소 원수처럼 생각해 오던 그 연쇄점의 중역에게로 곧 쫓아
갔다.

『오늘은 석탄을 사 주십사 온 것이 아니라, 다른 부탁이 있어서
왔습니다.』

그는 이렇게 서두를 끄집어내고 나서 토론회의 건을 설명하였
다.

『실은 연쇄점에 대하여 여러 가지를 좀 가르쳐 주시면 고맙겠
습니다. 선생님보다 더 적당한 분이 없을 것 같아서 찾아왔습니다.
토론회에서는 꼭 이겨야 되겠고 하니 많이 도와주시기 바랍니
다.』

다음은 내플이 한 말을 그대로 옮겨 놓은 것이다.

나는 그 중역에게 꼭 1분 동안만 시간을 빌리기로 약속했습니다. 그 조건부로 면회가 허락되었던 것입니다. 내가 찾아온 취지를 이야기하자, 그 중역은 나에게 의자를 권하고 이야기를 시작하여 무려 한 시간 47분 동안이나 이야기를 계속했습니다. 그는 연쇄점에 관한 저서를 낸 적이 있는 다른 중역까지 불러주었습니다. 또 전 미국 연쇄점협회에 조회하여 그 문제에 관한 토론 기록의 사본까지도 입수해 주었습니다. 그는 연쇄점이 시민들에 대하여 큰 공헌을 하고 있다고 확신하고 있었으며, 자기가 하고 있는 일에 큰 보람을 느끼고 있는 것 같았습니다.

이야기를 해나가는 가운데 그의 눈에서는 광채가 일기조차 했습니다. 솔직히 말하자면, 나는 지금까지 생각도 해본 적이 없는 새로운 사실에 눈을 뜨게 되었던 것입니다. 그의 얘기가 나의 사고방식을 일변시켜 주었기 때문입니다.

용건을 끝마치고 자리를 뜨려고 하자, 그는 나의 어깨에 손을 얹고 문 앞까지 전송해 주면서 토론회에서 꼭 승리하기를 바란다는 말과 함께 그 결과를 꼭 알려 달라고 부탁하는 것이었습니다.

『내년 봄에 우리 다시 한 번 만납시다. 그 때는 석탄을 좀 주문했으면 하는데―』

이것이 그가 마지막으로 나에게 준 말이었습니다. 그것은 내게 있어서는 마치 기적과도 같은 일이었습니다. 내가 먼저 아무 말도 꺼내지 않았는데, 저쪽에서 먼저 내 석탄을 사 주겠다는 것이었습니다. 내 가게의 석탄에 관심을 갖게 하려는 방법을 가지고는 10년 걸려도 하지 못할 일을 그의 관심거리에 대하여 이쪽에서 성실한 관심을 보여줌으로써 불과 두 시간 동안에 달성할 수 있었던 것입니다.

내플 씨가 무슨 신기한 진리를 발견해낸 것은 아니다. 이미 기원 전 백 년에 로마의 시인 푸블릴리우스 시루스가 다음과 같이 갈파한 바 있다.

『우리들은 자기 자신에 대하여 관심을 가져주는 사람에게 관심을 갖기 마련이다』라고.

인간관계의 다른 여러 가지 원칙과 마찬가지로 관심의 표현 또한 진지해야 한다. 관심을 갖는 사람에게 뿐만 아니라, 상대에게도 도움이 되어야 한다. 즉 양쪽 모두에 득이 되어야 한다.

뉴욕 주 롱아일랜드에서 우리 코스에 참가한 마틴 긴즈버그 씨는, 한 간호사가 그에게 특별히 관심을 가져준 일이 그의 인생에 놀라운 영향을 끼쳤다고 보고했다.

『내가 열 살 되던 해의 추수감사절이었어요. 나는 시립병원 복지 병동에 입원하여 이튿날 정형수술을 받기로 되어 있었습니다. 앞으로 몇 달 동안 나에게 기다리는 것은 침대에 꼼짝 않고 누워 고통을 겪으면서 회복되기만을 기다리는 일뿐이라는 것을 나는 잘 알고 있었습니다.

아버지는 일찍이 돌아가셨고, 어머니와 저는 영세민 아파트에 사는 구호 대상자였습니다. 그날따라 어머니는 저를 보러 올 수가 없었습니다.

시간이 흐르고 두려움과 외로움, 앞으로의 일에 대한 절망감이 엄습해 왔습니다. 어머니는 아무도 없는 집에 홀로 앉아 저를 걱정하고 있었습니다. 더불어 식사를 같이할 사람도 없고, 게다가 추수감사절을 지낼 돈조차 없었습니다.

눈물이 쉴 새 없이 뺨을 타고 흐르더군요. 머리를 베개 속에 파묻고 이불을 끌어올렸어요. 소리를 죽이고 우는 바람에 몸의 통증은 더욱 심해졌어요.

그 때 한 젊은 수습 간호사가 병실로 들어와서 이불을 걷고 눈물을 닦아주었습니다. 간호사는 자기도 외로우며, 그날은 당직이라 가족과 함께 지낼 수가 없다고 말하더군요. 자기와 저녁을 함께하겠느냐고 물었습니다. 그리고는 칠면조 고기와 감자요리, 크랜베리 소스, 그리고 디저트로 아이스크림이 담긴 쟁반을 두 개 가져왔습니다. 나로서는 과분한 성찬이었지요. 그녀는 나에게 이야기를 걸기도 하며 공포심을 가라앉혀 주었어요. 그녀는 오후 4시 퇴근인데, 거의 밤 11시가 다 될 때까지 제 방에서 저와 함께 지내 주었어요. 함께 게임도 하면서 놀다가 이윽고 나는 잠이 들었습니다.

매년 추수감사절이 가까워지면 나는 그 특별했던 열 살 때의 추수감사절과, 좌절과 두려움, 고독을 이길 수 있게 해준 그 간호사의 애정 어린 인정을 결코 잊을 수가 없습니다.』

다른 사람이 당신을 좋아하기를 바란다면, 또 진실한 우정으로 발전시키고 싶다면, 그리고 당신이 스스로를 돕듯이 다른 사람을 도와주고 싶다면 마음속에 다음의 원칙을 꼭 간직해 두도록 하라.

【원칙 1. 상대방에게 진심에서 우러나는 관심을 가져라.】

— ·· — ·· — ·· — 2 — ·· — ·· — ·· —

좋은 첫인상을 주는 간단한 방법

나는 최근 뉴욕에서 열린 한 만찬회에 참석한 적이 있다. 손님 중에는 막대한 유산을 상속받은 어떤 부인이 있었는데, 그 부인은 어떻게든 다른 사람들에게 좋은 인상을 주려고 몹시 애쓰고 있었다. 호사스러운 검은담비 가죽으로 된 목도리며, 다이아몬드, 진주 등을 몸에 걸치고 있었으나 얼굴에는 별달리 손을 쓴 것 같지 않았다. 얼굴에는 심술과 안하무인격인 표정이 넘쳐흐르고 있었다. 몸에 걸친 옷보다 얼굴에 나타나는 표정이 여성에게 얼마나 중요한가 하는, 즉 여자라면 누구나가 알고 있는 사실을 그녀는 모르고 있었던 것이다.

찰스 슈와브는 자기의 미소가 백만 달러 가치가 있노라고 말했지만, 사실 미소의 값은 그보다 더 비싼 것이다. 그의 특출한 성공은 전적으로 그의 인품, 매력, 사교적인 능력이 가져다준 선물이며, 그의 인품에서 가장 빛나는 요소는 사람을 사로잡는 바로 그 미소였다.

행동은 말보다도 더한 웅변이다. 그리고 미소는 이렇게 이야기 한다—

『나는 당신을 좋아해요. 당신은 나를 즐겁게 해주며 당신을 만나게 되어 기뻐요.』

개가 귀여움을 받는 이유도 바로 여기에 있다. 개는 우리를 보면 반가워서 어쩔 줄 모르고 뛰어오르곤 하는데, 그 때문에 우리도 자연 개가 귀여워지는 것이다.

가식된 미소를 지어서는 안 된다. 그런 미소에는 아무도 속지 않는다. 그처럼 기계적인 것은 오히려 화만 돋워 줄 뿐이다. 나는 진실한 미소와, 마음을 따뜻이 녹여주는 미소, 그리고 진심에서 우러나는 미소, 말하자면 아주 값진 미소에 대해서 얘기하고 있는 것이다.

미시간 대학의 제임스 V. 맥코넬 심리학교수는 미소에 대한 그의 느낌을 이렇게 표현했다.

『미소를 짓는 사람들은 회사의 경영이나, 학생을 가르치거나, 물건을 팔거나 하는 일 등을 한층 효과적으로 할 수 있으며, 아이를 더욱 행복하게 기를 수 있다. 찡그린 얼굴보다 미소 띤 얼굴에 더 큰 의미가 있다. 따라서 벌을 주는 것보다는 격려해 주는 것이 훨씬 더 효과적인 교육 방법이다.』

뉴욕의 어느 큰 백화점 지배인의 말을 빌리면, 점원으로서 점잖은 얼굴 표정을 지닌 대학원 출신 여성을 고용하기보다는 차라

리 초등학교도 제대로 나오지 못한 상냥한 미소를 짓는 여성을 채
용하는 편이 낫다는 것이다.

미소의 효과는 그것이 비록 눈에는 보이지 않을지라도 강력하
다. 그것은 미국의 전화기 제조업체에서는, 그들의 고객들을 위해
〈전화의 효용〉이라는 프로그램을 만들었다. 이 프로그램에 의하
면 전화로 이야기할 때 미소 짓기를 권하고 있다. 당신의 〈미소〉
가 목소리를 통해서 전해지기 때문이다.

오하이오 주 신시내티 시의 한 회사 전산부장 로버트 크라이어
씨는 자기 부서에서 일할 적임자를 어떻게 찾아낼 수 있었는지를
다음과 같이 이야기해 주었다.

『나는 우리 부서에서 일할 사람으로서 컴퓨터 부문에 전문가
를 채용하려고 무진 애를 썼습니다. 마침내 나는 퍼듀 대학 졸업
예정인 이상적인 자격을 갖춘 한 젊은이를 찾아냈습니다. 그와의
서너 차례에 걸친 전화통화 후, 나는 그가 우리 회사보다 더 규모
가 크고 유명한 회사들로부터 제의를 받고 있음을 알게 되었습니
다. 그러나 그가 내 제의를 받아들인 데 대해서 나는 무척 놀랐습
니다. 출근한 다음 나는 그에게, 더 큰 많은 회사들 가운데 어째
서 우리 회사를 선택하게 되었느냐고 물었습니다. 그는 잠시 말
이 없더니 이렇게 말하더군요.

「다른 회사들의 부장들은 냉정하고 사무적인 어조로 나에게
전화를 걸어 왔습니다. 마치 나는 그들이 항상 해 오던 사업상의

거래인이 된 것 같은 느낌이 들더군요. 그런데 부장님은 저와 이 야기를 나누게 되어 무척 반가운 듯한 음성이었어요. 그리고 부장 님은 제가 이 회사의 일원이 되어주기를 진실로 바라고 있는 것 같았어요.」

저는 지금도 미소로써 전화를 받는다는 사실을 장담합니다.」

미국에서 손꼽히는 고무회사 사장이 말하기를, 자기가 관찰한 바로는 일에 애착과 재미를 느끼지 않는 사람은 성공하지 못한다 는 것이다. 이 공업계의 거물은 「오로지 근면만이 희망의 문을 여 는 유일한 열쇠」라는 옛 격언을 그다지 신용하지 않는 것 같다. 그는 이렇게 이야기한다—

『나는 자기의 일을 재미있는 일거리나 여흥처럼 즐겨하고, 그 렇게 해서 성공한 사람들을 알고 있는데, 그런 사람이 그와는 다 른 딱딱한 기분으로 일을 하기 시작하면 점점 일이 무미건조해지 고 마침내는 실패하고 말게 된다.』

다른 사람이 당신을 만나 즐길 수 있기를 기대한다면, 먼저 당 신 자신이 다른 사람들을 만나 즐길 수 있어야 한다. 나는 수많은 사업가들에게 1주일 내내 깨어 있는 동안에는 매시간 한 번씩 누 구에게든지 미소를 던져주어 보고, 그 결과를 내 강습회에서 발표 해 보도록 제안한 적이 있다.

이 일이 어떠한 효과를 가져왔는지에 대한 예를 한 가지 들어 보기로 한다.

지금 내 수중에는 뉴욕 장외(場外) 증권거래소의 중개인인 윌리엄 B. 스타인하트의 편지가 있는데, 사실 이런 사례는 흔한 예 가운데 하나에 불과하다.

『나는 결혼한 지 벌써 18년이 넘었지만, 아침 잠자리에서 일어나 일터로 나갈 때까지 한 번도 아내에게 웃는 얼굴을 보인 일도 없고, 또 별로 말도 주고받는 일이 없었습니다. 세상에도 드물 만큼 성질이 까다로운 사람이었음에 틀림없었겠지요. 선생님이 웃는 얼굴 표정에 관한 경험을 발표하라고 하시기에 시험 삼아 지시한 대로 1주일만 해보기로 했지요. 그래서 그 이튿날 아침 머리를 빗으면서 나는 거울에 비친 내 돌부처 같은 면상에다 대고 이렇게 중얼거렸습니다.

「빌, 오늘은 이 찌푸린 상을 버리고 웃는 낯을 보여주는 것이 어때? 자, 어디 한번 웃어 볼까…」

아침 식탁에 앉으면서 나는 아내에게 인사를 하면서 싱긋 웃어 보였습니다. 처음에는 상대방이 깜짝 놀랄지도 모르겠노라는 선생님의 말씀도 있었습니다만, 아내의 반응은 예상 이상이어서 굉장한 쇼크를 받은 모양이었습니다. 이제부터는 매일 이렇게 웃을 테니까 그런 줄 알라고 아내에게 약속을 하였고, 사실 그것이 오늘까지 두 달 동안이나 계속되고 있습니다.

내가 태도를 바꾼 뒤부터의 2개월 동안 일찍이 맛보지 못한 행복이 저희 가정에 찾아왔습니다.

　지금은 매일 아침 출근할 때 나는 아파트의 엘리베이터 걸에게 웃는 낯으로 아침인사를 하고, 출입문 경비원에게도 웃음과 함께 다정한 아침인사를 건네게 되었습니다. 증권거래소에서도 여태껏 내 웃는 얼굴을 보지 못했던 사람에게 웃음 띤 낯으로 대하게 되었습니다.

　그러자 이윽고 모두들 나에게 웃음으로 응대해 주게 되었습니다. 불평이나 말썽거리를 가지고 오는 사람도 나는 명랑한 태도로 맞이하고, 상대방이 하는 이야기를 들으면서도 웃음을 잃지 않으면 서로의 문제가 더욱 용이하게 해결되었습니다. 미소의 덕분으로 나의 수입도 두드러지게 증가하였습니다.

　나는 다른 중개인 한 사람과 사무실을 같이 쓰고 있는데, 그가 고용하고 있는 사무원 중의 한 사람으로 호감이 가는 청년이 있었습니다. 웃음의 효과에 재미를 본 나는 며칠 전 그 청년에게, 인간 관계에 관한 나의 새로운 처세철학을 들려주었습니다. 그러자 그는 나를 처음 보았을 때는 대단히 퉁명스러운 사람으로 여겼는데, 최근에는 다시 보게 되었다고 솔직히 고백하는 것이었습니다. 나의 미소에는 인정미가 넘쳐흐른다고 그는 말하였습니다.

　또한 나는 남을 비판하지 않기로 하였습니다. 남의 허물을 말하는 대신 칭찬을 해주기로 했습니다. 나 자신이 원하는 것에 대해서는 아무 말도 하지 않고, 오직 상대방의 입장에서 사물을 생각해 보고 남을 이해하려고 노력하고 있습니다. 그러자 나의 생활에 문자 그대로 혁명적인 변화가 일어났습니다. 나는 그전과는 아주 다른 새 사람이 되었으며, 수입도 늘고 좋은 친구와도 많이 사귄 행복한 사람이 되었습니다. 이런 것들이야말로 결국 가장 중요한 것임을 깨달은 것입니다.』

이 수기를 쓴 사람이 뉴욕의 장외 증권 중개업자라는 점을 여러분은 유의해 주기 바란다. 뉴욕의 장외 주식 중개업이란 매우 예민한 사업으로서 백 사람이면 그 중 아흔아홉 사람은 실패하기가 고작이다. 이처럼 위험한 장사를 하면서 세상을 헤쳐 나가는 사회 물정에 환한 사람이 이런 수기를 썼다는 것은 퍽 의미 깊다고 하지 않을 수 없다.

미소를 짓고 싶지 않을 때는 어떻게 하면 좋은가? 방법은 두 가지가 있다.

첫째로 우선 억지로라도 웃어 볼 일이다. 혼자 있을 적에는 휘파람을 불거나 콧노래를 불러보기도 한다. 행복해서 어쩔 줄 모르겠다는 듯이 행동하면 된다. 그러면 정말 행복한 기분이 되니 신기한 일이다. 심리학자이며 철학자인 윌리엄 제임스는 이렇게 말했다.

『인간은 감정에 따라 행동하는 것처럼 보이지만, 사실은 행동과 감정은 동시적인 것이다. 행동은 오히려 의지에 의하여 직접 통제할 수가 있지만, 감정은 그렇지 못하다. 한편 감정은 행동을 조정함으로써 간접적으로 조정할 수 있다. 따라서 쾌활함을 잃었을 때 그것을 회복하는 최선의 방법은 일부러라도 쾌활한 척 행동하고 쾌활하게 이야기하는 것이다.』

이 세상 사람은 누구나 행복을 추구하고 있는데, 그 행복을 얻는 방법은 단 하나밖에 없다. 그것은 자기의 기분을 마음대로 좌우할 수 있는 힘을 기르는 것이다. 행복이란 외적인 조건에 의하여 얻어지는 것이 아니라, 자기의 마음가짐 여하에 따라 얻을 수도 있고 놓칠 수도 있는 것이다.

행·불행은 재산, 지위 혹은 직업 등으로 결정되는 것이 아니다. 무엇을 행복이라 생각하고 무엇을 불행이라 생각하는가—이 사고방식에 따라서 행복과 불행이 나눠지는 것이다. 가령 같은 곳에서 같은 일에 종사하는 두 사람이 있다고 가정해 보자.

이 두 사람은 대개 비슷한 재산과 지위를 가졌음에도 불구하고 한 사람은 행복한 반면 다른 한 사람은 불행한 경우가 가끔 있다. 왜 그럴까? 마음의 자세가 다르기 때문이다.

나는 열대지방의 황폐한 열기 속에서 원시적인 도구로 열심히 땅을 일구는 가난한 농부의 얼굴에서 마치 뉴욕이나 시카고, 또는 로스앤젤레스의 냉방시설이 잘 된 사무실에서 볼 수 있는 그런 행복한 얼굴 모습을 수없이 보아 왔다.

대문호 셰익스피어도 말하지 않았는가.

『사물에는 본래 좋고 나쁜 것이 없다. 오직 우리의 생각 여하에 따라 좋기도 하고 나쁘기도 한 법이다.』

링컨 또한 그에 대해 핵심을 찌르고 있다.

『대다수의 사람은 행복해지려는 의지의 강도에 따라 그만큼 행복해진다.』

얼마 전, 나는 이 말을 뒷받침해 주는 산 예를 하나 목격하였다. 내가 뉴욕 롱아일랜드 정거장 계단을 걸어 올라가고 있을 때, 내 바로 앞을 3, 40명의 불구 소년들이 목발에 의지해서 애를 쓰면서 겨우 계단을 올라가고 있었다. 다른 사람에게 업혀 올라가는 아이도 있었다. 그런데 나는 그 소년들의 희희낙락한 모습을 보고 깜짝 놀랐다. 그들을 보호하여 수행하고 있는 사람에게 물어보니 그는 다음과 같이 대답하는 것이었다.

『그렇지요. 평생 불구자로 지내게 되는구나 하는 것을 알자 소년들은 처음에는 심한 마음의 충격을 받게 되지만, 점차 그 충격은 스러지고 대개는 자기의 운명을 받아들이게 됩니다. 그러고 나면, 마침내는 보통 아이들보다 오히려 더 쾌활해진답니다.』

나는 그 소년들 앞에 머리가 숙여졌다. 그들은 나에게 일생 잊을 수 없는 교훈을 주었기 때문이다.

회사의 격리된 사무실에서 홀로 일한다는 것은 외롭기도 하지만, 다른 동료 직원들과 사귈 기회를 빼앗기는 일이기도 하다. 멕시코의 과달라하라에 사는 마리아 곤잘레스 양이 바로 그런 직장에 근무하고 있었다.

곤잘레스 양은 회사 동료들의 잡담소리나 웃음소리가 들려올

128

때마다 그들과 함께 나눌 수 있는 동료애를 부러워했다. 첫 출근을 하고 나서 몇 주일 동안 곤잘레스 양은 복도에서 그들을 지나치게 되면 고개를 다른 쪽으로 돌리곤 했다.

이렇게 몇 주일이 지난 뒤 곤잘레스 양은 자신에게 『마리아야, 다른 사람들이 너에게 친근하게 대해 주리라고 기대해서는 안 돼. 네가 먼저 그들에게 다가가는 거야.』하고 다짐했다.

그 뒤부터 곤잘레스 양은 만나는 사람마다 『안녕하세요?』하며 환한 미소를 보냈다. 효과는 즉각 나타났다. 그 응답으로 미소와 인사가 그녀에게 돌아왔으며, 복도도 한층 밝아진 것처럼 보였고, 하는 일에도 더욱 친근감이 들었다. 동료들과 안면이 넓어지고 몇몇 사람들과는 우정으로까지 발전했다. 그녀의 직업과 인생은 더욱 즐겁고 흥미로워졌다.

수필가이며 출판업자인 앨버트 허버드의 충고를 들어보자. 물론 이 충고는 그냥 읽는 데 그쳐서는 아무런 이득이 없으며 반드시 실천에 옮겨볼 일이다.

집에서 나올 때는 언제든지 턱을 당기고, 머리를 곧게 세운 다음, 될 수 있는 대로 크게 심호흡을 할 것. 햇빛을 온몸으로 받아들이고, 친구에게 웃음으로 대하며 악수는 정성껏 하라. 오해받을 걱정 같은 것은 하지 말 것이며, 적(敵)을 생각하느라고 단 1분의 시간도 낭비해서는 안 된다. 하고 싶은 일은 마음속에서 꼭 하겠노라고 작정하고, 한번 마음먹은 다음에는 꾸준히 목표를 향해서 돌진하라.

크고 훌륭한 일을 이룩하겠다는 큰 포부를 늘 지니고 살 것 이며, 그러면 언젠가 그 포부를 달성하는 데 필요한 기회가 스스로 다가오고야 말 것이다. 그것은 흡사 산호충이 조류(藻類)로부터 양분을 섭취하는 것과 같다. 또한 유능하고 착실하며 남의 도움이 되는 인물이 되도록 노력할 것이다. 늘 그렇게 되려는 생각을 염두에 두고 있으면 조만간 그러한 인물이 되고 마는 것이다.

마음의 힘이란 참으로 위대한 것이다. 올바른 마음의 자세, 즉 용기, 솔직성, 그리고 명랑성을 늘 지니고 있어야 한다. 바른 마음의 태도는 뛰어난 창조력을 수반한다. 모든 것은 원망(願望)에서부터 탄생하는 것이어서 진정한 소원은 달성되고야 만다. 사람은 마음먹은 대로 되는 것이다. 턱을 당기고 머리를 똑바로 세우자. 우리 인간은 미완성의 신(神)인 것이다.

옛날 중국인들은 처세에 특히 밝았다. 그리고 그들은 우리에게 기억해야 할 금언을 남겼다.

『웃지 않는 사람은 가게를 열지 말라.』

미소는 호의를 전달하는 심부름꾼이다. 또 그것을 쳐다보는 이들의 인생을 밝게 빛내 준다. 당신의 미소는 인상을 찌푸리며 외면하는 얼굴을 보아 온 사람들에게는 마치 구름을 헤치고 나오는 태양과도 같은 것이다. 특히 직장의 하급 사원, 고객, 선생님이나 부모, 아이들에게 시달림을 당하는 모든 사람들에게 있어서 미소란, 이 세상은 절망만 있는 것은 아니며, 기쁨도 더러 있어 살 만하다는 사실을 깨닫게 해주는 것이다.

몇 년 전 뉴욕의 한 백화점이 크리스마스 대목으로 붐비는 동안 판매원들이 너무 시달리는 것이 안쓰러워 다음과 같은 소박한 철학이 담긴 광고를 냈다.

— 성탄절에 보내는 미소의 가치 —

밑천은 하나도 들지 않지만 소득은 큰 것.

아무리 주어도 줄지 않고, 받는 사람은 더 풍성해지는 것.

비록 한 순간의 일에 지나지 않더라도 그 기억은 영원히 사라지지 않을 수 있는 것.

아무리 부자라도 이것 없이는 못 살고, 아무리 가난한 사람도 이것만 있으면 풍성할 수 있는 것.

가정에는 행복을, 사업에는 호의를 베풀어 주고, 우정의 구름다리이기도 한 것.

지친 사람에게는 안식, 실의에 빠진 사람에게는 광명, 애통하는 자에게는 태양, 근심 걱정하는 자에게는 자연이 주는 최고의 묘약.

돈을 주고 살 수도, 강요할 수도, 빌릴 수도, 훔칠 수도 없는 것.

누구에게인가 줄 때 비로소 값이 나가는 것.

성탄절 대매출로 지친 점원이 이것을 보여주지 않을 때는 미안하지만 손님께서 한번 선심 쓰는 건 어떨는지요?

왜냐하면 너무나 많은 미소를 준 나머지 더 이상 줄 수 있는 미소가 바닥난 이들이야말로 누구보다도 필요로 하기 때문입니다.

【원칙 2. 미소를 지어라.】

---···—··—···—·· 3 —··—···—··—···—

이것을 하지 않으면 곤란을 겪게 된다

1898년, 뉴욕 주 로클랜드에서 비극적인 사건이 발생하였다. 한 어린이가 죽어서 이 날 동네 사람들은 그 장례식에 갈 채비를 하고 있었다. 짐 팔리는 마구간의 말을 끌어내러 갔다. 마당에는 눈이 쌓여 있었고, 날씨는 살을 에는 듯 추웠다. 말은 며칠 동안이나 매여 있은 채로 운동부족이었다. 물통 있는 데로 끌어내는 도중에 말이 갑자기 난폭해져 뒷다리를 높이 올려 짐을 걷어차는 순간 짐은 그만 쓰러져 죽어버리고 말았던 것이다. 스토니 포인트라는 이 작은 마을에는 그 주일에 장례식이 하나 더 늘어나게 되었던 것이다.

짐 팔리는 아내와 세 아들과 얼마 안 되는 보험금을 유산으로 남기고 죽었다.

맏아들의 이름 역시 짐이었는데, 이제 겨우 열 살 난 소년으로 벽돌공장에 다니고 있었다. 모래를 이겨서 틀에 넣어 박고 그것을 햇볕에 내다 말리는 것이 그의 일이었다. 짐 소년은 학교에 다닐 시간이 없었다. 그러나 이 소년은 아일랜드인 특유한 쾌활성 때문에 여러 사람들에게서 호감을 샀고, 뒷날 마침내는 정계(政界)에까지 진출하였는데, 그는 사람의 이름을 기억하는 비상한 재주를 발휘하게 되었다.

짐은 고등학교라고는 구경도 해보지 못했지만, 그가 46세가 되던 해에는 네 개의 대학으로부터 학위를 수여받았고, 민주당의 전국위원장이 되고, 마침내는 미합중국 우정장관(郵政長官)의 요직에까지 오르게 되었다.

어느 날, 나는 짐 팔리와 회견하는 자리에서 그의 성공비결을 물었다.

『부지런히 일하는 것이지요』

『좀 더 구체적으로 말씀해 주시지요』하고 내가 말하자, 그는 거꾸로 내 의견을 물었다.

『그럼 당신은 나의 성공비결이 무엇일 거라고 생각하십니까?』

『선생님께서는 만 명이나 되는 사람의 이름을 기억하고 계신다고 들었는데요』

내가 이렇게 말하자 그는 그것을 정정했다.

『아니, 틀렸소. 5만 명이오』

팔리 씨의 이런 능력은 프랭클린 루즈벨트가 백악관의 주인이 되는 데 결정적인 역할을 했다.

짐 팔리는 석고(石膏)회사의 외판원으로 각지를 돌아다니기도 하고, 스토니 포인트 지방관서의 서기로 근무한 적도 있는데, 그 동안에 그는 사람의 이름을 기억하는 방법을 고안해냈던 것이다.

그 방법이란 애초에는 매우 간단한 것이었다. 처음 인사한 사람에게서 반드시 그 성명, 가족, 직업, 그리고 정치에 관한 견해 등을 알아낸다. 그리고 그것을 전부 그림을 그리듯이 새겨 넣었다가 다음번에 그를 다시 만났을 때, 비록 1년이 지난 뒤라도 그와 악수를 나누면서 그의 아내와 자녀에 관한 일이며, 전에 만났을 때 화제가 됐던 정원의 화초에 대해서 물었다. 그러니 자연히 그를 지지하는 사람의 수가 증가하는 것도 당연한 노릇이었다.

루즈벨트가 대통령 선거전에 나서기 몇 달 전, 짐 팔리는 서부 및 서북부 여러 주에 있는 사람들에게 매일 수백 통의 편지를 썼다. 그리고는 기차를 타고 15일간에 20개 주를 순방하였다. 그 여정의 연 거리는 무려 3천 마일, 그 동안에 그는 마차, 기차, 자동차, 나룻배 할 것 없이 모든 교통수단을 이용하였고, 도시에 도착하면 곧 그 고장 유지들과 식사와 차를 나누며 서로 흉금을 털어놓고 이야기하고, 그것이 끝나면 다시 다음 목적지로 가곤 하는 매우 바쁘고 고달픈 행각이었다.

동부로 돌아오자, 이번에는 자기가 여태껏 돌아온 도시며 지방의 대표자에게 편지를 보내, 집회에 참석한 사람들의 명단을 보내 달라고 부탁하였다. 이리하여 그의 수중에 모인 사람의 이름은 수

만에 이르렀으나, 명단에 올라 있는 사람은 하나도 빠짐없이 민주당 전국위원장 제임스 팔리로부터의 정성이 담긴 인사를 받았던 것이다.

그 편지는 「친애하는 빌」이라든지 「조 군」이라든지 하는 서두로 시작하여 마지막에는 「짐」(제임스의 애칭)이라 서명을 하여 가까운 친구 간에 주고받는 듯한 친밀감을 주는 투로 씌어져 있었다.

인간은 타인의 이름 따위에는 별로 유의하지 않으면서도 자기의 이름에는 굉장한 관심을 갖는다는 것을 짐 팔리는 일찍이 깨달았던 것이다.

누가 자기의 이름을 기억해 두었다가 불러준다는 것은 매우 기분 좋은 일이어서 사소한 칭찬의 말보다 훨씬 효과적인 것이다. 그와 반대로, 상대방의 이름을 잊어버리거나, 스펠링을 잘못 쓰거나 하면 오히려 역효과가 생길 수가 있을 것이다.

예를 들면, 내가 언젠가 파리에서 연설법에 관한 강좌를 개최한 적이 있었다. 그때 그곳에 살고 있거나 머물고 있는 미국인들에게 근사한 안내장을 보냈는데, 영어를 잘 모르는 프랑스인 타이피스트에게 주소 성명을 치도록 한 것이 그만 실패의 원인이었다. 어느 미국 일류 은행의 파리 지점장은 자기 성명의 철자가 틀렸다고 대단한 항의를 받기도 했다.

때때로 철자법이 까다로운 이름을 기억하는 것은 어려운 일이다. 이런 경우 사람들은 그 이름을 외려고 노력하는 대신 그 이름을 무시해 버리거나 손쉬운 별명으로 부르고 있다. 시드 레비 씨는「니코데무스 파파둘로스」라는 이름을 가진 고객을 찾아갔다. 사람들은 대개 그를「닉」이라 불렀다. 레비 씨는 이렇게 말했다.

『나는 그를 방문하기 전 몇 번이고 그 이름을 외려고 각별한 노력을 기울였습니다. 내가「안녕하십니까, 니코데무스 파파둘로스 씨?」하고 인사를 하자, 그는 대단히 놀라워했습니다. 한참 동안이나 할 말을 잊고 있더군요. 잠시 후 그는 눈물을 흘리면서「레비 씨, 15년 동안이나 나는 이곳에 살아왔지만, 내 이름을 정확하게 불러주는 사람은 한 사람도 없었소.」라고 말하더군요.』

앤드류 카네기의 성공의 비결은 무엇인가?

카네기는「강철왕」이라고 불리지만, 그러나 그 자신은 강철에 관해서 별로 아는 것이 없었다. 강철왕보다는 몇 배나 더 강철에 관해서 잘 알고 있는 수백 명의 기술자를 고용하고 있었던 것이다.

그는 사람을 부릴 줄 알았다.—이 재간이 그를 부호로 만든 것이다. 그는 어렸을 적부터 사람을 조직하고 통솔하는 재능을 보여주었다. 열 살 때에는 이미 인간이라는 것이 자기의 이름에 대해서는 이상한 관심을 갖는다는 것도 알고 있었고, 그러한 발견을 이용하여 타인의 협력을 얻었다.

이런 예가 있었다.

그가 스코틀랜드에 살고 있던 소년시절의 이야기인데, 어느 날 그는 토끼를 한 마리 잡았다. 그런데 그 토끼가 새끼를 배고 있었으므로 얼마 안 되어 새끼를 낳게 되자 온 토끼우리가 새끼들로 가득 차게 되었다. 그러자 먹이가 부족했다. 그래서 그는 묘안을 떠올렸다. 근처의 아이들에게 토끼 밥이 될 풀을 많이 뜯어온 아이의 이름을 어린 토끼에게 붙여주겠다고 약속하였다.

그 계획은 제대로 들어맞았다. 카네기는 장성한 다음에도 그때의 일을 결코 잊지 않았다. 뒤에 이 심리를 사업에 응용하여 그는 거대한 부(富)를 이룩하였다.

또 이런 이야기도 있다.

그가 펜실베이니아 철도회사에 레일을 팔려고 하던 참인데, 그당시 철도회사의 사장은 에드가 톰슨이라는 사람이었다. 그래서 카네기는 피츠버그에 거대한 제철공장을 세워 그것을 〈에드가 톰슨 제강소〉라고 명명했다.

펜실베이니아 철도회사가 어디에서 레일을 사들였을까 하는 것은 구태여 이야기할 필요가 있을까? 독자의 상상에 맡기기로 하겠다.

카네기와 조지 풀맨이 침대열차 판매 사업에 치열한 경쟁을 하고 있을 때에도 카네기는 토끼의 교훈을 상기했다.

카네기의 센트럴 트랜스포테이션 회사와 풀맨 회사는 유니언 퍼시픽 철도회사에 침대차를 납품하고자 서로 상대방의 약점을 캐내고 채산을 무시하면서까지 출혈경쟁을 벌이고 있었다. 카네기와 풀맨은 각기 유니언 퍼시픽의 수뇌부와 접촉하려고 뉴욕으로 갔다.

어느 날 밤, 세인트 니콜라스 호텔에서 이 두 사람이 얼굴을 마주치자 카네기가 먼저 소리쳤다.

『여어, 풀맨 씨, 안녕하십니까? 생각해 보면 우리 두 사람은 서로가 바보짓을 하고 있는 것 같지 않소?』

『그것은 또 무슨 뜻이지요?』 풀맨이 반문했다.

여기에서 카네기는 평소부터 품고 있던 생각을 그에게 털어놓았다. 즉 두 회사의 합병안인 것이다. 서로 반목하고 경쟁하느니보다는 제휴하는 편이 훨씬 더 유익하다는 점을 그는 열심히 설명했다. 가만히 귀를 기울이고 있던 풀맨은 반신반의하는 듯했다. 이윽고 풀맨이 카네기에게 이렇게 물었다.

『그런데 그 새 회사의 이름은 어떻게 할 작정이시오?』

이에 카네기는 선뜻 대답했다.

『물론 풀맨 팰리스라고 하지요.』

그러자 풀맨은 갑자기 얼굴에 화색을 띠면서 『그러면 내 방에 들어가 조용히 의논해 보십시다.』하고 카네기를 이끄는 것이었다.

이 의논이 열매를 맺어 기업합병의 신기원이 수립된 것이다.

이처럼 친구나 거래선의 이름을 존중하는 것이 카네기가 남달리 탁월한 성공을 거둔 한 가지 비결이었다. 카네기는 그 밑에서 일하고 있는 수많은 노동자의 이름을 기억하고 있음을 자랑으로 삼고 있었다. 그리고 그가 기업의 선두지휘를 맡고 있는 동안은 스트라이크가 한 번도 일어나지 않았다는 것도 그의 자랑거리였다.

텍사스 주 상공회의소 회장인 벤튼 러브 씨는, 기업이 커질수록 사물에 냉정해진다고 믿고 있다. 『기업이 발전하기 위해서는 사람들의 이름을 잘 기억해야 합니다. 이름을 기억하는 데 서투른 사람은 기업경영에 있어서도 언제 도산해 버릴지 모르는 사람입니다.』라고 말했다.

캘리포니아의 랜초 팔로스 베르데스에 사는 카렌 커시 양은 TWA항공사의 스튜어디스인데, 그녀는 승객들의 이름을 가능한 한 많이 외어서 승객의 시중을 들 때마다 이름을 사용하기로 했다. 이렇게 하자, 커시 양과 항공사에는 그녀에 대한 찬사가 답지했다. 어느 승객은 다음과 같은 편지를 보내오기도 했다.

『나는 오랜 동안 TWA를 이용하지 않았는데, 지금 이후로는 이 항공사만 이용하기로 했습니다. TWA는 승객을 무척 소중하게 생각하는 회사라는 느낌이 받았고, 나는 그 점을 중요시합니다.』

인간은 자기의 이름에 비상한 긍지를 가지고 있어서 그것을 어떻게든지 후세에 남기려고 애쓴다. 구두쇠로 이름난 미국의 흥행사 P. T. 바넘 조차도 자기의 이름을 이어줄 자식이 없음을 늘 한

탄해 오다가 결국은 양자인 C. H. 실리에게 바넘의 이름을 이어준 다면 2만 5천 달러를 내겠노라고 제안하였던 것이다.

오랜 세월 동안 귀족들과 명사들은 화가나 음악가, 작가들에게 자신들을 위해 봉헌할 작품들을 만들게 하고 그들을 후원해 주었 다.

도서관이나 박물관의 호화로운 소장품 속에는 자기의 이름을 길이 후세에 남기고 싶은 사람들이 기증한 것이 상당히 많다. 뉴 욕 시립도서관의 아스토르와 레녹스 컬렉션이 그것이며, 메트로 폴리탄 박물관에는 벤저민 알트만이나, J. P. 모건의 이름을 영구 히 전해 주고 있다. 또 교회 가운데에도 헌금자의 이름을 박아 넣 은 스테인드글라스의 창문이 많이 있다.

대다수의 사람들은 타인의 이름을 잘 기억하지 않는다. 바빠서 기억해 둘 여유가 없다는 것이 그 주된 이유의 하나이다.

아무리 바쁠지라도 프랭클린 D. 루즈벨트보다 더 바쁘다고 할 사람은 아무도 없을 것이다. 이 루즈벨트는 오다가다 만난 일개 기계공의 이름을 기억하기 위해서도 시간을 바친 사람이다.

그 내용인즉 이러하다.

크라이슬러 자동차 회사가 루즈벨트를 위하여 특별한 승용차 를 제작한 적이 있다. 대통령은 다리가 불구이므로 보통차는 운전 할 수가 없었다. W. F. 챔벌레인이 기계공 한 사람을 데리고 그 차를 대통령 관저에 배달해 주었다. 그 때의 상황을 챔벌레인이 나에게 보낸 서한 속에서 다음과 같이 말해 주었다.

『나는 대통령께 특수한 장치가 많이 달린 자동차의 조종법을 가르쳐 드렸는데, 대신 그는 나에게 훌륭한 인간 조종법을 가르쳐 주셨습니다.

관저에 들어가자 대통령께서는 매우 기분이 좋으신 듯 내 이름을 부르시면서 이런저런 말씀을 걸어오셔서 나는 긴장했던 마음이 다소 누그러질 수 있었습니다. 그 중에서도 가장 감명 깊었던 일은 그분이 나의 설명을 깊은 흥미와 관심으로 경청해 주신 것이었습니다. 그 차는 양손으로만 운전할 수 있게 만들어져 있었던 까닭에 수많은 구경꾼들이 모여들었습니다. 대통령께서는 「이건 참 신기한데! 버튼을 누르기만 하면 조종할 수 있다니 굉장하군 그래. 내부장치가 어떻게 되어 있을까? 틈이 있으면 한번 분해해서 자세히 살펴보고 싶군.」 하고 말씀하시는 것이었습니다.

대통령께서는 자동차를 들여다보고 있는 여러 사람들 앞에서 나를 보고 「챔벌레인 씨, 이렇게 좋은 차를 만들려면 평소의 노력도 대단한 바가 있어야겠습니다. 참 깊이 경탄하여 마지않습니다.」라고 하시면서 라디에이터, 백미러, 시계, 조명기구, 조종석, 트렁크 속의 이름을 새긴 슈트케이스 등을 하나하나 살펴보면서 칭찬하시는 것이었습니다.

대통령은 나의 노고를 속속들이 이해해 주시는 듯했습니다. 또 대통령은 부인과, 노동장관인 파킨즈 여사, 그리고 비서 등 주위에 있는 여러 사람들에게도 그 자동차의 새로운 장치를 보여주면서 설명하기를 잊지 않으셨습니다. 그리고 일부러 나이 많은 한 흑인 하인을 부르시더니, 「조지, 이 특제품 슈트케이스는 각별히 조심해서 다루도록 하게.」 하고 주의를 주시는 것이었습니다.

운전연습이 끝나자, 대통령은 나에게, 아까부터 연방준비은행 사람들이 만나러 온 것을 한 30분이나 기다리게 했으므로 오늘은 이 정도로 끝내자고 말씀하셨습니다.

나는 그 때 기계공 한 사람을 데리고 갔습니다. 관저에 도착했을 때 그도 대통령에게 소개되었지만, 그 뒤로는 잠자코만 있었습니다. 대통령은 그의 이름을 단 한 번밖에 들은 일이 없으신 셈이었지요. 원래 그 기계공은 수줍은 사람이어서 시종 남의 뒤편에 숨어 있다시피 하였습니다. 그런데 우리가 막상 작별인사를 하고 물러서려고 하자, 대통령은 그 기계공을 찾아서 그의 이름을 불러가면서 악수를 하고 또 치사의 말도 해주시는 것이 아니겠습니까? 그런데 말씀하시는 품이나 행동 하나하나가 그저 겉치레가 아니고 어디까지나 깊은 마음속에서부터 우러나온 성의였습니다. 나는 그것을 분명히 느낄 수가 있었던 것입니다.

뉴욕으로 돌아온 수일 후, 나는 대통령의 친서가 있는 사진과 감사장을 받았습니다. 대통령이 어떻게 그런 틈을 내 주셨는지 제가 짐작하기조차 힘든 노릇입니다.」

프랭클린 루즈벨트가 사람들의 호감을 사는 가장 간단하고 평

범하면서도 가장 중요한 방법은 상대방의 이름을 기억하고 그에게 자신에 대한 중요감을 갖게 한다는 것이다. 그런데 이것을 알고 있는 사람이 도대체 이 세상에 몇 명이나 될까? 첫 대면의 사람에게 소개를 받고 2, 3분 이야기하다가 작별하려 할 때 상대방의 이름이 생각나지 않을 경우란 흔히 있는 것이다.

『유권자의 이름을 기억해둘 것. 그것을 잊어버린다는 것은 곧 자신이 유권자들에게서 망각되어 버린다는 것을 의미한다.』—이것은 정치가가 배워두어야 할 제1과제라 할 것이다. 타인의 성명을 기억한다는 것은 장사나 사교에 있어서도 정치의 경우만 못지 않게 중요하다.

나폴레옹 보나파르트의 조카이며, 프랑스의 황제인 나폴레옹 3세는 정무에 분주한 가운데도 소개받은 사람의 이름은 전부 기억하고 있노라고 늘 공언하고 있었다.

그가 사용한 방법이란 지극히 간단했다. 상대방의 이름을 분명히 알아듣지 못했을 때는 『미안하지만 다시 한 번 말씀해 주십시오.』라고 부탁한다. 만약 그 이름이 좀 이상한 것이면 그 철자법까지도 물어본다. 상대방과 이야기하고 있는 도중에 그는 몇 번이고 상대방의 이름을 되풀이하고 상대방의 얼굴이며 표정, 체격 등을 머릿속에 기억해 두려고 노력하였다.

만약 상대방이 중요한 인물이면 그는 더욱 노력을 경주한다. 자기 혼자 남게 되면 곧 메모에다 상대방의 이름을 기입해 놓고

그것을 정신을 가다듬어 계속 응시하면서 다 기억해 버린 다음에
는 그 메모지를 찢어 없앤다. 이처럼 눈과 귀 양쪽을 동원하여 기
억해 버리고야 마는 것이다.

이것은 상당히 시간이 걸리는 일이기는 하지만, 에머슨의 말을
빌리면,

『좋은 습관은 작은 희생을 쌓아올림으로써 길러지는 것』이라
고 했다.

이름을 기억하고 사용하는 일의 중요성은 왕이나 기업 경영자
들만의 특권이 아니다. 우리 모두의 일이다. 인디애나 주 제너럴
모터스 사의 종업원 켄 노팅햄은 평소 회사 구내식당에서 점심식
사를 했다. 그는 카운터의 여자가 항상 찡그린 얼굴 하고 있음을
알아차렸다.

『그녀는 두 시간 가량 샌드위치를 만들고 있었어요. 나는 그녀
에게 샌드위치를 주문했습니다. 그녀는 조그마한 저울에다 햄을
달더니 상추 한 잎과 포테이토칩을 몇 개 담아 주더군요. 그 이튿
날도 똑같았습니다. 똑같은 여자에 똑같은 표정, 달라진 게 있다
면 그날은 이름표를 달고 있더군요. 나는 웃으면서 「안녕, 유니
스!」하고서 내가 원하는 것을 말했습니다. 그러자 그녀는 햄을 저
울에 달지도 않고 건네주면서 게다가 상추잎 석 장, 그리고 포테
이토칩도 넘칠 정도로 접시에 가득 담아주는 것이었습니다.』

우리는, 다른 사람이 아닌 그 사람만의 이름을 소유하고 있음

도 인식해야 한다. 이름은 개개인을 차별화시켜 주며, 다른 많은 사람들 가운데 독특한 존재로 만들어 준다. 개인의 이름을 사용함으로써 우리가 전달하고자 하는 정보나 우리의 요구사항들이 특별한 의미를 지니게 된다. 웨이트리스로부터 최고경영자에 이르기까지 이름은 마술적인 힘을 갖는다.

【원칙 3. 이름은 당사자에게는 어떤 언어보다도 가장 감미롭고 가장 중요한 소리라는 점을 명심하라.】

4

남의 말에 귀를 기울이는 사람이 돼라

얼마 전, 나는 어느 브리지 게임에 초대받았다. 나 자신은 브리지 게임을 할 줄 모르지만, 그곳에는 역시 브리지 게임을 하지 않는 한 금발의 부인이 와 있었다.

그녀는 내가 한때, 로웰 토머스가 라디오 방송에 진출하기 전 그의 매니저였으며, 그가 하고 있던 순회강연의 준비를 돕느라고 유럽의 여러 곳을 여행하고 다닌다는 사실을 알아채고서는,

『아 참, 카네기 씨, 선생님께서 순방하신 멋진 곳들과 관광하신 것들에 관해서 이야기 좀 들려주시지 않겠어요?』라고 말했다.

소파에 앉아 있는 동안, 그녀는 그녀 내외가 최근에 아프리카 여행으로부터 돌아왔다는 사실을 알려주었다.

『아프리카요?』 나는 깜짝 놀라며 말했다. 『얼마나 재미있었을까요? 나는 항상 아프리카에 가보기가 소원인데, 알제리에서 24시간을 머문 것 외에는 한 번도 가 본 적이 없습니다. 그 큰 짐승 사냥하는 나라에도 가 보셨겠지요? 참 부럽습니다. 아프리카 얘기

좀 들려주십시오.』

그 후 45분 남짓하게 그녀는 내가 유럽의 어디에 가 있었으며, 무엇을 보았는가를 다시는 물어보지 않았다. 그녀는 내 여행에 관한 이야기를 듣고 싶었던 것이 아니라, 실상은 자기 이야기에 흥미를 갖는 경청자를 바랐던 것이다. 이래서 그녀는 자신의 이기심을 확대시키는 가운데 그녀가 돌아다닌 곳의 이야기를 할 수 있었던 것이다.

이 부인이 과연 비정상적일까? 그렇지 않다. 많은 사람들이 이 부인과 비슷한 행동을 취한다.

한 예로서, 나는 최근 뉴욕의 한 출판업자가 베푼 만찬회에서 저명한 식물학자를 만난 적이 있다. 나는 일찍이 식물학자와 이야기를 나누어본 적이 없었던 탓으로 그에게 매혹되고 말았다.

나는 마냥 의자 끝에 걸터앉아서 이국 풍취의 식물들과 새로운 식물의 품종을 개량하기 위한 실험과 실내정원 등에 관한 이야기, 또는 하찮은 감자에 관한 놀라운 사실 등의 이야기를 경청하고 있었다. 나 자신도 작은 실내정원을 하나 가지고 있었는데, 그는 내가 풀지 못하고 있던 몇 가지 문제를 깨끗이 풀어주었다.

내가 줄곧 이야기를 하고 있는 곳은 바로 만찬회 석상이었다. 그 곳에는 10여 명의 낯선 손님도 동석하고 있었으나, 나는 사교계의 규칙을 어기고 다른 손님은 무시한 채 그 식물학자와 몇 시간이나 이야기했던 것이다. 자정 무렵이 되어서야 나는 여러 사람에게 작별인사를 하고 일어섰다. 그 때 그 식물학자는 주인에게 나에 대해서 몇 마디 추켜올리는 인사를 던져주었다. 즉 내가 참으로 흥을 돋워주는 사람이며 말재간이 뛰어난 사람이라고 칭찬하는 것이었다.

내가 재미있는 말재간꾼이라고? 도대체 내가 무슨 말을 했다는 건가? 그저 펭귄 새의 구조 정도 알고 있는 것 외에는 식물학에 관하여 아는 것이라곤 전혀 없는데. 화제를 바꾸지 않고서는 말하고 싶어도 한 마디도 할 수 없었던 내가 아닌가.

그러나 나는 이러한 결과로 이끌게 할 수가 있었다. 즉 조심스럽게 귀를 기울이고 있었기 때문이다. 나는 진심으로 흥미를 가졌기 때문에 귀를 기울이고 있었고, 그는 또한 이 사실을 인식하였다. 이런 것들이 자연히 그를 기쁘게 만든 것이다.

위에서 말한 것과 같은, 상대방의 말에 귀를 기울여준다는 것은 누구에게나 표할 수 있는 최고의 경의인 것이다.

잭 우드포드는 《사랑의 이방인》이라는 책에서 말하기를,

『주의를 빼앗아가는 함축성 있는 아첨에 견디어내는 사람은 드물다.』라고 했는데, 나는 그의 주의를 빼앗는 데 그치지 않고, 내 마음으로부터 시인하고 또한 칭찬하는 데 있어 조금도 인색하지 않았던 것이다.

나는 그 식물학자에게 무한한 즐거움과 많은 가르침을 받았다고 말했는데, 이것은 사실이었고, 또한 그에게 내가 그와 같은 지

식을 갖기를 바란다고 말했는데, 이것 역시 사실이다.

나는 그와 함께 들판을 쏘다니기를 원한다고 했는데, 사실 그러기를 원했고, 그를 다시 한 번 만나야 되겠다고 말했는데, 사실 만나야 되겠다. 이와 같이 내가 좋은 경청자가 되어 주고, 그에게 얘기할 의욕을 북돋워주었을 뿐인데도 그로 하여금 내가 훌륭한 화술가인 것으로 생각하게 했던 것이다.

성공적인 사업상 면담의 비결은 무엇일까? 전 하버드대학 총장 찰스 W. 엘리엇은 이렇게 말한다.

『성공적인 사업교섭에는 별다른 비결이 없다……당신에게 이야기하고 있는 사람에게 전적인 주의를 기울이는 것이 가장 중요하다. 이것보다 더 효과적인 아첨은 없다.』

엘리엇은 남의 얘기를 듣는 데 명수였다. 미국 최초의 위대한 작가 중 한 사람인 헨리 제임스는 이렇게 회고했다.

『엘리엇 박사의 경청하는 모습은 단순한 침묵이 아니라 일종의 활동이었습니다. 허리를 곧바르게 펴고 꼿꼿이 앉아 양손을 무릎 위에 포개고 깍지 낀 엄지손가락을 천천히 또는 빠르게 서로의 주위를 회전시키는 이외에는 아무런 동작도 하지 않은 채 상대방의 얼굴을 마주보고 앉아 귀뿐 아니라 마치 눈으로도 얘기를 듣는 것처럼 보였습니다. 그분은 마음으로 상대방의 얘기를 들었으며, 상대가 말하고 싶은 것을 충분히 말할 수 있도록 세심한 주의를 기울였습니다……면담이 끝날 즈음이면 상대는 하고 싶은 말을 모두 했다고 느끼게 됩니다.』

　참으로 지당한 말이다. 그것을 깨닫기 위해서 몇 해씩이나 하버드 대학에서 공부할 필요는 없는 것이다. 비싼 돈을 들여 점포를 빌리고, 이리저리 흥정하여 물건을 들여놓고, 눈을 끌기 위해서 진열장을 꾸며 놓고 수천 달러를 들여 광고를 하면서도 점원은 손님의 얘기에 귀를 기울일 줄 모르는 센스 없는 사람을 고용하는 상인들이 허다하다. 손님의 이야기를 도중에서 가로챈다거나 손님의 비위를 거스른다거나 하는 등 도리어 손님을 쫓아내는 점원을 태연하게 고용하고 있다.

　시카고에 있는 한 백화점은 매년 그곳에서 수천 달러의 상품을 사주는 한 단골 고객을 하마터면 잃을 뻔했다. 이유인즉, 한 점원이 그 고객의 얘기를 전혀 들어주려고 하지 않았기 때문이다. 시카고에서 우리 코스에 참가했던 헨리에타 더글러스 부인은 특별 할인판매 기간에 코트를 한 벌 샀다. 이튿날 그녀는 백화점에 다시 가서 점원에게 코트의 교환을 요구했다. 점원은 더글러스 부인의 불평조차 듣기를 거절했다. 『부인은 이 코트를 특별 할인판매 기간에 사셨잖아요.』하고 여점원이 말했다. 그리고는 한쪽 벽에 붙어 있는 안내문을 가리켰다. 『저걸 읽어 보세요!』하고 점원은 큰 소리로 말했다. 〈할인매출 기간 중 반품은 안됩니다〉『한번 산 물건은 그대로 쓰셔야 합니다. 라이닝은 손님이 스스로 꿰매 입으세요.』

『하지만 이것은 불량품이잖아요.』하고 더글러스 부인이 주장했다.

『어쩔 수가 없어요. 반품은 절대 안 됩니다.』

더글라스 부인은 다시는 이 백화점을 이용하지 않겠다고 맹세하면서 분을 억누르며 그 곳을 나가려는데, 그때 마침 부인은 오랜 단골거래로 그녀를 알고 있는 백화점 여지배인의 인사를 받게되었다. 더글러스 부인은 자초지종을 그 여지배인에게 얘기했다. 여지배인은 더글러스 부인의 얘기를 차분히 경청하고 나서는 코트를 살펴본 다음 이렇게 말했다.

『특별 할인판매는 계절이 지난 상품을 싼 값에 처분하기 위한 행사이므로 반품이 되지 않습니다. 그러나 그 반품 불가원칙도 하자가 있는 상품에는 적용하지 않습니다. 그러므로 라이닝은 우리가 수리해 드리거나, 아니면 교환을 해드리겠습니다. 또한 부인이 원하신다면 현금으로 돌려드리겠습니다.』

사람을 대하는 태도에 있어서 이 얼마나 큰 차이인가! 만일 지배인이 그곳을 지나치지 않아 자초지종을 듣지 못했다면 백화점은 오랜 단골고객을 영원히 잃고 말았을 것이다.

남의 얘기를 듣는다는 것은 비즈니스의 세계에서와 마찬가지로 가정생활에서도 중요하다. 뉴욕의 크로톤온허드슨에 사는 밀리 에스포시토 부인은 자녀가 그녀에게 얘기하고 싶어 할 때 그것을 차분히 들어주는 것을 자신의 비즈니스로 생각하고 있다.

어느 날 저녁, 에스포시토 부인은 아들 로버트와 함께 부엌에 앉아 있었다. 로버트는 자기가 생각하고 있는 것을 간단히 그녀와 의논하고 난 뒤 부인에게 말했다.

『엄마, 난 엄마가 나를 무척 사랑하고 있다는 것을 알고 있어요.』

에스포시토 부인은 감동해서 말했다. 『물론 엄마는 너를 무척 사랑하고 있단다. 너는 그것을 의심했었니?』

『아뇨, 나는 엄마가 나를 사랑하고 있다는 것을 언제나 느끼고 있었어요. 왜냐하면 내가 엄마에게 얘기를 하려고 하면 엄마는 모든 일을 젖혀놓고 내 말을 들어주기 때문이에요.』

상습적인 불평분자, 심지어는 가장 과격한 비평가일지라도 때로는 인내심 깊은 동정적인 태도를 지닌 경청자 앞에서는 유순해지는 법이다. 귀를 기울이고만 있는 그러한 인자한 경청자 앞에서는 아무리 성난 코브라같이 몸을 곤추세운 트집쟁이라도 때로는 부드러워지기도 하고 노여움을 억제하기도 하는 법이다.

그 한 예로서, 뉴욕 전화회사에는 교환수를 잘 울리는 한 골치 아픈 말썽꾸러기 가입자가 있었다. 그는 교환수에게 욕지거리를 퍼붓고, 악을 쓰며 전화선을 송두리째 뽑아버리겠다고 위협까지 했다. 그는 전화요금이 부당하게 나왔으니 지불하지 못하겠다고 하고는 여러 신문지상에 투서를 하는가 하면, 공공사업 위원회에 청원을 제출하고, 또한 전화회사를 상대로 몇 건의 소송을 제기했다.

마침내 전화회사는 이 극성스런 귀신과 면담키 위하여 분쟁 조정 솜씨가 가장 뛰어난 사람을 파견했다. 이 조정가는 그저 귀를 기울이고만 있으면서 늙은 트집쟁이가 실컷 장광설을 늘어놓도록 내버려두었다. 이 전화회사 사원은 『네, 네.』 대답만 하고 그의 불만에 동조를 표하면서 그저 듣고만 있었다.

『그는 악을 바락바락 쓰고 있는데, 나는 근 세 시간 동안이나 가만히 듣고만 있었습니다.』

그 조정가는 필자의 한 강좌에서 그때의 경험을 이렇게 말했다.

『그리고는 그 후 몇 번을 이렇게 계속했습니다. 나는 그와 전부 네 번을 면담했는데, 네 번째의 방문을 할 때는 나는 이미 그가 창설하고 있던 어떤 조직의 회원이 되어 있었습니다. 그는 이 조직을 〈전화 가입자 보호협회〉라고 부르고 있었지요. 나는 현재도 이 조직의 회원입니다만, 내가 알기에는 이 지구상에서 회원이라고는 그 사람을 빼놓고는 나 하나뿐일 것입니다.

나는 그의 이야기를 들으며 면접하는 동안 그가 말하는 모든 점에 대하여 동정적인 태도를 보여주었습니다. 그는 전화회사 사람이 그에게 이런 태도로 말하는 것을 일찍이 들어본 적이 없었기 때문에 나중에는 거의 친근한 태도를 보이기 시작했습니다.

내가 그를 만나러 간 용건에 대해서는 첫 번째 방문 때도, 두 번째, 세 번째 방문 때에도 말하지 않고, 이 사건을 완전히 종결시킨 네 번째 방문에서 그의 미 지불액 전액을 지불케 하였을 뿐 아니라, 전화회사와의 분규사건 사상 처음으로 공공사업 위원회에 대한 그의 청원을 취하했던 것입니다.』

그 사람은 필경 잔인한 착취로부터 대중의 권리를 방어하는 성스러운 구세군의 한 사람으로 자처하고 있었던 것이다. 그러나 그가 실상 바라는 것은 자기 중요성의 확인이었던 것이다. 그는 반발하고 불평함으로써 우선 자기 중요성을 확인할 수 있었던 것인데, 전화회사 직원으로부터 이 자기 중요성에 대한 확인을 받게 되자, 그가 가공으로 만들어 놓은 불만이 허공으로 사라져 버리고 만 것이다.

데트머 모직회사라고 하면 오늘날 세계 유수의 모직물 회사 가운데 하나인데, 이 회사의 초창기 어느 날 아침, 한 성난 고객이 이 회사의 설립자인 줄리안 F. 데트머 씨의 사무실로 뛰어 들어왔다.

『이 사람은 우리 회사에 약간의 빚을 진 사람입니다.』 데트머 씨는 나에게 이렇게 설명해 주었다. 『그 고객은 이 사실을 부인했지만, 우리 모두는 그 사람이 착각하고 있다는 것을 알고 있었습니다. 그래서 우리 회사의 신용판매부에서는 그에게 지불을 요청했지요. 여러 차례 독촉장을 받은 그는 화가 머리끝까지 치밀어 여행용 백을 꾸려 가지고 시카고에 있는 우리 사무실로 달려와서는 지불은커녕 앞으로는 데트머 모직물 회사로부터는 한 푼어치의 물건도 사가지 않겠다고 말했습니다.

나는 그가 하고자 하는 말을 참을성 있게 듣고만 있었습니다. 말을 가로막고 싶은 충동을 받으면서도 그것은 현명한 대응이 되지 못함을 알고 있었기 때문에, 그가 하고 싶은 말을 다 마칠 때까지 내버려두었던 것입니다. 그의 흥분이 가라앉고 이제는 이쪽 말도 들어줄 분위기가 되지 않았을까 했을 때 나는 조용히 말했습니다.

「선생께서 이 말씀을 하시기 위하여 시카고까지 먼 길을 오신 데 대하여 감사하게 생각합니다. 선생의 입장에서는 폐가 적지 않을 것으로 생각합니다. 만일 우리 회사의 신용판매부가 선생을 노하게 하였다면 다른 고객들도 역시 노하게 하였을 것이니, 그렇다면 참으로 큰일입니다. 당신이 오시지 않더라도 내 편에서 오히려 찾아뵈어야 할 문제입니다.」

그는 내 입에서 이런 말이 나오리라고는 전혀 기대하지 않고 있었던 것입니다. 그는 다소 맥이 빠진 것 같았습니다. 그도 그럴 것이, 그가 시카고까지 온 것은 나에게 따지러 온 것인데, 도리어 감사의 뜻을 표했기 때문입니다.

다시 나는 이렇게 말했습니다. 「우리 직원들은 수천 명의 고객을 상대하지만, 반면 선생처럼 꼼꼼하신 분이, 게다가 우리의 청구서만 보시면 되기 때문에 아무래도 잘못은 이쪽에 있는 듯합니다. 따라서 우리 장부에서 깨끗이 지워버리겠습니다.」

156

나는 그의 심정을 충분히 이해할 수 있으며, 내가 그의 입장이라도 역시 똑같이 행동했을 거라고 말해 주었습니다. 또한 그가 그 이후로는 우리에게서 아무것도 사지 않기로 작정했기 때문에 다른 모직물상을 추천해 주었습니다.

과거에는 그가 시카고에 올 때면 같이 점심식사를 하곤 하는 관계가 있었으므로 이 날도 점심을 같이 하기를 청했습니다. 그는 어색해 하면서도 이를 수락하였습니다.

우리가 사무실로 다시 돌아왔을 때는 그로서는 일찍이 없었던 많은 양의 물건을 주문했습니다. 그는 누그러진 마음을 가지고 우리가 다시 지난날과 같은 친분으로 지내기를 바라면서 집으로 돌아간 뒤, 청구서 철을 뒤적거리다가 잘못 둔 그 청구서 한 장을 찾아내고는 사과의 편지와 함께 그 돈을 송부하여 주었습니다.

그 후 그의 아들이 태어났을 때, 그는 아들의 미들 네임을 데트머라고 지었습니다. 그 후 25년간 그가 세상을 떠날 때까지 친구이자 고객으로 가깝게 지냈습니다.』

여러 해 전의 일이다. 네덜란드에서 이민 온 한 가난한 소년이 방과 후 주당 50센트 벌이로 빵가게 유리창을 닦고 있었다. 그의 가족은 너무나 빈곤하였기 때문에 매일 망태기를 들고 거리에 나와서 석탄 운반차가 도중에 흘리고 간 탄 부스러기를 주워 모으곤 했다.

에드워드 보크라는 이 소년도 평생 동안 6년밖에는 학교를 다녀 보지 못했지만, 미국 언론사상 가장 성공적인 편집자의 자리를 차지한 사람이다. 그의 성공 비결은 요컨대 이 장에서 주장하고 있는 원칙을 활용하면서 출발했던 것이다.

그는 13세에 학교를 그만둔 뒤, 웨스턴 유니언 회사에 사환으로 들어갔다. 그러나 잠시도 공부하겠다는 생각을 저버리지 않고 계속 독학을 했다. 그는 교통비를 절약하고 점심을 굶기까지 해가며 전기전집(傳記全集)을 구입했다. 그리고는 그 누구도 생각지 못한 일을 시작했다. 그는 성공한 사람들의 생활기록을 읽고서는 편지를 써서 그들의 어린 시절에 관한 상세한 이야기를 전해주기를 부탁했다.

그는 또한 좋은 경청자였다. 그는 저명인사들에게 그들 자신에 관하여 좀 더 많은 이야기를 해줄 것을 간청했다. 그는 당시 대통령에 입후보 중이던 제임스 A. 가필드 씨에게 편지를 써서, 그가 젊었을 때는 어느 해협에서 예인선을 끄는 인부로 일했다는 것이 사실인지를 물었다.

가필드 씨에게서 회답이 왔다. 또 그는 그랜트 장군에게 편지를 써서 어느 전쟁에 관하여 질문하자, 장군은 지도를 그려 설명한 편지를 보내고는 이 14세 소년을 저녁식사에 초대해서 이야기해 주느라고 온 저녁 시간을 그와 함께 보냈다.

그는 또한 에머슨에게도 편지를 보내 자신의 얘기를 들려 달라고 청했다. 이 웨스턴 유니언의 사환은 얼마 안 가서 전국의 여러 저명인사와 교신을 갖게 되었다. 즉 랠프 에머슨, 올리버 웬델 홈즈, 롱펠로우, 에이브러햄 링컨 부인, 루이자 메이 올코트, 셔먼 장군, 제퍼슨 데이비스 같은 사람들이 그 가운데 포함되어 있었다.

그는 이들 저명인사와의 교신뿐만 아니라, 휴가를 받자마자 그들 집에 반가운 손님으로서 초대되었다. 이러한 경험은 그로 하여금 그야말로 값비싼 자신감에 부풀게 하였다. 이들 저명한 남녀들은 그의 생애에 꿈과 야심을 불어넣어 주었다. 그리고 그러한 모든 것은 거듭 말하지만, 이 모든 것이 우리가 이 자리에서 논의하고 있는 원칙을 적용시킴으로써 가능했던 것이다.

아마도 저명인사들의 인터뷰에 세계적인 챔피언이라 할 수 있는 아이작 F. 마코슨은, 많은 사람들이 남의 말을 경청하는 미덕을 다하지 않는 탓으로 좋은 인상을 주는 데 실패하고 있다고 단언했다.

『사람들은 남의 얘기에 진정으로 귀를 기울이기보다는 상대의 말에 어떻게 대꾸할 것인가 하는 데만 정신이 팔려 있다. 아주 중요한 지위에 있는 사람들은 말을 잘하는 사람보다는 남의 얘기를 잘 들어주는 사람을 더욱 높이 평가하며, 남의 얘기를 잘 듣는 능력은 다른 어떤 능력보다 바람직한 것이다.』

좋은 경청자를 바라는 것은 비단 저명인들뿐만 아니고 보통사람들 역시 마찬가지다. 언젠가 《리더스 다이제스트》지에 이런 얘기가 실려 있었다.

『세상에는 자기의 이야기를 들어주기를 바라는 나머지 의사를 부르는 사람이 많이 있다.』

남북전쟁이 한창일 무렵, 링컨은 일리노이 주 스프링필드에 있는 한 친구에게 편지를 보내서 워싱턴으로 와달라고 요청했다. 링컨은 몇 가지 문젯거리가 생겼는데 그와 의논하고 싶다는 것이 그 내용이었다.

그 옛 친구는 곧 백악관을 방문했는데, 링컨은 몇 시간 동안이나 노예해방 선언을 발표하는 데 따르는 방책에 관한 문제를 그에게 이야기했다. 링컨은 그 방침에 대한 찬성과 반대의 논의가 일고 있다는 것을 이야기하고, 다음으로는 노예해방을 망설이는 그를 비난하는 의견과, 겁이 나서 노예를 해방하려 한다고 비난하는 각종의 서한과 신문기사를 읽어주었다.

몇 시간을 이렇게 얘기한 뒤, 링컨은 그 늙은 친구와 작별인사를 하고는 그의 의견조차 물어보지도 않고 일리노이 주로 돌려보냈다. 링컨은 이렇게 혼자서 자기 할 말만 열심히 말했는데, 그렇게 함으로써 그의 마음은 후련해진 것 같았다.

『그는 이야기를 마친 뒤 퍽 마음이 편해진 듯이 보였습니다.』

뒷날 그 늙은 친구는 이렇게 말했다. 링컨은 충고를 바랬던 것이 아니다. 그는 그의 짐을 넘겨줄 만한 친근하고 동정적인 경청자가 필요했던 것이다. 이것은 곤란에 봉착했을 때는 누구나 그럴 수 있는 것이다.

흔히 노한 고객, 불만스러운 고용인, 또는 마음을 상한 친구, 모두 자신의 말에 귀를 기울여주는 사람을 바라고 있다.

현대에 있어서 가장 뛰어난 경청자의 한 사람은 지그문트 프로이트이다. 프로이트를 만나 본 어떤 사람은 그의 경청 태도를 이렇게 묘사했다.

『그것은 너무나 인상적이어서 나는 결코 프로이트를 잊지 못할 것입니다. 프로이트는 다른 어떤 사람에게서도 찾아볼 수 없는 특성을 지니고 있었습니다. 나는 그런 집중된 주의력을 본 적이 없습니다. 그렇다고 해서 다른 사람의 마음을 꿰뚫어보는 듯한 〈영혼을 꿰뚫는 응시〉 같은 것은 아니었습니다. 프로이트의 눈은 온화하고 다정스러웠습니다. 목소리는 낮고 부드러웠습니다. 몸짓은 거의 없었습니다. 그러나 그가 나에게 보내는 주의력, 나의 말에 대한 그의 찬사는 대단한 것이었습니다. 그토록 진지하게 경청당하는 것이 어떤 것인지 여러분은 가히 짐작하기 힘들 것입니다.』

만일 당신이 남에게 미움 받고 손가락질 당하며 비웃음을 사고 경멸당하고 싶거든 여기에 그 비결이 있다.

『다른 사람의 말은 절대로 오랫동안 경청하지 말 것.』

『시종 자기 말만 지껄일 것.』

『상대가 얘기하고 있는 동안 의견이 떠오르면 바로 말을 가로챌 것.』

상대는 당신과 같이 예민하지 못하다. 그런 부질없는 잔소리를 경청하느라 시간을 낭비할 필요가 없다.

당신은 이런 부류의 사람을 본 적이 있을 것이다. 나 역시 불행히도 이런 사람들을 알고 있다. 더욱 놀라운 것은 그들 중의 몇 사람의 이름이 사회 명사록에 들어 있다는 사실이다.

이러한 인간은 모두 흥미가 없어 싫증을 내지 않을 수 없는 상대다. 자아에 도취하고 자기만이 위대하다고 생각하고 있는 무리다. 자기 자신에 관해서만 이야기하는 사람은 자기만을 생각하는 사람이다.

컬럼비아 대학 총장인 니콜라스 머레이 버틀러 박사는 이렇게 말했다.

『자기만을 생각하는 사람은 구제될 수 없는 무교육자다. 비록 얼마간의 교육을 받는다 하더라도 교양이 몸에 배어들지 않는 사람이다.』

당신이 만일 훌륭한 달변가가 되기를 열망한다면 열중하는 경청자가 돼라.

자신에게 흥미를 갖게 하기 위해서는 남에게 흥미를 가져 주어야 한다. 상대방이 대답하기를 즐거워하는 것을 질문하라. 상대방에게 자신의 일이나 자랑거리를 이야기할 의욕을 돋워 주어라.

당신이 이야기하고 있는 상대는 자기 자신과, 자신의 소원과, 문젯거리에 대하여 당신과 당신의 문젯거리에 대해서보다 더 많은 관심을 가지고 있다는 사실을 상기하라. 자신의 치통(齒痛)은 수백만 명을 굶어죽게 만드는 중국의 대 기근보다도 더 큰 의미를 갖는 것이다. 목에 생긴 종기는 아프리카의 지진보다도 그에게는 더 큰 관심의 대상인 것이다. 항상 내 이야기 차례는 다음이라는 것을 생각하라.

【원칙 4. 좋은 경청자가 돼라. 상대로 하여금 그들 자신의 얘기를 할 수 있도록 격려해 주어라.】

— ·· — ·· — ·· — 5 — ·· — ·· — ·· —

어떻게 상대의 관심을 불러일으킬 것인가?

시어도어 루즈벨트를 방문해 본 사람은 누구나 그의 박학(博學) 함에 경탄을 금치 못한다. 루즈벨트는 상대방이 카우보이건, 의용 기병대원이건, 혹은 정치가, 외교관, 기타 어느 누구건 그 사람에게 적합한 화제를 풍부히 지니고 있었다.

그는 어떻게 그렇게 풍부한 지식을 갖출 수 있었는가—그것은 지극히 간단하다. 루즈벨트는 누구든지 찾아올 방문객이 있으면, 그 사람이 특히 좋아할 만한 문제에 관하여 그 전날 밤에 늦도록 책을 찾아보고 연구를 하는 것이었다.

루즈벨트도 다른 지도자들과 마찬가지로 사람의 마음을 휘어잡는 첩경은 상대방의 관심사를 화제로 삼는 것이라는 점을 알고 있었던 것이다.

수필가이며 예일 대학의 문학부 교수인 윌리엄 라이언 펠프스는 이미 나이 어려서부터 그것을 알고 있었다.

그는 〈인간성에 관하여〉라는 제목의 수필 속에서 이렇게 말하고 있다.

『내가 여덟 살 때, 어느 주말에 숙모님 댁에 다니러 간 적이 있었다. 저녁 때 어느 중년의 남자 손님이 찾아와서 숙모와 한참 동안 다정하게 이야기를 하다가, 이윽고 나를 상대로 열심히 얘기를 꺼내기 시작했다.

그 무렵, 나는 보트에 정신이 팔려 있었는데, 그 사람의 이야기가 아주 마음에 꼭 들었다. 그 사람이 돌아간 뒤에 나는 입에 침이 마르도록 그 사람을 칭찬했다.

「참 훌륭한 분이에요! 보트에 그렇게 취미가 깊은 분도 드물어요!」

그러자 숙모는 그 손님은 뉴욕의 변호사로서 보트에 대해서 별로 잘 알지도 못하고 보트 이야기를 좋아할 턱도 없다고 말씀하시는 것이었다.

「그럼 왜 보트 이야기만 하셨을까요?」

「그것은 그분이 신사이기 때문이지. 네가 보트에 마음이 혹한 것을 눈치 채고 네가 좋아할 듯한 얘기를 일부러 해주신 것이지. 기분 좋게 너의 말벗이 되어주려고 하셨을 뿐이야.」』

펠프스 교수는 숙모님의 그 말을 절대로 잊지 못한다고 그 저서에서 말하고 있다.

현재 보이스카우트 운동에서 맹활약을 하고 있는 에드워드 L. 찰리프로부터 온 편지를 하나 소개해 보기로 한다.

『어느 날, 나는 남의 호의에 기대하지 않고는 도저히 해결할 도리가 없는 문제에 봉착하고 있었습니다. 유럽에서 개최되는 스카우트 대회가 임박했던 것입니다. 나는 그 대회에 대표 소년 한 사람을 참석시켜야 했는데, 그 비용을 어느 큰 회사의 사장으로부터 기부 받고자 생각하고 있었습니다.

그 사장을 만나러 가기 직전에 나는 아주 그럴 듯한 이야기를 들었던 것입니다. 그 사장이 백만 달러짜리 수표를 끊고는 그것이 결제된 후 기념으로 그 수표를 액자에 넣어 걸어놓고 있다는 것이었습니다.

사장실에 들어가자, 먼저 나는 그 수표를 보여달라고 청했습니다. 백만 달러짜리 수표! 그렇게 거액의 수표를 내 눈으로 직접 목격한 이야기를 스카우트의 소년들에게 들려주고 싶다고 나는 말을 꺼냈습니다. 사장은 기꺼이 그 수표를 보여주었습니다. 나는 감탄하여 마지않으면서 그 수표를 끊게 된 경위를 자세히 좀 들려주었으면 좋겠노라고 부탁을 드렸던 것입니다.』

독자들도 이렇게 말하면 이미 느낀 바가 있겠지만, 찰리프 씨는 이야기의 서두에 보이스카우트이니 유럽 대회니, 혹은 그 자신의 희망에 대해서 아무 말도 하지 않았다. 오히려 상대방이 관심을 가지고 있는 것에 관해서만 이야기하고 있는 것이다. 그 결과는 다음과 같았다.

『이렇게 이야기를 해 나가다가 사장이 문득 「그런데 당신의 용건은 무엇이지요?」라고 나한테 묻는 것이었습니다. 여기에서 나는 비로소 내 용건을 끄집어냈습니다.

　놀랍게도 그 사장은 나의 간청을 두말없이 들어주었을 뿐만 아니라, 이쪽이 예기치 않았던 데까지 힘을 빌려줄 것을 제의하였습니다. 나는 소년 대표 한 명만 유럽에 보내주기를 청했을 뿐인데, 사장은 5명의 소년과 나까지 보내주겠다는 것이었습니다. 천 달러 액면의 신용장을 내주면서 7주간이나 체류하고 오라는 말이었습니다.

　그는 또 유럽의 지점장에게 소개장을 써주고 우리 대표단 일행의 편의를 잘 보아주도록 부탁까지 해주었습니다. 그리고 사장 자신은 우리들과 파리에서 만나 파리 안내까지 주선해 주는 후원자가 되었던 것입니다. 그 이후로 사장은 집안이 어려운 일부 소년 단원의 뒤를 보살펴 주었고, 현재까지도 우리 소년단의 활동을 지원해 주고 있습니다.

　그런데 만일 내가 그의 관심의 소재가 어디에 있는지를 잘 파악하지 못하고 처음에 그의 흥미를 환기시키지 않았던들 그처럼 쉽사리 그와 접근하고 도움을 받을 수는 없었을 것입니다.」

　이 방법이 과연 비즈니스 면에도 실제로 응용이 되는지 여부의 한 예로서, 뉴욕 일류 제빵회사인 듀버노이 상회의 헨리 G. 듀버노이 씨의 경우를 들어 보기로 한다.

　듀버노이 씨는 이전부터 뉴욕 어느 호텔에 자기 회사의 빵을 납품시켜 보려고 애쓰고 있었다. 그래서 4년 동안이나 그 지배인을 찾아다니며 졸라 보았다. 지배인이 출석하는 회합에도 동석해 보았다. 그 호텔에 손님으로 유숙해 보기까지도 했으나 모두 허사였다.

듀버노이 씨는 그 때의 노력을 이렇게 이야기하고 있다.

『마침내 나는 궁여지책으로 인간관계의 연구에 착수했습니다. 그리고 전술을 다시 세웠습니다. 그가 무엇에 관심을 가지고 있는지, 즉 어떤 일에 몰두하고 있는지를 조사하기 시작했습니다. 그 결과 그가 아메리카 호텔협회의 회원임을 알아냈습니다. 그것도 단순한 평회원이 아니라, 그의 열성과 활동력 때문에 그 협회의 회장이자 동시에 국제 호텔협회의 회장까지 겸임하고 있었던 것입니다. 협회의 대회가 세계 어디에서 개최되건 간에 반드시 참석하는 열성파였습니다.

그래서 나는 다음날 그와 만나 호텔협회 이야기를 끄집어냈습니다. 그 반응은 과연 놀라운 것이었습니다. 그는 눈에 열기마저 띠면서 한 30분 동안이나 협회 이야기를 늘어놓는 것이었습니다. 협회를 육성시키는 것이 그에게는 더할 나위 없는 기쁨이며, 정열의 원천인 것으로 느껴졌습니다. 그의 사무실을 나서기 전에 그는 나를 회원으로 가입하도록 만들었습니다.

그가 이야기하고 있는 동안, 나는 빵 이야기는 조금도 비치지 않았습니다. 그러나 며칠 뒤에 호텔의 구매계로부터 전화가 걸려

168

와 나에게 빵의 견본과 가격표를 지참하고 한번 들러보라는 연락
이 왔습니다.

호텔에 들어서자 사무장이 「당신이 무슨 수단을 부렸는지는 모
르지만, 지배인이 당신에게 굉장한 호감을 가지고 계신 것 같더군
요.」 하고 귀띔을 해주는 것이었습니다.

한번 생각해 보십시오. 그 사람과 거래를 트기 위하여 4년 동안
이나 꽁무니를 아무 소득 없이 쫓아다녔던 것입니다. 만약 그 사
나이가 무엇에 관심을 가지고 있는지, 어떠한 화제를 좋아할 것인
지를 찾아내는 수고를 하지 않았더라면 나는 아직도 그 사람과 거
래를 트고자 헛되이 그를 졸라대고 있었을 것입니다.」

메릴랜드 주 해거스타운에 사는 에드워드 해리만은 군 복무를
마친 뒤 메릴랜드의 아름다운 컴벌랜드 계곡에서 살기로 마음먹
었다. 그러나 안타깝게도 당시 그 지역에서는 일자리를 구할 수가
없었다.

여기저기 수소문해 본 결과, 그 지역 대부분의 기업체들은 자
수성가한 갑부인 R. J. 펑크하우저라는 괴팍한 실업가의 소유이거
나, 그의 영향 하에 있다는 정보를 입수했다. 그 사실이 해리만 씨
의 용기를 북돋아 주었다. 그러나 그 실업가는 직업을 구하려는
사람들이 자기에게 접근하는 것을 꺼려한다는 소문이었다. 해리
만 씨는 이렇게 쓰고 있다.

「나는 많은 사람들을 만나 본 결과 그의 최대의 관심사가 권력

과 부의 추구에 있다는 것을 알아냈습니다. 또 그는 나와 같은 사람들로부터 자신을 보호하기 위해 완고한 비서를 채용하고 있었습니다. 그래서 나는 그녀의 관심과 목적을 연구한 다음, 예고도 없이 그녀의 사무실로 찾아갔습니다.

여비서는 자그마치 15년 동안이나 펑크하우저 씨의 비서로 일하고 있었습니다. 내가 펑크하우저 씨에게 경제적, 정치적 성공을 가져다줄 수 있는 제안을 갖고 있다고 말했을 때, 여비서는 커다란 관심을 보였습니다. 나는 또 그의 성공에 기여한 그녀의 공로에 관해서 여비서와 많은 얘기를 나누었습니다. 이러한 대화가 오고간 후에 여비서는 마침내 펑크하우저 씨를 만나게 해주었습니다.

나는 그에게 취직자리를 달라는 부탁은 하지 않겠다고 마음속으로 다짐하고 그의 크고 으리으리한 사무실로 들어갔습니다. 펑크하우저 씨는 커다란 책상 앞에 앉아 있다가 내게 큰 소리로 말했습니다.

「무슨 일로 왔나, 젊은이?」

「펑크하우저 씨, 저는 당신을 위해 큰돈을 벌어들일 수가 있습니다.」

그러자 펑크하우저 씨는 자리에서 벌떡 일어나더니, 나에게 커다란 의자 하나를 가리키며 앉도록 손짓을 했습니다. 나는 몇 가지 아이디어를 열거하고, 그러한 아이디어를 사업적으로 실천하는 데 필요한 내가 가진 자질과, 그러한 것들이 그의 개인적인 명예와 사업의 성공에 얼마만큼 기여하게 되는지를 설명했습니다.

펑크하우저 씨는 그 자리에서 나를 채용했고, 그 후 20년 동안 나는 그의 기업에서 성공을 거두었으며, 우리 두 사람 모두 번영을 누렸습니다.』

상대의 관심사를 화재로 삼는 것은 양쪽 모두에게 이익을 가져다준다. 구직정보 분야의 개척자 하워드 Z. 허지그 씨는 항상 이러한 원칙을 따르고 있다. 그것에서 어떤 이익을 얻느냐고 물었을 때, 하워드 씨는 각기 다른 사람들로부터 각기 다른 관심사에 대해서 알게 될 뿐만 아니라, 그것은 일반적으로 그의 삶을 다채롭게 해주는 데 도움이 된다고 말했다.

【원칙 5. 상대방의 관심사를 화제로 삼아라.】

6

사람들로 하여금 당신을 좋아하게 만드는 방법

뉴욕 8번가와 33번가 사이에 있는 우체국에서 나는 등기우편을 부치려고 줄을 서서 차례를 기다리고 있었다. 등기우편 담당 직원은 어제도 오늘도 우편물의 무게를 재고, 우표와 거스름돈을 내주고, 영수증을 발행해 주고 하는 똑같이 되풀이되는 일에 아주 진력이 나는 모양이었다. 여기에서 나는 잠시 생각을 해보았다.

『한번 이 직원이 나를 좋아하도록 만들어 보자. 그렇게 하려면 내 일이 아니라 그의 일에 관하여 무엇인가 호의에 찬 이야기를 해주어야겠는데, 그에 대해서 내가 정말 칭찬할 만한 것은 무엇인가?』

이것은 매우 곤란한 문제이며 특히 상대방이 초면인 경우에는 더욱 용이하지가 않다. 그런데 이번에는 우연히 손쉽게 일이 해결되었다. 그의 신변에서 실로 훌륭한 것을 나는 곧 발견할 수 있었던 것이다.

그가 내 봉투의 중량을 재고 있을 때, 나는 진심으로 이렇게 말했다.

『당신의 그 아름다운 머리카락, 참 부럽습니다!』

약간 놀라움이 섞인 표정으로 나를 쳐다본 그의 얼굴에는 미소가 번지고 있었다.

『뭘요, 요즘은 아주 볼품이 없어졌는걸요.』

그는 겸손하게 대꾸하는 것이었다. 그전에는 어떠했는지 알 길이 없으나, 하여튼 아름다운 머리카락이라고 나는 마음속으로 감탄하여 마지않았다. 이런 나의 눈치를 알아차린 그의 기쁨 또한 큰 모양이었다. 우리들은 다시 몇 마디 유쾌한 말을 주고받았는데, 마지막에 그는 『사실인즉, 여러 사람이 그렇게 칭찬해 주십니다.』라고 실토를 하고야 말았다.

그날 그는 즐거운 기분으로 점심식사를 나갔을 것임에 틀림없다. 집에 돌아가서는 아내에게도 이야기했을 것임에 틀림없다. 거울을 혼자 들여다보면서 『과연 근사하군!』하고 중얼거렸을 것이다.

이 이야기를 나는 어느 공개석상에서 내놓은 적이 있다. 그러자 내 이야기를 듣고 나서 어떤 사람이 그러한 칭찬의 결과로 내가 무엇을 기대했는지를 캐묻는 것이었다.

내가 무엇을 기대하고 있었느냐고? 이 얼마나 쑥스러운 질문인가?

타인을 기쁘게 한다든지 칭찬한다든지 하는 보수로서 그 무엇인가를 받아야만 속이 시원해 하는 따위의 소견이 좁은 사람들은 결국 실패하고 말 것이다.

아니, 실은 나도 역시 대가를 바라고 있었다. 그에게 기분 좋은 말을 해주고, 그러면서도 그에게 아무런 부담도 지우지 않았다는 후련한 기분—바로 이것이다. 이러한 기분은 언제까지나 즐거운 추억으로 남게 되는 것이다.

인간의 행위에 관하여 중요한 법칙이 하나 있다. 이 법칙에 따르면 대개의 분쟁은 피할 수가 있다. 이것을 지키기만 한다면 친구는 자꾸 많아질 것이며, 행복은 스스로 찾아오기 마련이다. 그러나 이 법칙을 깨뜨리면 곧 끝없는 분쟁 속으로 말려 들어가고 말 것이다. 이 법칙이란 늘 상대방에게 중요감을 갖도록 하는 것이다.

이미 설명한 대로, 존 듀이(John Dewey, 철학자) 교수는 중요한 인물이 되고 싶다는 욕망은 인간의 가장 뿌리 깊은 욕구라고 말하고 있다. 또 윌리엄 제임스(William James, 철학자) 교수는 『인간성의 바탕을 이루고 있는 것은 남의 인정을 받고자 하는 욕구이다』라고 단언했다.

이 욕망이 인간과 동물을 구별하는 것이다. 인류의 문명도 이러한 인간의 욕망에 의하여 발전되어 나왔다고 말해도 과언은 아니다.

인간관계의 법칙에 관하여 철학자는 수천 년에 걸쳐 사색을 기

174

울여 왔다. 그리고 이 사색 가운데서 단 한 가지 중요한 교훈이 우러나왔다. 그것은 결코 새로운 교훈이 아니다. 그것은 인간의 역사만큼이나 오래된 것이었다.

2천 5백여 년 전의 페르시아에서는 조로아스터가 그 교훈을 배화교도에게 전해 주었다.

2천 4백여 년 전의 중국에서는 공자가 그것을 설파했다. 노자(老子)도 그것을 제자들에게 가르쳤다.

예수보다 5백 년이나 먼저 석가는 갠지스 강 기슭에서 이를 설파했다. 이보다도 천 년 전에 힌두교의 성전에도 이것이 설명되어 있다.

예수는 천 9백여 년 전에 유대의 바위산에서 이 교훈을 가르쳤다. 예수는 이를 다음과 같은 말로 설교했다. 이 세상에서 가장 중요한 법칙이라고도 말할 수 있을 것이다.

『남이 나에게 해주기를 원하는 것처럼 너희가 먼저 남에게 행하라.』

인간은 누구나 주위 사람들로부터 인정받기를 원하고 있다. 자기의 진가를 인정받고 싶은 것이다. 작으나마 자신의 세계에서는 자기가 중요한 존재라고 느끼고 싶어 하는 것이다.

속이 훤히 들여다보이는 거짓 칭찬은 듣고 싶지 않지만, 진정한 칭찬에는 굶주리고 있는 것이다. 자기 주위 사람들로부터 찰스 슈와브의 말대로 「마음속으로부터의 인정과 아낌없는 칭찬」을 받고 싶은 것이 누구나의 공통된 마음이다.

그러므로 앞에 말한 황금률(黃金律)에 좇아서 남이 나에게 해 주기를 바라는 것을 내가 남에게 해주면 되지 않겠는가?

그러면 그것을 어떻게, 언제, 어디에서 할 것인가?—언제든지, 어디에서나 해볼 일이다.

위스콘신 주 오클레어에 사는 데이비드 G. 스미스는 자신에게 자선 음악회장 내의 간이식당 운영 책임이 맡겨졌을 때, 한 가지 미묘한 상황을 어떻게 해결했는지에 대해서 우리 강좌에서 보고 를 했다.

『그 날 저녁, 음악회가 열리는 공원에 도착하자, 판매대 옆에 두 사람의 나이 든 부인이 서 있었는데, 왠지 기분이 언짢은 것 같았습니다. 분명히 두 사람은 그곳의 책임을 자기들에게 맡겨줄 것으로 생각하고 있었던 것 같았습니다. 나 또한 그곳에 서서 어 떻게 해야 할지 망설이는데, 주최 측 요원 한 사람이 나타나서 나 에게 금고를 건네주면서 우리 사업에 동참해 주어 고맙다고 말했 습니다. 그리고 나서 그녀는 나이 든 두 부인 로즈와 제인을 나의 조수라고 소개한 뒤 바삐 사라져 버렸습니다.

한 순간 무거운 침묵이 흘렀습니다. 금고가 (일종의) 권위의 상 징이라고 깨달은 나는, 돈 관리에는 서툴러서 혹 실수를 할지도 모르고, 로즈가 금고 관리를 더 잘할 수 있으리라고 말했습니다. 그리고 제인에게는 간이식당에 할당된 10대 소녀 두 명에게 소다

수 제조기의 작동법을 가르쳐 주도록 부탁했습니다. 그리고 그녀에게 그쪽을 전적으로 책임지도록 부탁했습니다.

그날 밤은 무척 즐거웠습니다. 로즈는 행복한 듯 신나게 돈 계산을 했고, 제인은 소녀들을 감독했으며, 나는 음악회를 즐겼습니다.』

이 칭찬의 철학은 외교관이나 자선단체의 회장이 되기 전에는 응용할 길이 없다고 하는 따위의 사치품이 아니다. 매일 응용함으로써 마술적인 효과를 거둘 수 있는 것이다.

예컨대 음식점에서 튀긴 감자를 주문했을 때 종업원이 잘못 으깬 감자를 가져왔을 때,

『수고스럽지만, 나는 튀긴 감자가 먹고 싶은데요.』하는 식으로 정중히 말하면 종업원은 아마 이렇게 대답할 것이다. 『수고라니요, 다시 갖다드리지요.』 그러면서 기꺼이 튀긴 감자로 바꾸어다 줄 것이다. 왜냐하면 종업원에게 경의를 표했기 때문이다.

『수고를 끼쳐 미안하지만』, 『폐가 되지 않는다면』, 『해 주시지 않겠습니까?』, 『감사합니다.』와 같은 하찮은 공손의 말씨는 단조로운 일상생활의 톱니바퀴에 치는 윤활유의 역할을 하며, 동시에 교양 수준을 증명해 주기도 한다.

또 다른 예를 들어 보자. 홀 케인은 《크리스찬》, 《재판관》, 《만 섬의 사람들》 등의 소설을 쓴 20세기 초기의 베스트셀러 작가로서 수백만 명이 그의 소설을 읽었다. 그는 본래 대장장이의

아들이었다. 학교는 8년 남짓밖에 다니지 않았으나, 마침내는 그 시대에 있어서의 가장 부유한 작가가 되었다.

홀 케인은 소네트나 발라드를 좋아해서 영국의 시인 단테 가브리엘 로제티(Dante Gabriel Rossetti)에 심취하고 있었다. 그 결과 그는 로제티의 예술적 공적을 찬양하는 논문을 쓰고 그 사본을 로제티에게 보냈다. 로제티는 기뻐했다.

『나의 능력을 이처럼 높이 평가해 주는 청년은 필경 훌륭한 인물임에 틀림이 없다.』

로제티는 아마 이렇게 생각했을 것이다.

이 대장간 집 아들을 런던으로 불러올려 자기 비서로 삼았다. 이것이 홀 케인(Hall Caine, 소설가)의 생애에 전환기가 되었던 것이다. 이 새로운 일자리에서 그는 당시의 유명한 문학가들과 친하게 사귈 수가 있었고, 그 조언이나 격려에 힘입어 홀 케인은 새로운 인생을 개척하여 후일 문명(文名)을 세계에 떨칠 수 있게 되었던 것이다.

만 섬(島)에 있는 그의 저택 그리바 캐슬은 세계 도처에서 밀려오는 관광객의 메카가 되었다. 그가 남긴 유산은 수백만 달러에 달한다고 말하고 있는데, 만약 그가 유명한 시인에 대한 찬미의 논문을 쓰지 않았던들 그는 가난한 무명인사로 일생을 마쳤을는지도 모른다.

마음으로부터의 아낌없는 칭찬은 이와 같이 무궁무진한 위력을 지닌다.

　로제티는 자신을 중요한 존재라고 생각하고 있었다. 당연한 일이다. 인간은 거의 예외 없이 누구나가 다 그렇게 생각하고 있는 것이다.

　대다수인의 인생은 누군가가 그를 중요한 존재라고 느끼게만 해주면 달라질 수가 있다. 캘리포니아에서 우리의 코스를 맡고 있는 미술공예 교사 로널드 롤랜드는 그의 공예학급 초급반의 크리스라는 학생에 관해서 우리에게 편지를 보내 왔다.

　크리스는 아주 조용하고 소심한 소년으로서, 매사에 자신감이 결여되어 있어 종종 교사의 관심 밖으로 벗어나는 그런 종류의 학생이었습니다. 나는 고급반에서도 가르치고 있었는데, 그곳은 초급반에서 재능을 인정받은 우수한 학생들이 배우는 곳이었습니다.

　수요일, 크리스는 부지런히 자기 책상 앞에서 작업을 하고 있었습니다. 나는 크리스의 내부 깊은 곳에서는 불길이 타고 있다는 것을 진정으로 느낄 수 있었습니다. 나는 크리스에게 고급반에 올라가서 배우면 어떻겠느냐고 물었습니다. 나는 그 순간 크리스의 얼굴에 나타난 표정을 어떻게 표현해야 할지 모르겠습니다. 14살 수줍은 소년의 얼굴에 떠올린 그 감정을 말입니다. 크리스는 눈물을 억지로 참느라고 안간힘을 쓰고 있었습니다.

　『저 말이에요, 롤랜드 선생님? 제가 할 수 있을까요?』

『그렇고말고 크리스야, 넌 재능이 있어.』

나는 그 말밖에는 할 수가 없었습니다. 내 눈에도 눈물이 고여 왔기 때문입니다. 그 날 크리스가 교실을 걸어 나갈 때는 키가 2인치는 더 커 보였습니다. 크리스는 나를 반짝이는 푸른 눈으로 바라다보았습니다. 그리고는 단호한 목소리로 말했습니다. 『고맙습니다, 롤랜드 선생님!』

크리스는 내게 결코 잊지 못할 하나의 교훈을 가르쳐 주었습니다. ─자신의 중요감을 갈구하는 우리들의 강한 욕구 말입니다. 이러한 교훈을 잊지 않도록 하기 위해서 나는 〈여러분은 중요한 존재다〉라고 쓴 표어를 만들었습니다. 이 표어를 모두가 잘 볼 수 있도록 교실 앞쪽에 붙여 놓았습니다. 그것을 볼 때마다 나의 학생 하나하나가 모두 똑같이 중요한 존재라는 것을 다시 한 번 일깨우곤 합니다.

사람은 누구나 다 타인보다 어느 점에서는 우수하다고 생각하고 있다. 따라서 상대방의 마음을 내 손에 꼭 휘어잡으려면, 상대방이 그 나름의 세계에서 중요한 인물임을 솔직하게 인정해 주고 그 점을 상대방에게 깨닫게 하는 일이다.

에머슨의 말을 기억해 주기 바란다.

『어떤 사람이든 나보다 어떤 점에서는 뛰어나고 또 배울 점이 있다.』

　그런데 참 딱한 것은 남에게 자랑할 만한 아무런 장점도 없으면서 그로부터 오는 열등감을 터무니없는 자만이나 자기선전으로 얼버무려 버리려고 하는 사람들의 모습이다.

　셰익스피어는 이러한 모습을 『……오만한 인간들 / 하잘것없는 권위를 내세워 / 천사까지도 울릴 거짓말을 / 태연히 하기 일쑤인 자들』이라고 표현하고 있다.

　내가 지금 이야기하고자 하는 것은 우리 코스에 참가한 실업계 인사들이 이러한 원리를 이용해서 어떤 결과를 얻었는가 하는 점이다. 먼저 코넥티커트의 변호사(본인은 친척들에 대한 입장이 난처해서 이름 밝히기를 거부하여 그저 R씨라고만 해두겠다)의 경우를 소개하겠다.

　나의 코스에 참석한 지 얼마 되지 않아 R씨는 아내와 더불어 롱아일랜드에 있는 그녀의 친척집에 다니러 갔다. 연로하신 숙모님 댁에 도착하자, 아내는 R씨를 숙모와 함께 지내도록 남겨놓고 자기는 다른 친척들을 만나보기 위해서 나가버렸다. R씨는 칭찬의 원칙을 실험한 결과를 강좌에 나가 보고하도록 되어 있었으므로 먼저 이 연로한 처숙모에게 시험해 보기로 하였다. 그래서 그는 진심으로 칭찬해 줄 만한 일을 집안을 두루 살피면서 찾아내려고 애썼다.

　『이 집은 1890년경에 지은 집이겠지요?』하고 그가 묻자, 숙모는 바로 그렇다고 대답했다.

『제가 태어난 집도 이와 꼭 같은 집이었습니다. 참 훌륭한 건물이군요. 여러 모로 썩 훌륭합니다. 널찍하고, 요즈음은 이런 집을 좀처럼 구경하기 힘들더군요.』

이 말을 듣자, 숙모는 과연 그렇다는 듯이 내 말에 맞장구를 쳤다.

『정말 그래. 요즘 젊은 사람들은 주택의 미관 같은 데는 전혀 무관심한 것 같더군. 좁디좁은 아파트에 늘 자동차를 타고 놀러 다니기를 좋아하지.』

좋았던 옛날을 회상하는 듯이 그녀는 목소리에 감정을 담으면서 말했다.

『이 집이 나에게는 꿈에 그리던 집이라오. 이 집에는 깊은 애정이 깃들어 있지. 이 집이 다 지어졌을 때 남편과 나의 오랜 꿈이 실현되었다고나 할까? 설계도 건축가의 손을 빌지 않고 직접 우리 손으로 했다네.』

그러고 나서 그녀는 R씨를 안내하여 집안을 두루 구경시켜 주었다. 그녀가 여행의 기념으로 수집하여 소중히 간직하고 있는 아름다운 귀중품과 각지의 토산물, 스코틀랜드의 페이즐리 산 숄, 고풍의 영국 찻잔, 웨지우드의 도자기, 프랑스제의 침대와 의자, 이탈리아의 회화, 프랑스 귀족의 저택에 걸려 있었다고 하는 비단 장식 등에 대해 진심으로 찬탄을 아끼지 않았다.

집안 구경이 끝나자, 숙모는 R씨를 차고로 데리고 갔다. 거기에는 신품이나 다름없는 패커드 차가 한 대 작키로 들어 올려진 채 있었다. 그 자동차를 가리키며 숙모는 말하는 것이었다.

『남편이 세상을 떠나기 직전에 이 차를 샀는데, 나는 아직 이 차를 한 번도 타보지 못했다오. 자넨 물건의 가치를 알아볼 줄 아는 사람이라고 생각되니 이 차를 선물하고 싶어.』

『숙모님, 그것은 곤란합니다. 물론 후의는 대단히 감사합니다만, 이 차를 받을 수는 없습니다. 저는 처숙모님과 무슨 핏줄이 닿는 것도 아니고, 자동차는 저도 산 지 얼마 안 된 새 차가 있습니다. 이 패커드를 가지고 싶어 할 가까운 친척도 여러 분이 계실 텐데요.』

R씨가 간곡히 사양하자, 숙모는 펄쩍 뛰는 것이었다.

『가까운 친척이라고? 물론 있지. 이 차가 탐이 나서 내가 어서 죽기를 기다릴 일가붙이들 말이야. 그러나 그런 녀석들에게 이 차를 넘겨줄 수는 없어.』

『그렇다면 중고 자동차 거래상에 팔아 버리시면 되지 않겠습니까?』

『팔라고? 나는 이 차를 절대 팔 수 없어. 어디 사는지, 이름도 모르는 사람한테 이 차를 팔아서 제멋대로 타고 다니는 꼴을 나는 볼 수가 없어. 이 차는 남편이 나를 위해 사준 찬데, 그것을 팔다니 생각조차 할 수 없어. 그저 자네한테 선물하고 싶군. 자넨 물건의 진가를 알아줄 만한 사람이니까.』

R씨는 어떻게든지 그녀의 기분을 상하지 않고 거절하려고 애썼지만, 도저히 어쩔 수가 없었다.

넓은 방안에서 그저 홀로 추억을 더듬어 독수공방하며 살아온 이 노부인은 자그마한 칭찬의 말에도 굶주려 왔던 것이다. 그녀는 한때는 젊고 아름답고 남자들이 귀찮게 쫓아다니던 때도 있었다. 사랑의 보금자리를 짓고 유럽 각지에서 사 모은 골동품으로 방을 꾸미던 시절도 있었다.

그러나 지금은 늙고 고독한 과부의 몸, 누가 사소한 칭찬이나 위로의 말을 해주기만 하면 그것이 큰 감동을 주는 것이다. 그런데 아무도 그것을 제공해 주려고 하지 않는 것이다. 따라서 그녀는 R씨의 이해 있는 태도에 접하자 사막에서 오아시스를 만난 기분이었나 보다. 그래서 패커드를 선물하지 않고는 못 배기겠다는 것이었다.

다음은 도날드 M. 맥마흔의 이야기다. 뉴욕에 있는 루이스 앤드 발렌타인 조경회사의 지배인 맥마흔 씨의 경우는 이렇다.

『카네기 코스에서 〈어떻게 친구를 만들고 상대를 설득할 것인가(How to Win Friends and Influence People)〉에 대한 얘기를 들은 지 얼마 안 되어 나는 어느 유명한 법률가의 저택에서 정원 공사를 맡아 일하게 되었다. 그러자 그 집 주인이 정원에 내려와 나에게 석류나무와 진달래꽃 심을 자리를 지시해 주었다. 나는 그를 보고,

「선생님, 참 마음이 흐뭇하시겠어요. 저렇게 좋은 반려견을 여러 마리 기르고 계시니 말이에요. 메디슨 스퀘어 가든의 반려견 경진대회에서 댁의 개들이 많은 상을 받았다면서요?」하고 말을 걸었다.

그는 이러한 찬사에 대해서 놀라울 만한 반향을 보여주었다. 주인은 신이 나는 듯이,

「그거야 뭐 말할 것 있소, 그 녀석들이 늘 대견하오. 어디 한번 개 우리 구경을 좀 시켜 드릴까?」하고 말하는 것이었다.

한 시간쯤이나 그는 그의 자랑거리인 반려견이며 상패를 차례차례 나에게 보여주면서 그 개들의 족보까지 끄집어내었다. 반려견의 우열을 좌우하는 혈통에 관해서 열심히 설명해 주는 것이었다. 마지막으로 그는,

「당신 집에 아들이 있소?」하고 물어보기에, 나는 그렇다고 대답했다. 그러자,

「그 아이가 강아지를 좋아하오?」하고 또 물어보았다.

「네, 그럼요, 참 좋아하지요.」하고 나는 대답했다.

「좋소, 강아지 한 마리를 내 그 아이에게 선물하기로 하지.」하는 것이었다.

그는 강아지 키우는 방법을 설명하기 시작하다가 문득 고개를 갸웃거리더니,

「말로만 일러주면 잊어버리기 쉬우니까, 내가 종이에 써주도록

하겠소」 하고는 집안으로 들어갔다. 그리고 혈통서와 개 사육법을 타이핑한 것과 함께, 돈을 주고 사려면 수백 달러는 됨직한 강아지를 나에게 주었다. 그뿐만 아니라, 그의 귀중한 시간을 한 시간 반이나 할애해 준 것이다. 이것이 모두 그의 취미와 그 성과에 대하여 내가 표명한 솔직한 찬사의 부산물이었던 것이다.』

코닥 필름으로 유명한 조지 이스트만(George Eastman)은 이른바 활동사진 제작에 없어서는 안 될 투명필름을 발명하여 거대한 부를 이룩한 세계 유수의 대 실업가다. 그만한 큰 사업을 해낸 사람인 그도 우리들 보통사람과 마찬가지로 자그마한 찬사에 대하여 대단히 민감한 반응을 보여주었다. 그 사람의 일화를 하나 소개해 보기로 한다.

퍽 오래 전의 이야기지만, 이스트만은 로체스터에 이스트만 음악학교와 그의 어머니를 기념하는 킬본 홀 극장을 건설 중이었다. 뉴욕의 고급 의자 제작회사의 제임스 애덤슨 사장은 이 두 건물에 시설할 좌석의 주문을 받으려고 생각하고 있었다. 그래서 애덤슨은 건축가에게 연락을 취하여 이스트만과 로체스터에서 만나기로 되어 있었다.

애덤슨이 약속한 장소에 이르자, 그 건축가가 그에게 주의를 주는 것이었다.

『당신은 주문을 꼭 받고 싶겠지요. 만약 당신이 이스트만의 시간을 5분 이상 잡아먹게 되면 성공할 가망은 거의 없어요. 이스트만은 굉장히 성질이 까다로운 분인 데다 아주 바쁘기 때문에 빨리 이야기를 끝내버리는 것이 좋을 거요.』

애덤슨은 들은 대로 할 작정이었다. 방으로 안내되어 들어가자, 이스트만은 책상 앞에 앉아 산적한 서류를 들여다보고 있었다. 이스트만이 고개를 들고 안경을 벗고 나서는 건축가와 애덤슨 쪽으로 걸어와 말을 걸었다.

『어서 오십시오. 그런데 두 분이 찾아오신 용건은?』

건축가의 소개로 인사를 마치고 애덤슨은 이스트만에게 말을 꺼냈다.

『진작부터 저는 이 방의 훌륭한 시설과 장식에 감탄하고 있었습니다. 이처럼 훌륭한 방에서 일을 하면 참 기분도 좋고 능률도 나시겠습니다. 저는 실내장식이 전문이지만, 이렇게 훌륭한 방은 본 적이 없습니다.』

이스트만이 말을 받았다.

『글쎄, 그렇게 말을 하시니, 이 방을 완성했을 당시의 일이 생각납니다. 그저 쓸 만한 방이지요. 완성되고 나서는 참 기분이 좋았었는데, 요즘은 일이 바빠서 몇 주간이나 이 방이 좋은 것도 잊고 지날 적이 많답니다.』

애덤슨은 판자벽을 손으로 매만지면서 말을 했다.

『이것은 영국산 참나무군요. 이탈리아산 참나무와는 결이 좀 다르지요.』

그러자 이스트만이 대답했다.

『그래요, 영국으로부터 수입한 것입니다. 목재에 대하여 잘 알고 있는 친구가 특별히 나를 위해서 골라 준 것이지요.』

그리고 이스트만은 방의 균형, 색채, 조각된 장식품 및 그 밖에 그 자신이 고안해 낸 것을 이것저것 애덤슨에게 보여주고 설명해 주었다.

두 사람은 공들여 꾸며진 실내의 구조를 두루 살피고 나서 창문 있는 데 와서 걸음을 멈추었다.

이스트만이 사회사업으로 자기가 건립한 제반 시설에 대하여 부드러운 어조로 천천히 이야기를 꺼냈다. 애덤슨은 이스트만에게 로체스터 대학, 종합병원, 사랑의 집, 아동 구호병원 등의 이름을 듣고서는, 이처럼 그가 인류의 고통을 덜어주고자 그의 재산을 제공하는 이상주의적인 사업과 공헌에 대하여 마음속으로부터 경의를 표하였다.

이윽고 이스트만은 유리로 된 케이스를 열고 그가 최초로 손에 넣었다는 사진기를 꺼냈다. 어느 영국인으로부터 사들인 발명품이었다.

애덤슨은 이스트만이 장사를 처음 시작했을 무렵의 고생스러웠던 일들에 관하여 질문하였다. 그러자 이스트만은 가난했던 소년시절을 회고하며, 홀어머니가 싸구려 하숙집을 경영하는 한편, 자기는 하루 50센트를 받고 어느 보험회사에 근무하고 있었던 이야기를 실감 있게 들려주었다.

빈곤의 공포에 밤낮 시달려 온 그는 어떻게 해서든지 가난을 타파하고 어머니를 하숙집 여주인의 중노동으로부터 해방시켜 드리려고 결심했노라고 말했다.

애덤슨은 질문을 계속하고 사진 건판(乾板)의 실험을 하던 무렵의 이야기에 귀를 기울였다. 사무실에서 하루 종일 일했다는 것, 약품이 화학작용 하는 얼마 안 되는 시간을 이용하여 수면을 취하면서 밤새워 실험을 했었다는 일이며, 때로는 72시간 동안 잠자거나 일하거나 옷을 입은 채로 지냈다는 것 등 이스트만의 이야기는 끝이 없었다.

제임스 애덤슨이 처음 이스트만의 방에 들어간 것은 10시 15분이었다. 그리고 5분 이상 시간을 빼앗으면 안 된다는 경고도 미리 들은 바도 있었다. 그러나 이미 한 시간이 지나갔고 두 시간이 경과했는데, 아직도 이야기가 끝날 줄을 몰랐다. 마지막으로 이스트만이 애덤슨을 보고 이렇게 말했다.

『얼마 전 일본에 갔을 때, 의자를 하나 사가지고 와서 집 현관에 놓았지요. 그런데 햇볕을 쬐어 칠이 바래서 얼마 전 페인트를 사다가 내가 다시 칠을 했습니다. 어떻소, 나의 페인트 칠 솜씨를 한번 보아주지 않으려우?—그러면 내 집으로 놀러 가시지요. 점심 식사나 같이 한 다음에 보여드리리다.』

점심을 같이한 후 이스트만은 애덤슨에게 의자를 보여주었다.

한 개에 1달러 50센트도 될까 말까 한 싸구려 의자여서 억만장자에게는 어울리지 않는 물건이었는데, 자기 손으로 페인트칠을 했다는 것이 큰 자랑인 모양이었다.

9만 달러어치나 되는 좌석의 주문은 과연 누구의 손에 맡겨졌을까?—그것은 말할 필요도 없다. 그 때 이후로 이스트만과 애덤슨은 평생의 친구가 되었다.

프랑스 루앙의 한 레스토랑 주인 클로드 마레는 이 원리를 이용해서 자기 레스토랑의 유능한 여 지배인을 잃지 않게 되었다. 이 여성은 5년 동안 그곳에서 일해 오면서, 마레 씨와 21명의 종업원 사이의 불가분의 연결고리 역할을 하고 있었다. 마레 씨는 그녀의 사표를 등기우편으로 받고 충격을 받았다.

마레 씨는 이렇게 보고하고 있다. 『나는 매우 놀라운 한편 큰 실망을 느꼈습니다. 왜냐하면 나는 그녀에게 섭섭하게 대해 준 일도 없었고, 그녀의 요구사항은 거의 대부분 들어주어 왔기 때문입니다. 그녀는 나의 종업원이자 친구이기도 했으므로 나는 스스럼없이 여기고 다른 종업원보다 더 많은 것을 요구했었는지도 모릅니다.

나는 물론 납득할 만한 사유가 없이는 그녀의 사표를 받아들일 수가 없었습니다. 나는 그녀를 불러 말했습니다. 「폴레트, 내가 당신의 사표를 받을 수 없다는 것은 당신도 이해하고 있을 거요. 당신은 나와 이 회사에 없어서는 안 될 중요한 사람이오. 당신은 이 레스토랑의 성공에 불가결의 존재란 말이오.」 나는 이 말을 종업원 모두가 모여 있는 자리에서 되풀이해서 얘기하고, 그녀를 집으로 초대해 가족이 함께 참석한 자리에서 나의 그녀에 대한 신뢰감을 밝혔습니다.

마침내 폴레트는 사표를 철회했습니다. 그리고 지금 나는 그 어느 때보다도 그녀에게 전적인 신뢰를 보내고 있습니다. 나는 기회 있을 때마다 그녀의 업무처리 능력에 대해 칭찬을 아끼지 않으며, 그녀가 레스토랑을 위해 얼마나 중요한 존재인지를 일깨워줍니다.』

『사람들에게 그들 자신에 관한 얘기를 하라. 상대방은 몇 시간이라도 귀를 기울이고 싫증을 내지 않을 것이다.』

이것은 유명한 영국의 대정치가 디즈레일리의 말이다.

【원칙 6. 상대방에게 중요감을 느끼도록 해주어라. 그리고 성실하게 그것을 행하라.】

—— · — · — · — PART 2 요 약 - · — · — · — ·

사람들이 당신을 좋아하게 만드는 여섯 가지 방법

원칙 1. 상대방에게 진심에서 우러나는 관심을 가져라.

원칙 2. 미소를 지어라.

원칙 3. 이름은 그 당사자에게는 어떤 언어보다 가장 감미롭고
가장 중요한 소리라는 것을 명심하라.

원칙 4. 좋은 경청자가 돼라. 상대로 하여금 그들 자신의 얘기를
할 수 있도록 격려해 주어라.

원칙 5. 상대방의 관심사를 화제로 삼아라.

원칙 6. 상대방에게 중요감을 느끼도록 해주어라. 그리고 성실
하게 그것을 행하라.

PART 3.

어떻게 상대를 자기

생각에 따르도록 할 것인가

—··—··—··— 1 —··—··—··—

논쟁으로는 설득할 수 없다

제1차 세계대전이 끝난 지 얼마 안 된 어느 날 밤, 나는 런던에서 참으로 귀중한 교훈 한 가지를 배웠다.

나는 당시 로스 스미스 경의 매니저로 있었다. 전쟁 당시 로스 경은 팔레스타인에서 큰 전공을 세운 오스트레일리아의 비행사였고, 전쟁이 끝난 지 얼마 안 되어서 그는 지구 반 바퀴를 30일 만에 비행하여 전 세계를 놀라게 했다.

일찍이 이러한 비행을 시도한 사람은 없었던 것이다. 이 사건은 센세이션을 불러 일으켰다. 오스트레일리아 정부는 그에게 50만 달러의 상금을 주었고, 영국 여왕이 그에게 작위를 수여하는 등 한 동안 대영제국에서 화제의 중심인물이 되었다.

나는 어느 날 저녁, 로스 경을 위한 만찬회에 초대되었다. 식사가 한창인 때 바로 내 옆에 앉은 사람이 이런 말을 인용하면서 재미있는 이야기를 들려주었다.

『인간이 대충 일을 하더라도 하나님이 마무리를 해주신다.』

그 사람은 이 말을 성경에서 인용한 것이라고 했다. 그것은 그가 잘못 알고 있었다. 나는 그 출처를 잘 알고 있었다. 그래서 나는 자신의 중요감과 우월감을 만족시키기 위해 잘못을 지적했다. 그는 그의 주장을 고집했다.

『뭐라고요? 셰익스피어에서 인용한 것이라고요? 그럴 리 없지. 천만의 말씀이오. 성경에서 인용한 것입니다.』그는 그렇게만 믿고 있었다.

그는 바로 내 오른편에 앉아 있었고, 나의 오랜 친구인 프랭크 가몬드 씨는 내 왼편에 앉아 있었다. 가몬드 씨는 오랜 동안을 셰익스피어 연구를 한 사람이었다. 그래서 가몬드 씨의 의견을 듣기로 했다. 가만히 듣고 있던 가몬드 씨는 식탁 밑으로 나를 툭 치면서 이렇게 말했다.

『이 친구, 자네가 틀렸네. 이 분 말씀이 옳아. 성경에 있는 말씀이야.』

그날 밤 집으로 돌아오는 길에 나는 가몬드 씨에게 물었다.

『프랭크, 그 말은 셰익스피어에서 인용한 것임을 자네도 잘 알고 있을 텐데?』

『암 알고말고. 햄릿 제5막 제2장이지. 그러나 여보게, 우리는 경사스러운 날에 손님으로 간 것일세. 무엇 때문에 남의 옳지 않다는 것은 증명하려고 애쓰나? 그 사람을 자네와 같이 만들려는 것인가? 왜 그 사람의 체면을 살려주지 않나? 그 사람은 자네의 의견을 물은 적도 없고, 또 그것을 바랬던 것도 아닐세. 그런데 무엇 때문에 그 사람과 언쟁을 해야 된단 말인가? 언제나 모가 나는 일은 피해야 하는 걸세.」

『어떠한 경우든 모가 나는 일은 피하는 게 좋다.』

이 말을 나에게 해준 사람은 이미 작고하고 없지만, 그가 나에게 가르쳐준 교훈은 아직도 살아 있다.

나는 원래 논쟁을 대단히 좋아하는 성품이어서 이 교훈은 나에게 참으로 요긴한 것이었다. 나는 어릴 때 형과 더불어 은하수에 관하여 지칠 때까지 언쟁한 적이 있다. 대학에 들어가서는 논리학과 변론을 공부했고, 토론대회에는 꼭 참가하곤 했다. 내가 미주리 주 사람의 이야기를 할 때는 나는 미주리 출신이 되어버렸다. 그렇게 나타내야 했기 때문이다.

그 후 나는 뉴욕에서 토론과 논법에 관하여 강의도 하고, 부끄러운 이야기지만, 이 과목에 관한 책도 저술하고 계획도 했다. 그 때부터 수천 가지 논쟁에 대하여 귀를 기울이기도 하고 비판도 해보고, 실제로 자신이 실행해 보기도 하고, 그 효과를 관찰하기도 하였다.

그 결과로서 나는 이 세상에서 가장 훌륭한 논쟁을 할 수 있는 단 한 가지의 방법이 있다는 결론에 도달했는데, 그 방법은 논쟁을 피하라는 것이다. 구렁이나 지진을 피하듯이 논쟁을 피하라는 것이다.

십중팔구 논쟁의 결말은 논쟁자로 하여금 그가 절대로 옳았다는 종래의 생각을 더 한층 굳게 하기 마련이다.

당신은 논쟁에서 이길 수가 없다. 당신이 졌을 경우에는 물론이고, 이겼다 해도 역시 진 것이나 마찬가지다. 왜냐고? 가령 상대를 철저하게 무너뜨리고는 그의 이론에 상처투성이를 만들어놓았다고 하자. 그 결과로 당신은 유쾌할 것이다. 그러나 그 사람은 무슨 꼴이 되겠는가? 당신은 그 사람에게 열등의식을 갖도록 만들고 그 사람의 자존심을 손상시키고 만 것이다. 그는 당신의 승리에 반발할 것이다. 또한,

자신의 의사에 반하여 억지설득 당했을 때, 그의 의견은 그대로 변치 않고 남아 있는 법이다.

수년 전 내 강좌에 패트릭 J. 오헤어라는 호전적인 성격의 소유자가 있었다. 그는 별반 교육을 받지 못했으나, 논쟁을 몹시 좋아했다. 그는 한때 운전기사를 한 적이 있었고, 트럭 판매 세일즈맨을 해보았으나 잘 되지 않자 나를 찾아왔던 것이다.

몇 마디 말을 건네보고는 나는 그가 팔아 보겠다는 고객과 항상 논쟁을 하거나, 그들을 분격케 만드는 특성을 가진 사람이라는 것을 곧 알아차릴 수가 있었다.

만일 거래 상대방이 그가 팔려는 트럭에 대해 흠을 잡기라도 하면 무섭게 흥분하는 것이었다. 패트릭은 여태껏 언쟁에서는 많

이 이겨 왔다. 그가 후일에 말한 바와 같이,

『나는 가끔 남의 사무실을 걸어 나오면서 「내 말을 알아들었겠지.」하였지요, 실상 그들이 알아듣도록 해놓기는 하였지만, 판 것은 아무것도 없었습니다.』

내가 제일 먼저 한 일은 패트릭에게 말하는 법을 가르쳐주는 것이 아니라, 그를 아무 말도 하지 않고 논쟁을 하지 않도록 훈련시키는 일이었다.

오헤어 씨는 현재 뉴욕에 있는 화이트 모터 회사의 으뜸가는 세일즈맨이 되었다. 어떻게 그렇게 되었을까? 그의 경험담을 들어보자.

『내가 지금 차를 팔러 가서 상대방으로부터, 「화이트 트럭? 그건 틀렸어. 거저 준다 해도 사절하겠어. 나 같으면 후제이트 트럭을 사겠어.」라는 말을 들었다고 하지요.

「지당한 말씀입니다. 후제이트 트럭은 훌륭합니다. 댁에서 후제이트를 사시면 틀림없습니다. 회사도 훌륭하고 판매원들도 모두 좋은 분들이거든요.」

이렇게 되면 그는 아무 말도 못하고 맙니다. 언쟁의 여지가 없어지게 마련이지요. 그가 후제이트가 최고라고 말하고, 내가 또한 그렇다고 맞장구를 쳤으니 상대에게 할 말이 없어진 거지요.

이쪽에서 동의하고 있는데, 또 다시 「후제이트가 제일이다, 제일이다!」하고 하루 종일 되풀이할 필요가 없어지는 것이니까요.

이번에는 화제를 바꾸어 화이트 트럭의 장점에 관하여 말하기 시작하는 것입니다.

전 같았으면 먼저 후제이트의 결점을 낱낱이 헐뜯기 시작했을 겁니다. 내가 헐뜯으면 헐뜯을수록 고객은 이것을 더 두둔하게 되기 마련입니다. 그리고 그가 언쟁에 열을 낼수록 그는 내 경쟁업자의 생산품에 더 열중하게 되어버립니다. 지금 그 때를 돌이켜보면 내가 과연 그렇게 해가지고 무엇을 팔 수 있었던가 하는 생각이 듭니다. 나는 말다툼과 논쟁으로써 내 생애의 여러 해를 허비하고 말았습니다. 이젠 입을 다물어야겠습니다. 그것이 오히려 득이 되지요.』

벤저민 프랭클린이 늘 말했듯이,

그대가 논쟁을 하고 반박을 하고 있는 동안 때로는 승리를 성취할 수도 있을 것이다. 하지만 그것은 공허한 승리에 지나지 않는다. 그것은 결코 상대방으로부터 호의를 얻지 못할 것이기 때문이다.

깊이 생각해 보라. 학술적이고 연극 비슷한 승리를 택할 것인가, 아니면 상대의 호의를 택할 것인가? 이 두 가지는 절대로 양립할 수 없다.

보스턴 《트랜스크립트》지에 어젠가 다음과 같은 장난기 어린 시가 실린 적이 있었는데, 속뜻이 꽤 의미심장하다.

한평생 올바르게 살다가 죽은
윌리엄 제이의 넋이 이곳에 누워 있노라.
죽을 때까지 자기의 올바름을 고집하던 그였는데
잘못이라도 있었는지 여기 죽어 있지 않은가.

당신이 언쟁에 열을 올리고 밀고 나갈 때는 진실로 올바를 수
도 있겠으나, 적어도 다른 사람의 마음을 전환시키는 데 있어서는
마치 부당한 이론을 주장하는 것이나 다름없이 무력할 것이다.

소득세 상담역으로 있는 프레데릭 S. 파슨즈는 정부 세무감사
관과 맞붙어 논쟁을 하고 있었다. 9천 달러나 되는 돈이 걸려 있
는 어느 항목에 관한 문제였다. 파슨즈는 이 9천 달러가 실제적으
로는 받을 수 없는 채권이며 따라서 이에 대한 과세는 있을 수 없
는 일이라고 주장했다.

『받을 수 없는 채권이라니! 어처구니없군!』 감사관이 되물었다.
『이것은 당연한 과세 대상이오!』라고 열을 올리며 말하는 것이
었다.

이 감사관은 냉정하고 거만하며 완고한 사람이었다. 파슨즈 씨
는 그 때의 일을 다음과 같이 말하고 있다.

『그에게는 이성적인 면이라고는 찾아볼 수가 없었으며, 틀림없
는 사실이나 이론조차도 수긍하려 들지 않았습니다. 논쟁을 하면
할수록 그는 더욱 고집을 부리는 것이었습니다. 그래서 나는 그와

의 논쟁을 중단하고 화제를 바꾸어 상대를 칭찬하기로 작정했습니다.

나는 이렇게 말했습니다.

「이 문제는 감사관께서 결정해야 될 중요하고 어려운 문제에 비하면 참으로 하찮은 것입니다. 나 자신도 장사하는 동안 세금 부과에 관한 것을 연구하여 왔으나, 나의 지식은 모두가 책에서 얻은 것에 지나지 않습니다. 당신의 지식은 체험으로부터 얻은 것입니다. 나는 가끔 당신처럼 실제 일을 해보았으면 하고 생각할 때가 있습니다. 그래야 비로소 참된 지식을 터득할 수 있기 때문입니다.」

그것은 나의 본심이기도 했습니다. 그러자 감사관은 의자에서 허리를 펴고 뒤로 벌떡 기대면서 그의 업무 내용에 관하여 장시간 이야기하더니, 그가 지능적 사기꾼을 적발한 공로담을 털어놓았습니다. 그의 말투는 점차로 친근해지더니, 나중에는 자녀들에 관한 이야기까지 하게 되었습니다. 그는 떠나면서 내 문제를 좀 더 자세히 재검토하고 수일 내로 그 결과를 알려주겠다고 말했습니다.

그는 사흘 후에 사무실로 찾아와서 세금을 부과하지 않기로 결정했다는 것을 알려주었습니다.」

이 세무 감사관은 인간에게서 가장 공통된 약점을 드러냈던 것이다. 그는 자기가 존중받는 사람이라는 느낌을 받고 싶어 했고,

그가 파슨즈 씨와 언쟁을 하는 동안 그의 권위를 큰 소리로 주장함으로써 이 존중받고 싶은 의욕을 충족시켰던 것이다. 그러나 그의 귀중한 가치가 인정되고 논쟁이 끝난 후 그의 자아(自我)를 확대시킬 수 있는 여지가 생기게 되자, 그는 동정적이고 친절한 인간으로 되돌아갔던 것이다.

석가모니는 이렇게 말했다.

『미움은 미움으로 대하면 영원히 사라지지 않는다. 미움은 사랑으로써 대할 때 비로소 소멸된다.』

그리고 오해는 논쟁으로써 해결되는 것이 아니고, 기지와 절충, 화해, 그리고 상대의 입장에서 동정적으로 생각하는 노력으로써만 비로소 해결될 수 있는 것이다.

한번은 링컨이, 동료들과 과격한 논쟁을 일삼고 있던 한 젊은 장교를 꾸짖은 적이 있다.

『자기 향상에 힘쓰는 사람은 사사로운 논쟁에 시간을 낭비하지 않는 법이다. 그러한 사람일수록 성격의 악화나 자제력의 감퇴라는 결과를 감수하려 들지 않는다. 이쪽에 반쯤의 타당성밖에 가지고 있지 않는 일에 대해서는 크게 양보하고, 자신만만한 일일지라도 조금은 양보하라. 시비를 가리느라 개에게 물리느니보다는 개에게 차라리 길을 양보하는 것이 현명하다. 개를 죽인들 물린 상처가 치유될 수 없는 것이다.』

《비츠 앤 피시스》지에 실린 기사에서, 의견이 서로 다르더라도 논쟁을 벌이지 않는 방법에 대해서 몇 가지 제안을 하고 있다.

의견의 불일치를 환영하라.

『두 사람의 의견이 늘 일치한다면 둘 중 하나는 불필요한 인물이다』라는 경구를 기억하라. 만일 한 번도 생각해 본 적이 없는 문제가 제기되면, 당신이 그 문제에 주의를 환기시키게 된 것을 감사하라. 아마도 이러한 의견의 불일치는, 당신이 결정적인 실수를 저지르기 전에 그것을 바로잡아 줄 수 있는 기회가 될 수도 있을 것이다.

맨 처음 떠오르는 본능적 느낌을 믿지 말라. 내키지 않는 상황 속에서 우리가 제일 먼저 취하는 자연적인 반응은 방어적인 태도이다. 이것을 조심하라. 침묵을 지키면서 당신의 첫 반응을 신중히 해야 한다. 그것은 당신을 최선이 아니라 최악으로 몰고 갈지도 모르기 때문이다.

당신의 기분을 컨트롤하라. 당신은 상대방이 무엇 때문에 화를 내는가 하는 것으로써 그 사람의 실체를 가늠할 수 있다는 사실을 기억하라.

먼저 귀를 기울여라. 상대가 얘기할 기회를 주라. 상대가 자기 얘기를 마무리할 수 있도록 하라. 도중에 말을 가로막거나 논쟁을 하지 말라. 그런 것은 앙금만 남길 뿐이다. 이

해의 다리를 놓도록 노력하라. 오해의 장벽을 쌓지 말라.

의견의 일치를 이루는 부분을 찾아라. 상대방이 자리를 뜨려는 기미가 보이면 먼저 상대방의 의견에 당신이 동의할 만한 부분에 대해서 곰곰이 생각해 보라.

솔직하라. 당신의 실수를 인정하고 시인할 수 있는 부분을 찾아라. 실수에 대해서 사과를 하라. 그럼으로써 상대를 진정시켜 방어를 누그러뜨리는 데 도움이 될 것이다.

상대의 의견에 대해 심사숙고할 것을 약속하라. 그리고 그것을 실천하라. 상대방이 옳을지도 모르는 것이다. 이 단계에서 성급하게 행동함으로써 상대가 당신에게 『얘기하려고 했지만, 당신은 들으려고 하지 않았잖소?』라는 말을 듣게 되는 상황에 처하느니, 차라리 상대의 생각을 고려해 보는 편이 훨씬 더 수월한 일이다.

상대가 관심을 가져주는 데 대해서 진심으로 감사하라. 시간을 끌면서 신중히 반대하는 사람이라면 당신의 의견에 관심을 갖고 있는 것이다. 그들은 진정으로 나를 도와주려는 사람들이라는 생각을 하면, 당신은 상대를 친구로 바꿀 수가 있다.

양쪽이 문제를 심사숙고할 수 있는 시간을 갖기 위해 행동을 뒤로 미뤄라. 그날 늦게, 아니면 그 이튿날이라도 다시 만나자는 제안을 하라. 그 때는 모든 사실을 재검토할 수가 있다. 다음 만남의 준비 과정으로서 자신에게 다음과 같은 몇 가지 힘든 질문을 해보라.

상대방이 과연 옳은가? 부분적으로라도 옳은가? 그들의 입장이나 주장에 진실이나 취할 점이 있는가? 나의 반응이 과연 문제 해결에 도움이 될까? 아니면 단지 좌절감 해소에 지나지 않을까? 나의 반응으로 인해서 상대방과 더 멀어질까, 아니면 더 가까워질까? 사람들이 나에 대한 평가를 어떻게 내릴까? 나는 과연 이길 수 있을까? 이긴다면 어떤 대가를 치르게 될까? 만약 내가 침묵하면 서로간의 의견 대립이 수그러들까? 이런 어려운 입장이 나에게 하나의 기회가 될 수 있을까?

오페라 테너 가수인 장 피어스 씨는, 거의 50년 동안의 결혼생활 끝에 이런 얘기를 한 적이 있다.

『아내와 나는 오래 전에 협정을 하나 맺었습니다. 그리고 서로에게 아무리 화가 나더라도 이 조약을 지켜 왔습니다. 한 사람이 소리를 지르면 다른 사람은 잠자코 있기로 했죠. 왜냐하면 두 사람 모두 고함을 지르게 되면 대화는 사라지고 단지 소란과 동요만

남게 되니까요.』

【원칙 1. 논쟁에 이기는 최선의 방법은 논쟁을 피하는 것이다.】

—— ·· —— ·· —— ·· —— 2 —— ·· —— ·· —— ·· ——

적을 만들거나, 적을 피하는 확실한 방법

시어도어 루즈벨트가 대통령 재임 시, 자기가 생각하고 있는 것의 75퍼센트가 옳다면 그 이상 바랄 것이 없노라고 고백한 적이 있다.

20세기 가장 뛰어난 인물 가운데 한 사람인 그가 그럴진대, 하물며 당신이나 나는 과연 어떤가?

당신이 생각하는 것의 55퍼센트만이라도 항상 옳다고 확신할 수 있다면 그대는 월 스트리트에 진출해서 매일 백만 달러를 벌어들일 수 있다. 그러나 55퍼센트의 자신도 없다면, 당신은 남의 잘못을 지적할 자격이 있을까?

남이 옳지 않다는 것은 눈의 표정으로나 말의 억양으로, 또는 몸짓을 가지고 표시할 수가 있다. 그러나 당신이 남이 옳지 않다고 맞대고 말한다 할지라도 그 사람이 당신 말에 동의하도록 만들 수는 절대로 없을 것이다. 그 사람의 지능, 판단, 긍지, 자부심에 대하여 충격을 줄 필요는 없는 것이다.

이런 경우 그 사람은 오히려 반격해 오려고 할 뿐이지, 결코 그의 마음을 바꾸려 들지는 않을 것이다. 이렇게 되면 당신은 플라톤이나 칸트의 논리를 들고 나와서 그를 공박하더라도 상대의 의견은 변하지 않는다. 상처를 입는 것은 논리가 아니고 감정이기 때문이다.

『그럼 그 이유를 설명해 주지』라는 말로 접어들어서는 절대로 안 된다. 이것은 『나는 당신보다 똑똑하다. 잘 타일러서 자네의 생각을 바꾸어 주지』라는 말과 다를 게 없기 때문이다.

그것은 반발심을 일으켜서 상대방으로 하여금 전투태세를 갖추게 하는 것이나 마찬가지다.

가장 부드러운 조건에서도 남의 마음을 바꾸도록 만들기는 어려운 일이다. 무엇 때문에 조건을 악화시키려 하는가? 왜 스스로를 불리하게 만드는가? 자기가 옳다고 생각하는 것을 상대에게 납득시키려고만 해서는 안 된다. 자기가 하고자 하는 것을 누구도 알아차리지 못하게끔 재치 있고 민첩하게 처신해야 한다. 알렉산더 교황은 이 사실을 간명하게 표현하고 있다.

사람을 가르칠 때는, 가르치지 않는 척 가르치고,
상대가 모르는 것은 그가 외고 있었던 것을 일깨워주듯 하라.

3백여 년 전 갈릴레이는 이렇게 말했다.

아무도 남을 가르칠 수는 없다.

단지 스스로 깨닫게 하도록 도와줄 수 있을 따름이다.

체스터필드 경은 그의 아들에게 이렇게 말했다.

될 수 있으면 남보다 현명해져라.

하지만 자기 현명을 남에게 말해서는 안 된다.

소크라테스는 아테네에서 제자들에게 이렇게 말했다.

내가 아는 오직 한 가지는, 나는 아무것도 모른다는 것이다.

나는 결코 소크라테스보다 더 현명하기를 바랄 수는 없기 때문에 남을 보고 옳지 않다고 말하지 않기로 작정하였고, 그것이 또한 보람을 가져다준다는 것을 알게 되었다.

어떤 사람이, 당신이 생각하는 것과, 심지어는 당신이 알고 있는 것마저도 옳지 않다고 말했을 때에는, 『그럴지도 모르죠. 사실은 나는 그와 같이 생각하고 있지 않았는데, 아마 나의 잘못인지 모르겠소. 나는 자주 잘못을 저지르니까요. 만일 내 생각이 옳지 못한 것이라면 시정해야 할 터이니, 한번 신중하게 검토해 보기로 합시다.』

이렇게 당신의 태도를 표시하는 것이 좋은 방법일 것이다.

『아마 나의 잘못인지 모르겠소. 나는 자주 잘못을 저지르니까요. 한번 신중하게 검토해 봅시다.』

이 말 속에는 대단한 마술이 들어 있다. 세상천지에서 당신의 말에 반대하고 나설 사람은 없을 것이다.

우리 강좌에 참여한 사람들 가운데 고객을 관리하는 데 이 방법을 시도했던 사람이 있었다. 몬태나의 빌링스에서 크라이슬러 자동차 영업담당을 맡고 있는 해롤드 라인케 씨가 그 사람이다.

그는 자동차 영업으로 받는 중압감 때문에 고객들의 불만사항 처리에 거칠고 냉담해질 때가 종종 있었다고 한다. 이로 말미암아 성미가 급해져서 고객을 잃는 일도 자주 있었다.

그는 강좌에서 이렇게 말했다.

『이런 것들이 나에게 아무런 도움이 되지 않는다는 점을 깨닫고 새로운 방법을 시도했습니다.』나는 이렇게 말하기로 했습니다. 『저희 대리점에서는 많은 실수를 하고 있습니다. 이 점 부끄럽게 생각합니다. 저희가 손님께 잘못을 저지른 것 같은데, 그걸 말씀해 주시겠습니까?』

고객에 대한 이런 식의 접근 방법은 고객의 기분을 꽤 진정시키고, 일단 감정이 가라앉으면 문제해결에 있어 보다 분별있게 처신하기 마련입니다. 실제로 몇몇 고객은 나에게 이해심을 가져주어서 고맙다는 인사를 한 적도 있습니다. 그들 가운데 두 사람은 자기 친구에게 새 차를 우리 대리점에서 구입하도록 권유하여 나에게 데리고 온 적도 있습니다. 경쟁이 매우 치열한 이 시장에서, 우리는 이런 고객을 더욱 많이 만들어야 합니다. 그래서 고객의

의견을 존중해 주고 그들을 교양 있고 정중하게 대하면 경쟁에서
이기는 데 도움이 된다고 나는 믿습니다.

당신이 자신의 옳지 않은 것을 시인만 한다면 절대로 남들과
말썽을 일으키지 않게 된다. 이렇게 함으로써 모든 논쟁을 막고
다른 사람을 당신과 마찬가지로 공정하고 개방적이며 또한 도량
있는 사람이 되도록 감화시킬 수가 있을 것이다. 이렇게 되면 그
사람 또한 자신이 옳지 않았다는 것을 시인하고 싶어지게끔 되는
것이다.

어떤 사람이 상대가 옳지 않다고 확신하고 그것을 노골적으로
지적했을 경우 어떤 일이 일어나겠는가? 그 예로서 어느 특별한
사건을 하나 소개하겠다.

뉴욕의 젊은 변호사 S씨는 얼마 전 미합중국 고등법원에서 한
중요한 사건을 가지고 변론하고 있었다. 이 사건은 거액의 금전과
중요한 법률문제가 관련된 것이었다.

변론이 진행되고 있을 때 고등법원 판사 한 사람이 S씨에게 이
렇게 말했다.

『해사법(海事法)의 법정기한은 6년이 아니던가요?』

S씨는 말을 멈추고 잠시 판사를 바라보더니, 서슴지 않고 말했
다.

『판사님, 해사법에는 법정기한 규정이 없습니다.』

S씨는 필자의 강좌에서 그 때의 상황을 이렇게 말했다.

『한 순간 법정은 물을 끼얹은 듯 조용해졌고, 법정의 분위기는 싸늘해지는 듯한 느낌이 들었습니다. 내 말은 옳았고, 판사의 말은 틀렸기 때문에 그렇게 대꾸한 것뿐입니다. 그러나 그 결과 판사를 불쾌하게 만들고 말았던 것입니다. 법은 확실히 내 편이었고, 내 변론도 어느 때보다도 훌륭하였으나, 결과적으로는 그를 설복시키지 못하고 말았습니다. 높은 식견과 명성을 가진 분에 대하여 그가 옳지 않다고 말한 것이 나의 커다란 실수였던 것입니다.』

논리적인 사람은 흔하지 않다. 우리의 대부분은 아집(我執)에 사로잡혀 있거나 편협하다. 거의 모든 사람이 선입관, 질투, 회의(懷疑), 두려움, 시기, 자만 등으로 인하여 병들고 있다.

그래서 대다수의 시민들은 자신의 종교나, 머리 스타일, 공산주의, 또는 영화배우 등에 대한 각자의 생각을 바꾸려들지 않는다. 만일 남의 그른 것을 지적하고 싶어질 때는 다음의 글을 아침식사 전에 읽어 보라.

이것은 제임스 하비 로빈슨의 수신서(修身書)인 《정신의 발달 과정》의 한 구절이다.

우리는 아무런 저항이나 심각한 느낌을 겪음이 없이 곧잘 마음을 바꾸는 것을 가끔 발견하는 수가 있다. 그러나 만일 누군가가 우리들이 옳지 않다는 말을 들었을 때는 이 비난에 대하여 분격하고 또는 가슴 아파해 한다. 우리들은 신의(信義)의 형성에 있어서는 믿을 수 없을 만큼 경솔하면서도, 누군가 우리로부터 교우관계를 탈취하여 가려고 할 때에는 이 신의에 대한 병적인 정열에 충만하게 되는 것을 발견할 때가 있다. 이런 것은 결코 우리에게 귀중한 사념(思念)이 될 수가 없고, 오히려 위협받은 자부심에 불과한 것이다.

「나의」라는 한마디 단어는 우리 인간생활에서 가장 중요한 말이며, 이 말을 적절히 이용할 수 있는 것이야말로 지혜로움의 첫출발인 것이다. 「나의」저녁식사, 「나의」개, 「나의」집, 「나의」아버지, 「나의」조국, 「나의」하나님 등, 이 모든 「나」라고 하는 말에는 똑같이 강한 의미가 담겨져 있다.

우리는 시계가 정확하지 못하다거나, 차(車)가 털털거린다고 구박받을 때에만 분격하는 것이 아니라 천문·지리·역사·의학 따위의 지식에 대해 좌우지간 그것을 헐뜯기만 하면 분격하는 것이다.

우리는 진실이라고 습관적으로 생각해 오던 것을 언제까지나 믿고 싶어하며, 자기가 한 가정(假定)에 대하여 어느 누군가 의심을 표시했을 때 느끼는 분노는 우리로 하여금 갖은 방법을 다 해서라도 이 가정에 대한 집착을 방어하려고 애쓰도록 만든다.

결국 우리의 논쟁은 대개의 경우 자기 신념을 고집하기 위하여 그 논거를 찾으려는 노력으로 시종일관하는 것이 된다.

저명한 심리학자 칼 로저스(Carl Ransom Rogers, 심리학자)는 그의 저서 《인간이 되는 길》에서 이렇게 썼다.

나는 내가 다른 사람을 이해한다는 것은 매우 소중한 일이라고 생각해 왔다. 이런 말은 당신에게 이상하게 들릴지도 모른다. 타인을 이해하는 일이 과연 필요할까? 나는 그렇다고 생각한다. 우리가 다른 사람들의 말을 듣고 나서 제일 먼저 취하는 반응은 그것을 이해하려고는 하지 않는 대신 평가나 혹은 판단을 내리려고 한다. 누군가가 자기의 기분이나 태도, 혹은 신념을 나타낼 때, 우리는 대개 그 즉석에서 「옳다」, 「어리석다」, 「비정상이다」, 「사리에 맞지 않는다」, 「틀렸어」, 「매끄럽지가 못해」 라고 단정해 버리려는 경향이 있다. 우리 자신 그 말의 의미를 정확히 이해하려고 노력하는 경우는 거의 없다.

언젠가 나는 집안에 커튼을 달려고 실내 장식점에서 커튼을 맞춘 적이 있는데, 그 후 청구서가 송달되었을 때 나는 기겁을 하고 말았다. 며칠 후 어느 부인이 내 집을 방문해서 그 커튼을 보게 되었다. 내가 소요된 비용에 관하여 이야기했더니, 그녀는 마치 대단한 것이나 발견한 듯 이렇게 말했다.

『뭐라구요? 터무니가 없군요. 바가지를 쓰셨군요』

사실이다. 그녀는 사실대로 말했을 뿐인데도, 사람이란 자기 판단을 시비(是非)하게 되는 「참말」을 달갑게 여기지 않는 법이다. 나도 역시 인간인 까닭에 자신을 변호하려고 애를 썼다. 실상 가장 싸게 사는 일보다 더 좋은 것은 없을 테지만, 품질 좋고 예술적

취향을 지닌 것을 싸구려 흥정으로 차지할 수는 없을 것이라는 따위의 말로써.

이튿날, 또 다른 부인이 찾아왔는데, 그녀는 오히려 이 커튼을 칭찬하였을 뿐만 아니라, 감동해 마지않으면서 자기도 이렇게 우아한 것을 사고 싶다고 했다. 그러나 이 말에 대한 나의 반응은 정반대이다.

『솔직히 말하자면, 나에게도 이런 것을 살 만한 돈은 없습니다. 아무래도 사지 않았더라면 하고 후회하고 있습니다.』

우리는 자기의 잘못을 스스로 깨닫고 인정하는 일은 간혹 있다. 그리고 그것을 타인이 지적했을 때, 기술적으로 다루어질 경우에는 자기 과오를 인정하고, 그럼으로써 자신의 솔직함과 도량 있는 마음에 대하여 긍지를 느낄 때도 있다. 그러나 어느 누가 이 구미에 안 맞는 사실을 우리 목구멍으로 강제로 우겨 넣으려고 한다면 우리는 그렇게 간단히 후퇴하지 않을 것이다.

남북전쟁 당시 미국에서 가장 유명한 편집자였던 호레이스 그릴리는 링컨의 정책에 정면으로 반대했다. 그는 조소와 논박, 비난 등의 기사에 의해서 링컨으로 하여금 의견을 바꾸도록 하려는 노력을 몇 년간이나 계속했다. 링컨이 부스의 흉탄에 쓰러지던 날에도 그는 혹독하고 신랄하고 불손하기 짝이 없는 인신공격을 링컨 대통령에게 퍼부었다. 그러나 이러한 것들이 링컨을 굴복시킬 수 있었을까? 천만의 말씀이다. 조소와 비난은 아무런 소용도 없었던 것이다.

당신이 만일 사람을 다루고 자신을 조절하고 자기의 개성을 향상시키는 데에 관한 훌륭한 비결을 배우고 싶다면 벤저민 프랭클린의 자서전을 읽어 보라.

이 자서전에서 벤저민 프랭클린은, 자신이 어떻게 논쟁하는 나쁜 버릇을 극복하고 미국 역사상 가장 유능하고 온화하고 사교적인 사람으로 자기를 변형시켰는지에 관해서 설명하고 있다.

벤저민 프랭클린이 혈기왕성하던 청년시절의 어느 날, 퀘이커 교도인 한 늙은 친구가 그를 한 구석으로 끌고 가더니, 가슴을 찌르는 듯한 진리로서 그를 크게 자극한 적이 있었다.

벤저민, 자네에겐 이제 아무런 희망이 없네. 자네 의견 속에는 자네와 의견을 달리하는 모든 사람에 대한 반발이 들어 있네. 그 의견이 너무나도 도도하게 보이기 때문에 아무도 자넬 상대하려 들지 않는 것일세. 자네 친구들은 자네가 곁에 없음으로써 비로소 서로 즐길 수 있다는 것을 알고 있네. 자넨 너무 많은 것을 알고 있기 때문에 자네에겐 할 말이 없는 것으로 생각하게 된 것일세. 실상 아무도 자네와 가까워지려고 노력하기를 꺼려하는데, 그 이유인즉 노력을 해보았자 불편하고 힘만 들 뿐이기 때문일세. 이렇게 되어 자네는 지금 가지고 있는 극히 적은 지식 이외에는 더 가지게 될 길이 없을 것으로 생각되네.

내가 벤저민 프랭클린에 대하여 알고 있는 것 가운데 가장 훌륭한 것 중 하나는 그가 이 날카로운 나무람을 받아들이는 데 있어서 취한 태도이다. 그는 이 말이 사실이라는 것을 인정하였으며, 그는 또한 자신이 실패와 사회적 불행으로 빠져드는 행동을 하고 있다는 것을 자각할 수 있을 만큼 위대한 사람이었다. 그래서 그는 외면하지 않고 즉석에서 자신의 건방지고 완고한 생활 태도를 바꾸기 시작했다.

벤저민 프랭클린의 얘기를 직접 들어보자.

『다른 사람의 감정에 대한 나의 직접적인 반발과, 내 주장의 고집을 삼가는 것을 나의 좌우명으로 삼았다. 이렇게 나는 「확실히」라든가 「의심할 여지 없이」 따위와 같은 단정적인 의견을 표시하는 말이나 글은 쓰지 않고, 그 대신 「나는 이렇게 생각하는데」, 「내 짐작으로는 이런데」 등의 말을 사용키로 했다. 어떤 사람이 내 생각으로는 옳지 않은 것을 주장할 때, 이것을 체면도 볼 것 없이 반대한다든가, 또는 즉각적으로 그의 견해의 불합리함을 들추어낸다든가 하는 데서 얻는 쾌감을 저버리기로 했다. 그리고 대립할 때도, 어떤 문제 또는 경우에 있어서는 그의 의견이 옳다, 하지만 이 문제에 있어서는 다소의 착오가 있을는지도 모르겠다는 식의 말투로 시작했다.

나는 이러한 나의 태도 변화가 나에게 이로움이 된다는 것을 곧 깨닫게 되었다. 사람들과의 대화가 이제까지보다 훨씬 유쾌하게 진행될 수 있었던 것이다. 나의 의견을 조심성 있게 말하면 상대는 기분 좋게 나오고 반대는 줄어들었다.

나는 이 방법을 통하여 자신의 잘못을 인정하는 것이 그다지 고통이 되지 않게 되고, 또 나의 잘못에 대한 상대의 지적도 쉽게 인정할 수 있게 되었다.

이 방법은 처음에는 자연적인 경향에다 다소의 강제적 노력을 가했었지만, 지금은 마침내 완전히 손쉽고 습관화되어 버려서 지난 40년 동안 내 입에서 그 독선적 표현이 새어나가는 것을 들은 사람은 아무도 없을 것이다. 나는 말주변이 없고 단어의 선택에 있어 망설이기가 일쑤이며, 말 내용을 제대로 수정할 줄도 모르는데도 불구하고, 대개의 경우 나의 주장을 여러 사람에게 납득시키는 데 성공하였기 때문에 내가 새로운 제도를, 또는 낡은 것의 변혁을 제안할 때 시민들의 절대적인 지지를 획득할 수 있었고, 내가 가입하고 있는 공공협의회에서 큰 영향력을 질 수가 있었다.

이것은 내가 생각하기에는 제2의 천성이 된 이 방법의 덕이라 생각한다.』

프랭클린의 이러한 방법들은 사업적인 면에 있어서는 어떻게 적용되었을까? 두 가지 예를 들어보기로 한다.

노스캐롤라이나 주 킹스 마운틴에 사는 캐더린 A. 알레드 씨는 방직공장에서 생산기계 담당 감독원으로 일했다. 그녀는 자기의 고민거리를, 우리 강좌에서 훈련을 받기 전과 받은 후에 각각 어떻게 처리했는지에 대해서 우리에게 이렇게 얘기해 주었다.

『내가 맡은 직책은 기능공들이 보다 많은 실을 생산하여 수입을 많이 올릴 수 있도록 그들을 위한 수출장려제도와 등급제를 연구하고 운용하는 일이었습니다. 두세 가지 종류의 생사를 생산할 때만 하더라도 우리 공장의 기존 시스템은 수월하게 운영되었지만, 최근 들어서는 12가지의 서로 다른 종류의 생사를 만들기 위해 물품명세서와 공장시설을 확장했습니다. 그러나 현재의 운영 체계로는 더 이상 기능공들에게 적절한 대우를 해줄 수가 없으며, 생산량 증가를 위한 장려금 지급도 힘든 형편입니다. 그래서 기능공들이 맡은 시간 내에 생산하는 생사의 등급에 따라 보상받을 수 있도록 나는 새로운 시스템 연구에 몰두했습니다.

이 연구가 진행되고 있을 즈음, 나는 이 시스템의 운용에 대한 타당성을 경영진에게 증명하기 위해서 간부회의에 참석했습니다. 나는 간부들에게 그들의 잘못이 무엇인지를 지적하고, 어떤 점이 공평치 못했으며, 나는 그들에게 필요한 모든 해결책을 갖고 있다는 점을 말했습니다. 그러나 나의 의도는 한 마디로 말해서 여지없는 실패였습니다. 나는 새로운 시스템에 관한 내 입장만을 옹호하느라 정신이 없던 나머지 간부들 자신의 문제점을 그들 스스로

자인할 수 있는 기회를 주지 않았던 것입니다. 때문에 결국 그 시스템 건은 무효화되었습니다.

그 후로도 여러 번에 걸친 회의 참석 결과 나는 실수를 깨달았습니다. 그래서 한 번 더 회의를 소집하여, 이번에는 그들이 생각하고 있는 문제점이 무엇인지를 그들에게 물어보았습니다. 우리는 매 사항에 걸쳐서 토의한 후, 가장 최선의 방법이 무엇인지에 대한 간부들의 의견을 나는 요청했습니다.

적절한 기회에 간격을 두고 나는 차분한 목소리로 몇 가지 제안을 한 후 조용히 두고 보았습니다. 그러다가 회의가 끝나 갈 무렵, 비로소 내가 연구한 시스템을 소개하자, 간부들은 그것을 적극 받아들였습니다.

이제 나는 다른 사람의 의견에 대해 잘못되었다고 즉석에서 직선적으로 말해 보았자, 득은 고사하고 오히려 피해만 입게 된다는 사실을 굳게 확신하고 있습니다. 성공이라고 해보았자 상대의 자존심만 손상시키는 일과, 어떤 토론에서든 환영받지 못하는 사람으로 대접받을 뿐입니다.』

또 하나의 예를 들어보자. 내가 인용코자 하는 이 예는 수많은 사람들이 흔히 경험하는 전형적인 것이라는 점을 알아두기 바란다.

R. V. 크롤리는 뉴욕의 한 목재회사 세일즈맨이다. 크롤리는 자기가 수년 동안이나 고집불통의 목재 검사원을 상대로 논쟁을 할

때마다 상대방을 궁지로 몰아넣었다. 그러나 결과는 결코 좋은 것이 못되었다.

이들 목재 검사원은 야구 심판관과 같아서, 한번 판정을 내리면 그것을 절대로 번복하지 않는다고 한다.

크롤리는 그가 논쟁에서 이긴 덕택으로 회사가 수천 달러의 손해를 보고 있다는 것을 깨닫게 되었다. 그래서 그는 나의 코스에 참가했고, 지금까지의 방법을 바꾸어 논쟁을 일체 하지 않기로 결심했다.

결과는 어떠했을까? 그의 체험담을 들어 보기로 하자.

『어느 날 아침, 내 사무실 전화벨이 요란하게 울렸습니다. 몹시 성이 난 목소리로 지난번 발송한 한 차량분의 목재가 온통 마땅치 않다는 괴로운 사정을 알려 온 것입니다. 하차를 중단하고 화물을 즉시 인수해 갈 것을 요청해 왔습니다. 화물의 4분의 1쯤 부리는데, 목재 검사원이 이 목재가 반 이상이 규격 미달이라고 보고했던 것입니다.

나는 즉시 상대방 회사로 달려가는 도중에, 이 판국을 처리할 최선책이 무엇인가를 궁리해 보았습니다. 보통 때 같으면 이러한 경우, 나는 다년간의 목재에 관한 경험과 지식을 동원하여 등급판정 기준에 대해 상대방 검사원의 잘못을 지적하였을 것입니다. 그러나 나는 이 강좌에서 습득한 원칙을 적용해 보아야겠다고 마음먹었습니다.

　내가 공장에 당도했을 때, 구매부원과 목재 검사원은 심술궂은 얼굴로 당장이라도 폭언을 퍼부을 듯한 험악한 표정이었습니다. 우리는 짐을 풀다가 중단한 차량 앞으로 걸어가서 내용이 어떻게 되었는지를 볼 수 있도록 남은 목재를 계속 풀도록 요청했습니다. 또한 검사원에게는 지금껏 하고 있던 대로 불합격품을 골라서 다른 목재더미 위에 진열해 주도록 부탁했습니다.

　얼마 동안 그가 하고 있는 것을 보고 있자니까, 그의 검사 방법이 지나치게 가혹하고 규정도 잘못 해석하고 있다는 느낌이 들었습니다. 문제의 목재는 백송(白松)인데, 그 검사원은 경목(硬木)에 관하여는 지식이 있었으나, 백송에 관한 한 수준 이하의 검사원이었습니다. 백송은 나의 전문이었습니다. 그러나 나는 그의 검사 방법에 구태여 이의를 제기하지 않았습니다.

　나는 진행되는 상황을 계속 바라보고 있다가, 어떤 것이 어떤 점에서 만족스럽지 않은지를 조금씩 물어보았습니다. 그러나 나는 검사원이 옳지 않다는 태도는 결코 취하지 않고, 금후 어떤 목재를 보내야 만족할 수 있겠는지를 확실히 알아둘 필요가 있어서 그러는 것이라고 강조했습니다.

　이렇게 친밀하고 협조적인 태도로 물어보는 동안 상대의 기분도 누그러져 지금까지의 험악한 공기도 많이 부드러워졌습니다. 내가 가끔 보내는 주의 깊은 질문이 상대에게 반성의 기회를 만들어 주었습니다. 어쩌면 자기가 불합격품이라고 트집 잡던 목재가 자기가 주문한 등급의 것이고, 도리어 자기가 주문한 등급 이상의 기준을 적용하고 있는지도 모른다는 생각을 하기 시작하는 것 같았습니다. 그러나 나 자신은 내가 무엇을 주장하고 있는 것같이 그에게 들리지 않도록 무척 조심했습니다.

차츰차츰 그의 태도는 달라졌습니다. 마지막에 가서는 그는 나에게 실은 백송에 대하여는 별로 경험이 없다는 것을 인정하고 목재 하나하나가 차에서 내려지는 동안 여러 가지 모르는 것을 나에게 묻기조차 했다. 나는 왜 이들 목재가 등급 내에 들어가는지를 설명해 주고 싶었으나 꾹 참고 그들의 마음에 들지 않는 것은 모두 바꾸어 주겠다고 말했습니다.

그는 마침내 불합격품의 수가 늘어나는 것이 자기의 책임인 양 생각하기까지에 이르렀습니다. 그는 잘못이 자기에게 있음을 시인하고 처음부터 더 높은 등급을 주문했어야 옳았을 것이라고 말했습니다. 그는 내가 떠난 뒤 우리가 보낸 목재 전부를 다시 검사하고는 전량을 인수하고, 이에 대한 대금 전액을 송부해 주었습니다.

이 한 가지 예만 보더라도 약간의 배려와 상대의 잘못을 지적하지 않으려는 마음가짐에 의해 우리 회사로서는 상당한 금액의 손실을 막았고, 더구나 돈으로 환산할 수 없는 호의까지도 얻을 수 있었습니다.』

마틴 루터 킹 목사는, 평화주의자인 자신이 어떻게 해서 미국

군에서 제일 높은 계급장을 단 미 공군의 다니엘 채피(멋쟁이) 제임스 흑인 장군의 숭배자가 되었는지에 대한 질문을 받았다. 그때 킹 박사는 이렇게 대답했다.

『나는 사람을 판단할 때, 나의 기준으로 하지 않고 그들의 기준으로 판단합니다.』라고 대답했다.

비슷한 예로서, 로버트 리 장군은 언젠가 남부 동맹의 제퍼슨 데이비스 대통령에게 자기 휘하의 한 장교에 대해서 진지한 어조로 칭찬을 했다. 그 자리에 참석했던 한 장교는 깜짝 놀라서 말했다.

『장군께서 그토록 칭찬하신 사람이 기회 있을 때마다 장군님을 중상모략하는 자라는 것을 모르십니까?』

『알고 있네. 하지만 대통령께서는 그 장교에 대한 내 의견을 물었던 걸세. 나에 대한 그 장교의 태도를 물었던 게 아니란 말일세.』하고 리 장군은 대답했다.

나는 이 장에서는 무슨 새로운 것을 제창하려는 것은 아니다. 2천 년 전 예수는 이렇게 말했다.

『네 원수를 사랑하라.』

그리고 예수가 탄생하기 2백여 년 전 이집트의 악토이 대왕은 아들에게 다음과 같은 지혜로운 충고—아마 오늘날 우리에게 절실한—를 했다.

『사람을 납득시키려면 사교적이어야 한다.』

다시 말하면, 당신의 고객과 당신의 남편과 당신의 적과 언쟁하지 말라는 것이다. 남에게 옳지 않다는 말을 하지 말라. 남의 마음에 불을 지르지 말라. 간단한 사교술을 이용하라.

【원칙 2. 다른 사람의 의견에 대하여 경의를 표하라. 『당신이 틀렸소』라고 결코 말하지 말라.】

3

잘못을 인정하라

나의 집에서 멀지 않은 거리에 봄철이면 검은 딸기가 희고 작은 꽃을 피우고, 다람쥐가 집을 짓고 새끼들을 치고, 마름이 말머리만큼이나 큼직하게 자라고 있는, 야생 식물이 무성한 원시림이 펼쳐져 있다. 이 개척되지 않은 수목지대는 포레스트 파크라고 불린다. 이 숲의 모습은 콜럼버스가 미 대륙을 발견했을 당시나 지금이나 조금도 다를 것이 없다고 생각된다.

나는 작은 보스톤 산 불독 렉스와 함께 가끔 이 공원을 산책한다. 렉스는 남을 물거나 하지 않기 때문에 줄이나 입마개는 하지 않고 데리고 다녔다.

어느 날, 공원에서 기마경찰과 마주쳤다. 그 경관은 자기의 권위를 과시하고 싶어서 근질근질한 모양이었다.

『입마개도 목끈도 없는 개를 공원에서 제멋대로 뛰어다니게 놔두면 어쩌자는 겁니까? 위법이라는 것을 모르시는지요?』

『네, 알고 있어요. 하지만 이 개가 누구를 해칠 것으로는 생각지 않는데요.』

『아니, 생각지 않는다구요? 법은 댁에서 생각하는 따위에 대하여는 조금도 개의치 않습니다. 저 개는 다람쥐를 죽일 수도 있고 애들을 물 수도 있지 않습니까? 이번만은 눈감아 드리겠지만, 다음에 또 저 개에게 입마개와 목줄을 하지 않은 것이 이곳에서 발견되면 그 때는 즉결재판에 회부하겠습니다.』

나는 앞으로는 지키겠다고 얌전하게 약속했다.

사실 몇 차례는 그 말에 순종하였다. 그러나 렉스는 입마개를 몹시 싫어했고, 나도 억지로 씌우고 싶지 않아 좌우지간 한번 당해 볼 것을 결심했다. 얼마 동안 모든 것이 평온한 상태로 지나간 뒤 어느 날, 올 것이 오고야 말았다. 렉스와 나는 언덕 꼭대기로 달음질쳐 올라가자, 갑자기 맞은편에서 엄숙한 수호자가 밤색 털의 말을 타고 나타난 것이다. 렉스는 아랑곳하지 않고 곧장 경관 쪽으로 뛰어갔다. 나는 벌을 받아야 할 판이다. 나는 그것을 알고 있었기 때문에 경관이 말을 시작할 때까지 기다리지를 않고 앞질러 말했다.

『이번은 정말 어쩔 도리 없게 되었습니다. 제 과실입니다. 변명할 말도 없습니다. 당신은 지난주에 내가 이 개를 입마개도 목끈도 하지 않고 다시 끌고 나오면 벌금을 물 것이라고 경고한 일이 있었으니까요.』

『좋습니다.』 경관의 음성은 부드러웠다. 『이렇게 작은 개니, 주위에 아무도 없을 때는 뛰어놀게 놔주고 싶은 것이 인정이겠지요.』

『그렇습니다. 하지만 법은 법이지요.』

『하지만 저런 작은 개가 누구를 해치겠어요.』 경관은 오히려 이의를 제기하듯 말했다.

『아닙니다. 혹시 다람쥐를 죽일 수도 있지 않겠습니까?』 내가 말했다.

『그건 지나친 생각이오. 그럼 이렇게 하십시오. 언덕 저편으로 데리고 가서 개를 뛰어놀게 하란 말씀입니다. 그러면 나의 눈에도 뛰지 않고 만사 해결 아니겠소?』

경찰관도 사람이었기 때문에 자기가 존중되는 기분을 원했고, 그래서 내가 자신의 죄를 인정했을 때 그로서는 자부심을 충족시키는 유일한 방법은, 나를 용서하고 자신의 넓은 아량을 보이는 것이었다.

그러나 내가 처벌을 피해 자기변명만 늘어놓으며 경관과 논쟁을 하였다면 어찌 되었을까는 뻔한 일이다. 그러나 경관과의 논쟁을 벌이는 대신 나는 그가 절대로 옳았다는 것과 내가 절대로 틀렸다는 것을 재빨리 공개적으로 솔직하게 시인하였던 것이다. 이 일은 내가 그의 편에 서고 그가 또한 나의 편에 섰던 결과로 젊잖게 끝났다.

우리가 어떻게 해서 남을 성나게 만들고 말았을 때는 상대방의 입으로부터 비난의 말을 듣게 되는 것보다는 먼저 자신을 나무라는 것이 오히려 마음 편할 것이다. 상대방이 생각하고 있거나, 말하고자 원하거나, 또는 말하려고 하는 자신에 관한 모든 트집거리를 자신의 입으로 말해 버리는 것이다. 상대방이 비난할 기회를 주지 않고 미리 자신을 비난해 버리면 상대는 할 말이 없어져 버리는 것이다.

그렇게 되면 대부분의 상대는 관대해지고 이쪽의 잘못을 용서하는 태도로 나올 것이다.

상업 미술가인 페르디난드 E. 워렌은 까다롭고 신경질적인 어떤 미술품 구매자에게 이 방법을 이용했다.

『광고나 출판을 목적으로 한 그림을 그리는 데 있어서는 섬세하고 정확한 것이 무엇보다도 중요합니다.

어떤 미술 편집자는 주문한 일을 무턱대고 서둘러 요청해 오는데, 이런 경우에는 사소한 실수가 생기기 마련입니다. 내가 알고 있는 어떤 미술감독은 항상 사소한 실수를 찾아내는 것을 즐기는 사람이었습니다.

나는 가끔 정떨어지는 마음으로 그의 사무실을 나올 적이 있는데, 이유인즉, 그의 비평 때문이 아니고 그의 비평 방법 때문이었습니다. 최근에 이 편집자에게 벼락치기로 끝낸 일거리 하나를 들여놓은 일이 있었는데, 그는 전화로 나에게 즉시 사무실로 와달라는 것이었습니다. 잘못된 것이 있다는 것입니다. 그의 사무실에 당도해 보니 과연 내가 예측하고 또한 근심하던 일이 나를 기다리고 있었습니다.

그는 팔뚝을 걷어붙이고 기다리고 있었고, 또한 비난할 기회에 대해 자못 만족해하고 있었습니다. 그는 열을 띠며 일을 왜 이렇게 하였느냐고 따졌습니다. 내가 연구하고 있던 자기비판을 응용할 호기가 온 것입니다.

「선생의 말씀이 사실이라면 이쪽의 실수이며, 저의 큰 과오에 대하여 변명할 말씀이 없습니다. 이제까지 많은 일을 시켜 주셨는데, 나로서는 당연히 그걸 알았어야 했는데, 그렇지 못했던 것 같군요. 이 일은 다시 한 번 고쳐서 처음부터 다시 하겠습니다. 정말 부끄럽기 짝이 없습니다.」라고 말했습니다.

이 말이 끝나자마자 그는 나를 감싸주기 시작했습니다.

「아니, 그렇게까지. 뭐 대수로운 것은 아니고, 그저……」 여기에서 나는 그를 막고는 「어떤 사소한 실수라도 중요한 것입니다. 모든 것이 기분을 상하게 한단 말씀입니다.」라고 말하자, 그는 내 말을 가로채고는 「아니요, 천만에.」 그는 부드럽게 말했습니다. 「그렇게 일을 시끄럽게 할 생각은 원래부터 없었소」

그리고는 그는 내 작품을 칭찬하고 나서, 그저 사소한 곳의 수정만 해주면 된다는 것이며, 그까짓 정도의 실수는 별 영향을 주지 않을 뿐 아니라, 따지고 보면 그런 것쯤은 걱정거리도 안 된다는 것 등을 명백하게 말해 주었습니다.

나의 이러한 자기비판 노력은 그와의 싸움을 승리로 이끌었던 것입니다. 그는 나를 점심식사에 데리고 가서 헤어질 때 대금과 또 다른 일거리 하나를 주었지요.』

자신의 실수를 인정하는 용기에는 어느 정도의 만족감도 뒤따른다. 그것은 저질러진 잘못과 방어하려는 부질없음을 사라지게 할 뿐만 아니라, 실수로 인한 문제 해결에도 도움이 되는 경우가 흔히 있다.

뉴멕시코의 알부케르크에 사는 브루스 하비 씨는 병가 중에 있는 어느 고용인에게 급료를 잘못 지급한 적이 있었다. 잘못을 발견한 하비 씨는 그것을 바로잡기 위해 그 고용인에게 다음번 급여 때는 초과 지불된 액수만큼 급료를 제하고 지급하겠다고 일러주었다.

그 고용인은 그렇게 되면 경제적인 문제가 심각해지기 때문에, 일정 기간 동안 분할해서 상환해 나갈 수 있도록 해달라고 간청했다. 하비 씨는, 그러려면 윗사람의 허락을 받아야 된다고 설명했다.

『이 일로 사장님께서 크게 꾸중을 하시리라는 것을 나는 잘 알고 있었습니다. 어떻게 하면 이 상황을 원만하게 처리할 수 있을까 하고 궁리하던 끝에, 나는 이 일이 원칙적으로는 나의 잘못이기 때문에 사장님께 가서 그것을 인정해야겠다는 것을 깨달았습니다.

사장실에 들어가서 제가 실수를 저질렀다고 말씀드리고 나서 자초지종을 얘기했습니다. 그러자 사장님께서는 화를 내면서 인사과의 실수라고 말씀하셨어요. 그러나 저는 제 잘못이라고 다시 한 번 더 말씀드렸습니다. 그러자 사장님은 다시 또 화를 내시면서 경리과의 부주의라고 말씀하셨어요. 재차 나는 그것은 나의 잘못이라고 설명을 드렸습니다. 그러나 사장님은 사무실의 다른 두 직원을 비난했습니다. 그러나 나는 그럴 때마다 나의 잘못이라고 강조 드렸습니다. 마침내 사장님은 나를 쳐다보며 말했습니다.

「그래, 자네 잘못일세. 그러니 이제 그만하게.」

실수를 바로잡아서 곤경에 처한 사람은 아무도 없습니다. 이처럼 어려운 상황을 나 스스로 해결할 수 있었고, 또 변명이나 늘어놓으려 들지 않는 용기가 나에게 있음을 알고 나는 무척 기분이 좋았습니다. 사장님도 전보다 더욱 나를 신임해 주었습니다.』

어떤 바보라도 실수에 대한 변명은 할 수 있다. 실상 모든 바보가 그러하다. 반면에 자신의 실수를 인정한다는 것은 그로 하여금 그런 무리의 머리 위에 서게 하고 고결함과 기쁨을 가져다주는 것이다.

여기 한 예로서, 남북전쟁 때 남군의 총사령관 로버트 E. 리 장군의 전기에 실린 실화 한 가지를 소개하겠다.

게티즈버그 전투에서 부하인 피케트 장군이 저지른 실수에 대한 책임을 리 장군이 혼자서 졌던 이야기다.

피케트의 진격작전은 서방세계의 전사상 유례가 드문 격렬한 것이었다. 피케트는 용감한 군인으로 적갈색 머리를 길게 늘어뜨려 거의 어깨에까지 닿을 듯했다. 이탈리아 전선에서의 나폴레옹처럼 싸움터에서 매일같이 열렬한 연애편지를 쓴 사람이다.

그가 기세당당한 모습으로 모자를 오른쪽 귀 위로 비스듬히 쓰고, 7월 어느 오후, 연방군 전방을 향해 말을 몰고 나타났을 때, 그를 신뢰하는 그의 부하들은 그에게 열광적인 환호를 올렸다. 그들은 깃발을 휘날리고 총검을 햇빛에 번뜩이면서 환호성을 올리며 그를 따랐다. 참으로 장엄한 광경이었고, 대견하고도 찬란했다. 이 정경을 보고 있던 적진에서도 탄성의 소리가 일었다.

피케트의 부대는 비 오듯 하는 적탄도 두려워 않고 산을 넘고 들판을 가로질러 진격했다.

리지 공동묘지에 도달했을 때, 돌연 돌담 뒤에서 연방군의 보병부대가 튀어나와 무방비상태에 있던 피케트의 부대에 일제 사격을 가해 왔다. 리지 언덕은 순간 화염으로 뒤덮이고 아비규환의 수라장이 되어버렸다. 순식간에 피케트 휘하의 지휘관들은 한 사람만을 제외하고 모두 전사했으며, 그의 5천 병력 중 5분의 4가 쓰러졌다.

지휘관 아미스테드는 최후의 돌격대를 이끌고 전진했다. 돌담을 뛰어넘은 남군은 대접전을 벌인 끝에 남군의 군기를 리지 언덕에 꽂았다. 그러나 그것은 잠시 동안이었다. 그 잠시 동안이야말

234

로 남부동맹으로서는 덧없는 절정이었다.

피케트의 돌격작전은 비록 찬란하고 영웅적인 것이기는 하였으나, 그것이 남군 패배의 시발점이었던 것이다. 리 장군은 마침내 실패하고 북군을 무찌를 기력이 없었다. 그도 이 사실을 잘 알고 있었다. 남부는 파멸하고 만 것이다.

리는 비탄과 충격을 받은 나머지 사표를 제출하고 남부 연맹 대통령 제퍼슨 데이비스에게 더 젊고 유능한 사람을 대신 임명해 줄 것을 건의했다. 그가 만일 피케트의 돌격작전의 처참한 실패의 책임을 다른 사람에게 돌리려고 마음만 먹었더라면 얼마든지 그만한 이유를 찾아낼 수도 있었을 것이다.

휘하의 지휘관들 중 몇 사람은 그의 명령을 어긴 자도 있었다. 기병대는 보병 공격을 지원하기 위하여 적시에 당도하지를 않았다. 그 외에도 여러 가지 이유를 들 수가 있었다.

그러나 리는 남을 책망하기에는 너무나 고결한 위인이었다.

피케트의 패배한 병사들이 남부동맹 전선으로 후퇴해 왔을 때 리 장군은 몸소 말을 타고 그들을 맞이하며 엄숙한 말투로 이렇게 자책의 마음을 고백했다.

『모든 것이 나의 잘못 때문이었다. 이 전쟁에 패배한 책임은 오직 나 한 사람에게 있다.』

자신의 잘못을 이렇게 인정할 수 있는 용기와 인격을 가진 장군들이 역사상 과연 몇이나 있었을까?

홍콩에서 우리의 강좌를 담당하고 있는 교사 마이클 쳉 씨는, 중국 문화가 지닌 몇 가지 특별한 문제에 대해서는 옛 전통을 그대로 답습하기보다는, 때로는 하나의 원칙을 적용하는 것이 유익하다는 사실을 인식할 필요가 있다고 말했다.

그의 강좌에는 여러 해 동안 자기 아들과 사이가 좋지 않았던 한 중년 남자가 있었다. 그는 한때 아편 중독자였으나 지금은 완치되었다. 중국 풍습으로는 윗사람이 먼저 나서는 법이 없다. 이 아버지는 자기 아들이 먼저 자기에게 찾아와야 한다고 생각하고 있다. 일찍부터 강좌에 나온 이 아버지는 여태껏 한 번도 얼굴을 보지 못한 손자들에 대해서, 그리고 얼마나 자기가 아들과의 재결합을 갈망하는지에 대해서도 말했다.

모두가 중국인인 그의 학급 친구들은, 그의 갈망과 오랜 동안 내려오는 확고한 전통 사이에서 빚어지는 갈등을 이해하고 있었다. 젊은 사람들은 노인을 공경해야 하며, 자신이 갈망하는 대로 처신하지 않은 것은 잘한 일이고, 아들이 자기를 찾아오도록 기다려야 된다고 이 아버지는 생각하고 있었다.

강좌가 거의 끝나 갈 무렵, 이 아버지는 강좌에 나와서 다시 이렇게 말했다.

『나는 이 문제를 깊이 생각해 보았습니다. 데일 카네기 씨가, 「만일 당신이 옳지 않다면 빨리 그리고 분명하게 인정하라.」고 말했듯이, 비록 늦은 감은 있지만, 그러나 분명하게 인정할 수는 있습니다. 나는 내 아들에게 못할 짓을 했습니다. 아들이 나를 만나고 싶어 하지 않는 것과, 자기 생활에서 나를 멀리하고 싶어 하는 것은 당연한 일입니다. 자식에게 용서를 구한다는 것은 창피한 일일 수도 있습니다. 하지만 나의 잘못이므로 이것을 인정하는 일은 내가 할 일입니다.』

수강자들은 그에게 박수를 보냈으며, 그에게 전적인 지원을 보냈다. 그 다음 강좌에 나와서 이 아버지는, 자신이 어떻게 아들의 집에 찾아가 용서를 구했으며, 어떻게 아들과 며느리, 그리고 손자들과의 새로운 관계를 맺을 수 있었는지에 대한 이야기를 들려주었다.

앨버트 허버드는 미국 국민을 열광케 만든 가장 독창적인 작가 중 한 사람이며, 그의 신랄한 문장은 가끔 혹심한 반발을 야기하곤 했다.

그러나 그의 사람 다루는 능란한 솜씨는 또한 그의 적들로 하여금 친구가 되도록 만들기도 했다.

한 예로서, 한 격분한 독자가 그의 글에 대해 찬동할 수 없다는 항의 편지를 보내 왔을 때, 앨버트 허버드는 이렇게 회답했다.

직접 오셔서 한번 연구해 봅시다. 나 자신도 그 글에 전적으로 찬동하고 있는 것은 아닙니다. 사실상 어저께 쓴 모든 것이 오늘에도 나를 감동케 하는 것은 아닙니다. 그 문제에 대하여 귀하가 생각하고 계시는 것을 알고 싶습니다. 이 근처에 오실 기회가 있어 본인을 방문해 주신다면 이 문제에 대해서 우리 한번 마음껏 이야기해 봅시다. 멀리 떨어져 계시지만, 이렇게 악수를 드립니다. 안녕히.

당신을 이처럼 대해 주는 사람에게 무슨 말을 할 수 있겠는가? 우리 생각이 옳을 경우에는 그 생각을 부드럽고 재치 있는 방법으로 상대방에게 설득하고, 우리 생각이 잘못되었을 경우에는─이런 경우는 실로 놀랄 만큼 많다─당장, 그리고 진정으로 이 과오를 인정하자.

이러한 기술은 놀라운 결과를 가져다줄 뿐만 아니라, 이런 상태에서는 자신을 고집하기에 급급한 것보다 훨씬 더 큰 즐거움조차 가져다주는 것이다.

속담에도 있듯이,

『싸움으로는 얻는 것이 없지만, 양보는 기대 이상의 것을 얻을 수 있다.』

『지는 것이 이기는 것이다』라는 우리의 속담도 있지 않은가!

【원칙 3. 자기 생각이 옳지 않을 때는 재빨리, 그리고 단호히 이를 인정하라.】

4

한 방울의 꿀

화가 났을 때 상대방을 마음껏 욕해 주면 기분이 후련할는지 모른다. 그러나 욕을 먹은 사람의 기분은 어떠할까? 싸움이라도 할 듯한 험한 말투로 욕을 먹고 나서 기꺼이 이쪽이 원하는 대로 움직여 줄 것인가? 우드로 윌슨 대통령은 이렇게 말했다.

『만약 상대방이 우격다짐으로 나온다면 이쪽에서도 우격다짐으로 대해 준다. 그렇지 않고 저쪽에서, 서로 잘 의논해 가면서 의견의 차이가 있으면 그 이유나 문제점을 규명해 가면서 타협적으로 해보자고 온건하게 나오면 곧 그러한 견해의 차이는 그리 대단치 않은 상호간의 인내와 솔직성과 선의로써 해결할 수 있음을 알게 된다.』

이 윌슨의 말을 누구보다도 잘 이해한 사람은 다름 아닌 존 D. 록펠러 2세였다. 1915년, 당시 록펠러는 콜로라도 주의 주민들로부터 많은 미움을 받고 있었다. 미합중국 산업사상 전례 없는 큰 파업사태가 2년 동안이나 콜로라도 주를 뒤흔들었고, 록펠러가 경영하는 회사에 대하여 임금인상을 요구하는 종업원들은 살기가 등등하였다. 회사의 건물이 파괴되고 군대까지 출동하였으며, 마침내는 총을 쏘는 유혈사태를 빚어내고야 말 위기에까지 이르렀다.

이와 같은 대립 격화의 와중에서 록펠러는 어떻게든 상대방을 설득시키려고 노력했고 결국 성공했다. 그러면 그가 어떻게 그 일을 감당해 냈는지를 소개하기로 한다.

그는 수 주 동안에 걸쳐 화해공작을 시도한 다음에 파업자 측 대표자를 모아 이야기를 하였다. 그 때에 한 연설은 더할 나위 없이 훌륭하였고, 예기치 않은 성과를 거두었을 뿐만 아니라, 록펠러를 둘러싸고 부글부글 소용돌이치던 증오의 노도를 가라앉히고 많은 친구를 만들 수 있었다. 록펠러는 이 연설에서 우정이 넘쳐흐르는 태도로 사실을 순리적으로 설명하였다. 그러자 노동자들은 그처럼 강경히 주장하던 임금인상에 대하여 아무 말도 하지 않고 각자의 일자리로 돌아갔던 것이다.

그 때의 연설 가운데 첫 대목만 인용해 보기로 하자. 그것이 얼마나 성실과 호의에 넘쳐흐르는 것이었는지 한번 음미해 보라.

록펠러는 바로 몇 분 전까지만 해도 그의 목을 졸라 죽여도 시원치 않을 것처럼 난폭하고 적의를 가지고 날뛰던 사람들을 상대로 매우 우호적인 어조로 고분고분하게 말을 시작했다. 설사 어느 자선단체를 상대로 말을 했더라도 이보다 더 은근하고 정중할 수는 없었을 것이다.

록펠러의 연설은, 이 자리에 나와 이야기하게 된 것을 퍽 자랑스럽게 생각하고, 여러분의 가정을 찾아보고 가족들도 만나 보았으므로 우리들은 낯모르는 타인끼리가 아니라, 서로 잘 아는 친구로서 여기에서 만나고 있는 것이며, 우리들은 상호 간의 우정, 우리들의 공통된 이해관계, 내가 오늘 이 자리에 있게 된 것은 오로지 여러분의 호의의 덕택이라는 등의 구절로 가득 차 있었다.

『오늘은 제 생애에 있어 각별히 기념할 만한 날입니다. 이 대회사의 종업원 대표 및 간부사원 여러분과 자리를 같이하여 이야기할 수 있는 기회를 갖게 되었음은 저에게 다시없는 행운입니다.

저는 이 자리에 나온 것을 대단히 영광스럽게 생각합니다. 오늘의 이 모임은 길이 저의 기억에 남을 것입니다. 만약 이 회합이 2주일 전에 열렸다면 아마 저는 극소수의 몇 분을 제외하고는 대부분의 사람들과는 얼굴도 익지 않은 낯선 존재에 불과하였을 것입니다.

저는 지난 주간에 남부 탄광을 샅샅이 방문하여 마침 부재중인 사람들을 빼놓고는 거의 전부 그곳 대표자들과 진지하고 격의 없이 의견을 교환하였으며, 또 여러분의 가정을 방문하여 가족들과도 이야기할 수 있었습니다.

따라서 지금 우리들은 서로 낯선 사람끼리가 아니라 친구로서 만나고 있는 것입니다. 이와 같은 우리들 상호간의 우정을 바탕으로 하여 저는 우리들의 공통된 이해관계를 여러분과 더불어 의논코자 하는 것입니다.

이 회합은 회사의 간부사원과 종업원 대표 여러분이 주최하신 것으로 알고 있습니다. 간부사원도 아니고 종업원 대표도 아닌 본인이 오늘 이 자리에 나올 수 있었던 것은 오직 여러분의 호의의 선물로 알고 있습니다.

저는 간부사원도 종업원도 아니지만, 주주와 중역의 대표자라는 의미에서 여러분과는 밀접한 관계를 지니고 있다고 생각합니다.』

이것이야말로 적을 친구로 만드는 방법의 한 표본이 아니라고 어찌 말할 것인가?

만약 록펠러가 다른 방법을 취하여 토론을 하고 시비곡직을 가려 잘못은 노동자 측에 있다고 몰아붙이거나 했던들 일이 어떻게 되었을까? 그야말로 불난 집에 부채질해 주는 결과였으리라는 것은 명약관화한 일이다.

상대방의 마음이 반항심과 미움으로 가득 차 있을 때는 아무리 시시비비를 따진다 한들 설득이 되지 않는다. 아이들을 야단치는 부모, 세도를 부리는 고용주나 가장, 잔소리 심한 아내—이런 부류의 사람들은, 인간이란 자기의 마음을 바꾸기 싫어한다는 점을 잘 기억해 두어야 할 것이다. 남을 무리하게 자신의 의견에 복종시킬 수는 없다. 그러나 순순히, 허물없는 태도로 이야기하면 상대방의 마음을 변화시킬 수도 있는 것이다.

링컨은 1백여 년 전에 이미 이런 말을 했다.

『한 갤런의 쓸개즙보다는 한 방울의 꿀로 더 많은 파리를 잡을 수 있다』라는 옛 격언은 어느 시대에나 들어맞는 말이다. 인간에게도 이와 같은 말을 할 수 있다. 만약 상대방으로 하여금 내 의견에 동조하게 하려면 먼저 자기가 그의 편이라는 점을 알려주어야 한다. 이것이 곧 사람의 마음을 사로잡는 한 방울의 벌꿀이며, 상대방의 이성에 호소하는 최선의 방법이다.

경영자들 중에는 파업자 측과 우호적인 입장에 서는 것이 자신에게 이익이 된다는 점을 깨닫기 시작한 사람들이 있다. 그 한 예를 들어 보자.

화이트 모터 회사의 2천 5백 명 종업원이 임금 인상과 유니언 숍(union shop : 사용자가 종업원을 고용할 때는 자유이나, 일단 채용이 되면 반드시 노동조합에 가입해야 하며 조합으로부터 제명·탈퇴한 자는 회사가 해고해야만 한다는 것을 정한 노동협약상의 조항) 제도의 채용을 요구하는 파업에 돌입하였다.

사장인 로버트 F. 블랙은 노동자에 대하여 조금도 나쁜 감정을 보이지 않고, 오히려 그들이 「평화적인 태도로 파업에 들어갔음」을 클리블랜드 신문지상에 칭찬하여 주었다.

피켓을 들고 있는 사람들이 심심해하는 모습을 보고는 야구 글러브와 배트를 사주면서까지 빈 터를 이용하여 야구를 하도록 권장하였고, 볼링 애호가를 위해서는 볼링장을 임대해 주었다.

경영자 측이 취한 이러한 우호적인 태도는 충분한 보람을 이끌어냈다. 즉 우정이 우정을 낳던 것이다. 노동자들은 청소도구를 빌려와서 공장 주위를 청소하기 시작했다.

한편으로는 임금인상과 유니언 숍 제도의 실시를 위하여 투쟁을 벌이면서도 한쪽에서는 공장 주위를 청소하는 것이었다. 이 얼마나 기특한 광경인가!

날카로운 대립과 쟁의 일색으로 특징지어지는 미국의 오랜 노동쟁의 사상 일찍이 없었던 정경이다. 이 파업은 1주일이 채 못되어 타결되었고, 쌍방에는 아무런 상처도, 적개심도 없이 끝나버렸다.

다니엘 웹스터는 뛰어난 웅변과 당당한 풍채의 소유자로서, 자기의 주장을 관철하는 데 있어서는 그를 능가할 만한 변호사는 아무도 없었다. 그러나 아무리 격렬한 토론을 할 경우에도 그는 매우 온건한 태도로 말을 시작하였다. 결코 고압적인 말투는 쓰지 않았다. 자기의 의견을 남에게 강요하려고 하지 않고 조용히 허심탄회한 태도로 임했다. 이것이 그를 성공케 한 핵심이었던 것이다.

어쩌면 당신에게는 노동쟁의의 해결을 의뢰받거나 피고의 변호를 의뢰받을 일은 결코 없겠지만, 집세 따위를 내려 달라는 부탁을 할 일은 생길 수 있을 것이다. 이런 경우에 이 온건한 화법이 얼마나 큰 도움이 되는지를 한번 살펴보기로 하자.

엔지니어인 O. L. 스트로브는 집세를 깎아 보려고 마음먹고 있었다. 그런데 그 집 주인이 아주 유명한 구두쇠였다. 다음은 그가 우리 강좌에서 공개한 이야기다.

『나는 계약기간이 만료되는 즉시 아파트를 나가겠노라고 집주인에게 통고했습니다. 그러나 사실은 이사하고 싶지는 않았습니다. 집세를 싸게만 해준다면 그냥 그대로 있고 싶었던 것입니다. 그러나 상황은 전혀 비관적이었습니다. 다른 세입자들 중 아무도 임대료 인하에 성공한 사람이 없고, 그 집주인처럼 다루기 힘든 사람은 없노라고 다들 말하였습니다. 그러나 나는 속으로 이렇게 생각했습니다.—강습회에서 사람을 다루는 법을 배웠으니, 그것을 한번 이 집주인에게 응용하여 효과를 시험해 보고야 말겠다고

내 통고를 받은 집주인은 곧 비서를 데리고 나타났습니다. 나는 쾌활하게 웃는 낯으로 집주인을 맞아들이고, 마음으로부터의 호의를 표시하였습니다. 집세가 비싸다는 따위의 이야기는 눈치도 보이지 않았습니다. 먼저 나는 이 아파트가 대단히 마음에 든다는 이야기를 하였습니다. 사실 나는 아낌없는 칭찬을 보냈고, 건물관리에 대해서도 찬사를 아끼지 않으면서, 적어도 한 1년쯤은 더 살고 싶은데 형편이 허락지 않으니 유감천만이라는 점을 집

주인에게 이야기했습니다.

집주인은 지금까지 세 든 사람들로부터 이러한 칭찬과 찬사를 한 번도 받아보지 못했던 듯 안색이 사뭇 달라졌습니다.

마침내 집주인은 자기의 고충을 하나씩 털어놓기 시작했습니다. 늘 불평만 늘어놓는 세입자—그 중에는 열네 통이나 불평의 편지를 낸 사람도 있으며, 그런 편지 중에는 아주 모욕적인 편지도 있었다고 하더군요. 집주인이 책임지고 위층에 있는 자의 코고는 소리를 막아주지 않으면 계약을 파기하겠다고 위협조로 나오는 사람도 있다는 것입니다. 『당신처럼 이쪽 사정을 알아주는 분들만 있다면 얼마나 좋겠어요.』하고 토로하면서 내가 아무 말도 꺼내기 전에 집주인 쪽에서 먼저 집세를 좀 내려주겠다고 제의하는 것이 아니겠습니까? 나는 더 인하시키고 싶었기 때문에 내가 낼 수 있는 집세의 최고액을 분명히 얘기하자, 주인은 서슴지 않고 내 조건을 승낙해 주었습니다.

더구나 그는 방의 장식을 좀 바꾸어 주고 싶은데, 내가 원하는 것이 없느냐고 친절히 물어보고 나서 돌아가는 것이었습니다. 만약 내가 다른 입주자들처럼 집세 인하운동을 벌였다면 나도 그들처럼 실패하고야 말았을 것입니다. 우호적이고 동정적인, 그리고 감사에 찬 태도가 이 성공을 가져다 준 것입니다.』

펜실베이니아 주 피츠버그에 사는 딘 우드코크 씨는 전기회사에서 한 부서를 맡고 있었다. 전봇대 위의 설비를 수리하라는 주문이 그의 부서에 내려졌다.

　이런 일은 전에는 다른 부서에서 맡아 해왔는데, 최근에 우드코크 씨의 부서로 이관되었다. 그의 부하 직원들도 이런 일에는 훈련이 되어 있었지만, 실제로 작업 지시가 내려지기는 이번이 처음이었다.

　부원들 모두가 이 일을 놓고 자기들이 과연 잘 해낼 수 있을까 하고 관심을 기울였다. 우드코크 씨와 간부 몇 사람, 그리고 다른 부서의 직원들이 그 작업을 지켜보기 위해 현장에 나갔다. 많은 승용차와 트럭들이 있었으며, 많은 시민들이 전봇대 위에 매달려 있는 두 사람을 지켜보았다.

　주변을 둘러보던 우드코크 씨는 도로 위쪽에서 어떤 사람이 카메라를 들고 차에서 내리는 것을 목격했다. 그 사람은 전봇대 위에서의 작업 광경을 찍기 시작했다. 이런 전기공사 같은 공공사업을 하는 회사에 다니는 사람들은 남달리 여론에 신경을 곤두세우는 법이다.

　순간 우드코크 씨는 그 카메라맨에게 작업광경이 어떻게 비쳐지는지를 직감적으로 알 수가 있었다. 말하자면, 두 사람이 해도 될 일에 열 두어 명이나 되는 사람들이 매달리다시피 하고 있는 광경이었던 것이다. 우드코크 씨는 카메라맨에게로 다가갔다.

　『보아하니, 당신은 우리 일에 관심이 있나 보군요?』

　『아, 네. 우리 어머니는 나보다 훨씬 더 관심이 클 겁니다. 어머니는 댁의 회사 주식을 사 모으셨는데, 아마도 이 광경은 우리 어머니의 눈을 번쩍 뜨이게 하겠지요? 난 우리 어머니에게 몇 년을 두고, 당신네 같은 회사에서는 쓸데없는 짓들을 너무 많이 한다고 말씀드려 왔는데, 이제 그 증거를 찾은 셈입니다. 신문들도 이런 사진을 보면 여간 반가워하지 않을 걸요.』

『하긴 그렇게 보일지도 모르겠군요. 나라도 당신의 입장이라면 같은 생각을 했을 겁니다. 하지만 이번 같은 경우는 좀 다릅니다.』

그러면서 딘 우드코크 씨는, 어떻게 해서 이 일이 자기 부서에서 처음 맡게 되었으며, 또 회사 내에서도 모두 이 일에 관심을 갖게 되었는지 계속 설명을 했다. 평상시 같으면 이 일을 하는 데 두 사람이면 충분히 감당할 수 있다는 점을 그에게 설명해 주었다. 그제야 그 사람은 카메라를 치우더니 우드코크 씨의 손을 잡고 흔들며, 상황을 친절하게 설명해 주어서 고맙다고 말했다.

딘 우드코크 씨의 우호적인 접근 덕택에 하마터면 회사가 곤혹스런 상황에 처하게 될 뻔한 것을 모면하게 되었다.

우리 강좌에 나왔던 다른 또 한 사람, 뉴햄프셔 주 리틀톤에 사는 제럴드 H. 윈 씨는 우호적인 방법을 사용함으로써 손해에 대한 클레임 제기를 원만하게 해결했던 경험담을 보고했다.

『이른 봄이었습니다. 겨우내 꽁꽁 언 땅이 채 녹기도 전에 때아닌 폭우가 쏟아지는 바람에 여느 때 같으면 도로 양쪽 배수구나

도랑으로 흘러내려가 버렸을 물이 우리가 막 지어 놓은 새 집으로 흘러들었습니다.

더 이상 물이 빠질 수가 없게 되자, 집의 토대 주위에 수압이 가중되었습니다. 물은 시멘트로 된 지하실 바닥 밑으로 스며들어 바닥이 갈라지면서 지하실이 물로 가득 찼습니다. 그로 말미암아 벽난로와 온수 히터가 절단이 나버렸습니다. 손해는 2천 달러 이상이 되었는데, 이런 사고에 대비해서는 미처 보험도 들어 놓지 않은 상태였습니다.

그러나 나는 하청업자가 이런 사고를 방지하기 위한 배수관을 집 주위에 설비하지 않았다는 사실을 곧 발견했습니다. 그래서 나는 그 하청업자와 만날 약속을 했습니다.

25마일 떨어진 그의 사무실로 달려가는 동안, 나는 앞으로의 상황을 차분히 검토하면서 강좌에서 배운 원칙들을 마음속으로 되새기며 화를 내봐야 아무런 이득이 될 게 없다고 생각했습니다.

그 곳에 도착한 후, 나는 마음을 차분히 가라앉히고, 그가 최근에 웨스트 인디즈에서 보낸 휴가에 대해서 물어보았습니다. 그러고 나서 마침내 찬스가 왔다고 생각하고, 나는 물로 인해 빚어진 「대수롭지 않은」 손해에 대해서 얘기했습니다. 그러자 하청업자는 즉석에서 문제 해결에 책임을 지기로 동의했습니다.

며칠 후 하청업자는 나에게 전화를 걸어와 복구공사를 전적으로 자기가 해주겠으며, 앞으로는 이런 일이 재발하지 않도록 배수관 설비를 해주겠다고 말했습니다.

비록 하청업자의 잘못이라고는 하지만, 만일 내가 우호적인 방법으로 접근하지 않았더라면, 그가 적극적으로 나서서 손해에 대한 전적인 책임을 지는 일에 훨씬 어려움이 있었을 것입니다.』

나는 어렸을 적에 미주리 주 어느 시골 초등학교에 다니고 있었다. 그 당시 나는 태양과 북풍이 서로 힘을 겨루는 이솝 우화를 읽은 적이 있었다. 북풍이 『내가 더 힘이 세지. 저기 걸어가는 외투를 입은 노인이 있지. 나는 너보다 더 빨리 저 노인의 외투를 벗겨 보일 테야.』하고 뽐냈다.

태양은 한참 동안 구름 뒤에 숨어 있었다. 북풍은 힘차게 불어왔다. 그러나 북풍이 불면 불수록 노인은 더욱 더 단단히 외투 깃을 치켜 몸을 감싸는 것이었다.

북풍은 힘에 지쳐 불기를 그치고야 말았다. 그러자 태양이 구름 사이에서 얼굴을 내밀고 그 노인에게 다정하게 미소를 보냈다. 그러자 금세 노인은 이마의 땀을 닦으며 외투를 벗었다. 태양은 온건하고 친절한 태도가 어떠한 경우에도 우격다짐이나 과격한 방법보다 더 효과적임을 북풍에게 타일렀다.

한 방울의 꿀이 한 갤런의 쓸개즙보다 더 많은 파리를 잡는다는 교훈을 얻은 사람들은 온화하고 우호적인 방법의 효용성을 매일같이 실증해 보여준다.

메릴랜드 주 루터빌에 사는 F. 게일 코노 씨는, 구입한 지 4개월 된 승용차의 세 번째 보증수리를 받으러 대리점 애프터서비스 부서에 갔을 때 이것을 증명해 보였다. 그는 우리 강좌에 나와서 이렇게 말했다.

『서비스 매니저에게 조목조목 따진다든지 큰 소리로 화를 낸다든지 해보았자 문제가 만족하게 해결되지 않는다는 것은 뻔한 일입니다.

나는 쇼룸으로 걸어가서 대리점 사장인 화이트 씨를 만나고 싶다고 말했습니다. 잠시 후 나는 화이트 씨의 사무실로 안내되었습니다. 내 소개를 한 후, 이 대리점에서 자동차를 구입한 친구들의 권유로 내가 이곳에서 차를 구입하게 되었다는 말을 했습니다. 친구들이 말하기를, 이 대리점의 가격이 아주 저렴할 뿐만 아니라, 서비스도 단연 뛰어나다고 했습니다. 사장은 내 말을 듣고 만족스런 미소를 짓더군요.

이윽고 나는 그 대리점의 서비스 담당부서에서 내가 당한 문제점을 이야기했습니다. 그리고 「이 대리점과 사장님의 명성에 자칫 흠이 될 상황에 대해 사전에 알고 싶어 하실 것 같아서 얘기드립니다.」라고 덧붙였습니다. 그러자 사장은 이런 문제를 알려줘서 고맙다고 하면서 해결해줄 것을 약속했습니다. 사장은 내 문제 해결에 몸소 발 벗고 나섰을 뿐만 아니라, 내 차를 수리할 동안 타고 다니라며 자기 차를 빌려주기까지 했습니다.』

이솝은 크로에수스 왕궁에서 일하는 노예였는데, 그가 기원 전 600년에 쓴 불멸의 우화 《이솝 이야기》가 주는 교훈은 2천 6백 년 전의 아테네에서나, 또 현대의 보스턴이나 버밍햄에서도 똑같이 진리인 것이다. 태양은 북풍보다 더 빨리 노인의 외투를 벗길 수가 있었다.

친절·우애·감사는 이 세상의 온갖 성난 목소리보다 더 쉽사리 사람의 마음을 움직여 주는 것이다.

링컨의 명언 『한 갤런의 쓸개즙보다 한 방울의 꿀이 더 많은 파리를 잡을 수 있다』는 것을 머리에 간직해 둘 일이다.

【원칙 4. 우호적인 방법으로 접근하라.】

5

소크라테스의 비법

　사람과 이야기를 할 때 서로 의견을 달리하는 문제를 처음부터 화제로 삼아서는 안 된다. 먼저 쌍방이 다 의견이 일치하는 문제부터 시작하여 그것을 부단히 강조하면서 이야기를 진행시켜 나가야 한다. 서로 동일한 목적을 향하여 노력하고 있다는 점을 상대방에게 이해시켜 주도록 노력하며, 의견의 차이는 단지 방법에 관한 것뿐이라는 점을 역설해야 한다.

　처음에는 상대방의 입에서 「네」라는 말이 나올 문제만을 이야기하고, 될 수 있는 대로 「아니오」라는 말이 나오지 않도록 할 일이다.

　오버스트리트 교수는 그의 저서 《감화를 주는 인간 처신》에서 다음과 같이 말하고 있다.

　『상대방이 한번 「아니오」라는 말로 응답하게 되면, 그것을 다시 후퇴시키기란 그리 용이한 일이 아니다 「아니오」라고 말한 이상 그것을 번복한다는 것은 자존심이 허락지 않는다. 「아니오」라고 말해 놓고 나서 후회할 경우도 있을지 모르겠으나, 가령 그렇 더라도 자존심을 손상시킬 수는 없다. 한번 말한 이상 끝까지 그 것을 고집하게 된다. 그러므로 처음부터 「네」라는 말이 나오도록 이야기를 이끌고 나가는 것이 필요하다.」

화술이 능한 사람은 먼저 상대방에게 몇 번이고 「네」라고 말 하도록 해놓는다. 그러면 상대방의 심리는 긍정적인 방향으로 움 직이기 시작한다. 이는 마치 당구공이 어느 한 방향으로 굴러가기 시작한 것이나 마찬가지로 그 방향을 바꾸어 주려면 상당히 힘이 든다. 반대방향으로 돌리기 위해서는 그보다 더 큰 힘이 필요하다.

이와 같은 심리의 움직임은 매우 뚜렷한 태도로서 나타난다. 인간이 진심으로 「아니오」라고 말할 때, 단지 그 말을 입에 담을 뿐만 아니라, 동시에 여러 가지 부수 현상이 일어나는 것이다. 각 종의 분비선, 신경, 근육 등의 전 조직이 일제히 거부 태세로 굳어 진다. 그리고 대개의 경우 약간 뒷걸음질을 치거나 뒷걸음질을 칠 준비를 갖춘다. 때로는 이것이 분명히 감지할 수 있을 정도의 큰 동작으로 나타날 때도 있다. 즉 신경과 근육의 전 조직이 거부 태 세를 갖추는 것이다. 그러나 「네」라고 말할 적에는 이러한 현상 이 전혀 일어나지 않는다. 신체의 전 조직이 스스로 무엇을 받아 들이려는 태세를 갖춘다. 따라서 처음에 「네」라는 말을 많이 하 도록 하면 할수록 상대방을 이쪽이 원하는 방향으로 이끌어 오기 가 용이해지는 것이다.

　사람으로 하여금 「네」라고 말하게 하는 기술은 지극히 간단하다. 그런데도 이 간단한 기술이 별로 활용되는 것 같지 않다. 처음부터 무작정 반대함으로써 자기의 중요감을 충족시키는 듯한 인상을 주는 사람들이 있다.

　학생은 말할 것도 없고, 고객이나 그 밖에 자기의 자녀, 남편, 혹은 아내로 하여금 처음에 「아니오」라고 말하도록 하면 그것을 「네」로 바꾸게 하는 데는 상당한 지혜와 인내가 필요하다.

　뉴욕 시의 그리니치 저축은행의 출납계 제임스 에버슨은 이 「네」라는 말을 끌어내게 하는 테크닉을 써서 하마터면 놓칠 뻔한 고객을 잡아둘 수 있었다.

　『그 사람은 예금구좌를 개설하기 위해서 왔습니다. 나는 용지에 필요한 사항을 기입하려고 하였습니다. 대개의 질문에는 자진해서 대답해 주었으나, 어떤 질문에는 한사코 대답을 하려 들지 않았습니다.

　내가 인간관계를 공부하기 시작하기 전이라면 이 질문에 대답해 주지 않으면 이쪽도 구좌를 개설해 줄 수 없다고 딱 잘라 말했을 것입니다. 부끄러운 이야기입니다만, 나는 그 때까지 그런 식으로 이야기해 왔던 것입니다.

　그렇게 해서 상대방을 골탕 먹이는 것은 확실히 통쾌한 일이기도 하였습니다. 은행의 규칙을 방패삼아 자기의 우위를 상대방에게 뽐내 보는 것이지요. 그러나 이런 태도는 일부러 은행을 찾아온 손님에게 절대로 호감이나 중요감을 갖도록 해줄 수는 없습니다.

　나는 상식에 따라 태도를 취하기로 결심하였습니다. 은행 측의 희망은 그만두고 고객의 희망에 관해 이야기하기로. 그리고 처음부터 「네」라는 대답이 손님의 입에서 나오도록 해보겠다고 마음먹었습니다. 그래서 나는 고객의 마음에 들지 않는 질문에는 구태여 대답할 필요는 없다고 말하였습니다. 그리고 이렇게 덧붙였습니다.

　「그렇지만 만약 예금을 하신 후 선생께 만일의 사고라도 일어나면 어떻게 하시겠습니까? 법적으로 선생님의 가장 가까운 친척에게 그것을 상속시키도록 해놓으시는 것이 좋지 않겠어요?」

　그는 「네」라고 대답하였습니다.

　나는 또 「이러한 경우 저희들이 착오 없이, 그리고 신속히 수속을 할 수 있으려면 선생님의 가장 가까운 친척의 성함을 저희들이 알아두어야 하지 않겠어요?」

　그는 또 「네」라고 대답하는 것이었습니다.

　내 은행을 위해서가 아니라 그 자신을 위한 질문이라는 것을 알게 되자 손님의 태도는 일변하였습니다. 그 자신에 관한 모든 것을 이야기해 줄 뿐 아니라, 나의 권고에 따라 그의 어머니를 수취인으로 하는 신탁구좌를 개설하고 그의 어머니에 대한 질문에도 기꺼이 응해 주었습니다.

그가 처음의 문제를 잊어버리고 결국 내가 말하는 대로 따르게 된 것은 맨 처음부터 그에게 「네」라는 대답만 나오게 한 방법의 덕택이라고 생각합니다.」

웨스팅하우스사의 판매원 조셉 앨리슨의 이야기는 또 이러하다.

『내 담당구역 내에 우리 회사 제품을 꼭 팔고 싶은 사람이 있었습니다. 나의 전임자는 10년 동안이나 그 사나이를 쫓아다녔으면서도 실패하였다는 것입니다. 나도 이 구역을 맡고 나서 3년 동안 해보았지만 역시 허사였습니다. 그리고 다시 10년을 지난 다음에야 겨우 몇 대의 모터를 팔 수 있었습니다. 만약 그 모터의 성능이 좋으면 뒤에 반드시 수백 대의 주문이 들어오리라는 것을 나는 기대하고 있었지요.

성능은 우수했기 때문에 3주일 후 나는 의기양양하게 그를 찾아갔지요. 그러나 막상 가서 보니 주임기사의 말이 「앨리슨 씨, 당신 회사 모터는 이제 사절이오」라고 나오지 않겠어요?

나는 깜짝 놀라며 「도대체 무슨 말씀이십니까?」하고 반문하였습니다.

그는 「당신 회사 모터는 너무 가열되어 손도 댈 수 없을 지경이오」하고 말하는 것이었습니다.

그 말에 반박해 보았자 아무 소용이 없으리라는 것은 오랜 경험으로 알고 있었으므로 나는 상대방이 「네」라는 말을 하도록 해

보리라고 생각했습니다. 「스미스 씨, 그렇게 말씀하시는 것도 무리는 아닙니다. 사실 그렇게 가열되어 버리는 모터 같으면 더 사주십사고 말할 수도 없군요. 협회가 정한 기준보다 더 가열되지 않는 제품을 택하는 것이 당연하지요. 그렇지 않습니까?」

그는 그렇다고 대답했습니다. 최초의 「네」를 나는 얻은 셈이지요.

그러고 나서 나는 협회의 규격으로는 모터의 온도가 실내 온도보다 화씨 72도까지 높아지는 것은 인정되고 있지 않습니까?」하고 물어보았습니다.

그는 다시 「네」라고 대답했습니다. 그리고 「그런데 저 모터는 그보다 더 뜨거워진단 말이오.」하고 말하는 것이었습니다.

나는 그 말에는 대꾸하지 않고, 그저 「이 공장 내의 온도는 얼마쯤 되겠습니까?」하고 물어보았지요.

그의 대답은 75도쯤 될 거라는 말이었습니다.

그래서 나는 「그러면 공장 내의 온도를 75도라고 치고 거기에 72도를 보태면 147도가 됩니다. 147도의 뜨거운 물에 손을 넣으면 데지 않겠어요?」라고 물었습니다.

그는 또 「네」라고 말할 수밖에 없었지요.

나는 「그렇게 되면 모터에 손을 데지 않도록 조심해야지 잘못하면 화상을 입게 됩니다.」라고 말했습니다.

그는 과연 그렇다고 내 말에 고개를 끄덕이는 것이었습니다.

그로부터 한참 동안 우리는 잡담을 주고받다가 드디어 그는 다음 달 분으로 약 3만 5천 달러어치의 물품을 나에게 주문했습니다.

　논쟁을 하면 결국은 손해지요. 상대방의 입장에서 사태를 생각하는 것이 논쟁을 하는 것보다 더 재미있으며, 또 비교할 수도 없을 만큼 이익이 옵니다. 생각해 보면, 나는 오랜 세월 동안 논쟁으로 막대한 시간과 비용을 허비해 온 셈이지요.』

　캘리포니아 주 오클랜드에서 개최한 우리 강좌의 스폰서인 에디 스노우 씨는, 한 상점 주인이 그로 하여금 「네, 그래요」라고 말하게 하는 바람에 그 집의 단골 고객이 되었다면서 이런 이야기를 들려주었다.

　에디 씨는 활사냥에 흥미를 갖게 되어 어느 활 상점에서 장비를 구입하는 데 제법 많은 비용을 지출했다. 마침 동생이 자기 집에 들르게 되어 에디 씨는 이 상점에서 동생을 위한 활을 빌리려고 했다. 그 상점의 점원은 자기들은 대여해 주지는 않는다고 말했다. 그래서 에디 씨는 다른 활 가게에 전화를 걸어보았다.

　『목소리가 아주 상냥한 사람이 전화를 받더군요. 활 대여에 대한 나의 문의에 그가 보인 반응은 다른 상점의 반응과는 아주 달랐습니다. 그는 정말 유감이지만, 형편상 활을 대여해 주지는 못한다고 하더군요. 그리고 나서 나에게 전에 대여한 적이 있는지를 물었습니다. 「네, 하지만 몇 년 전이었죠.」라고 나는 대답했습니다. 그러자 그는 아마 그 때 내가 25달러 내지 30달러쯤 지불했을 거라고 말하더군요. 나는 또 「네, 그래요」 하고 대답했습니다. 그러더니 나에게 돈을 아끼고 싶지 않으냐고 묻더군요. 두말할 필요도 없이 나는 「네, 그래요」라고 대답했습니다. 그는 부대장치가 전부 갖춰진 34달러 95센트짜리 활이 있다는 얘기를 하더군요. 대여하는 값에다 4달러 95센트만 더 지불하면 아예 활을 한 세트 사버릴 수 있기 때문에 요즘은 더 이상 대여를 하지 않는다고 설명해 주더군요. 그 말이 일리가 있다고 생각했느냐고요? 물론입니다. 나의 「네, 그래요」 반응은 그 활 세트를 구입하게 했고, 물건을 인수하러 그 상점에 가서는 몇 가지를 더 샀으며, 이후로 나는 그 가게의 단골이 되었습니다.』

  인류의 역사상 가장 위대한 철학자 중 한 사람인 아테네의 철인(哲人) 소크라테스는 사람을 설득하는 데 있어서 고금을 통하여 제1인자라고 할 만한 사람이었다. 소크라테스는 상대방의 잘못을 지적하는 따위의 일은 결코 하지 않았다. 이른바 〈소크라테스식 문답법〉으로 상대방으로부터 「네」라는 대답을 얻는 데 주안을 두었다. 먼저 상대방이 「네」라는 대답을 할 수밖에 없는 질문을 한다. 다음 질문에서도 또 「네」라고 대답케 하고 계속해서 「네」를 거듭하도록 한다. 상대방이 눈치를 챘을 때는 이미 처음에 부정하였던 문제에 대하여 어느새 「네」로 대답해 버린 뒤인 것이다.

상대방의 과오를 지적하고 싶을 때는 소크라테스를 기억하고 상대방으로 하여금 「네」라고 말하도록 애써 볼 일이다.

중국의 옛 격언에 「부드러움이(柔)이 가히 단단함(剛)을 이긴다」라는 「유이제강(柔以制强)」이라는 말이 있거니와, 5천 년의 역사를 가진 민족에게 걸맞은 명언이 아니겠는가.

【원칙 5. 상대가 「네」라는 대답이 나올 문제를 우선 화제로 삼아라.】

— ‥ — ‥ — ‥ — 6 — ‥ — ‥ — ‥ —

불평꾼들을 다루는 안전벨브

대부분의 사람은 다른 사람을 자기 생각에 따르도록 만들기 위해서 너무 자기 말만 늘어놓는다. 상대방으로 하여금 하고 싶은 말을 다 하도록 내버려 두어라. 자신의 사업과 문젯거리에 관하여는 당사자만큼 더 잘 아는 사람이 없는 것이다. 질문을 던져서 그 사람으로 하여금 설명토록 만들어라.

그 사람과 견해의 차이가 있을 때는 말을 가로막고 싶어지겠지만, 그래서는 안 된다. 이런 것은 위험한 짓이다. 그가 꼭 얘기해야겠다고 마음먹고 있는 의견이 남아 있는 동안은 당신의 말에는 주의를 돌리지 않을 것이기 때문이다. 마음을 개방하고 참을성 있게 귀를 기울이며 성실한 태도로 응대하라. 그리고 그 사람이 마음껏 자기 의견을 발표할 수 있도록 기분을 돋워 주어라.

이 방법이 사업 면에도 효험이 있는지의 여부를 한번 검토해 보자. 여기에 이 방법을 부득이 사용치 않을 수 없었던 어떤 경우가 있다.

　수년 전 미국의 어느 큰 자동차 제작회사가 그들이 1년간 수요로 하는 차내 시트용 직물 구입처를 물색하고 있었다. 세 군데의 이름난 직물업자가 견본을 제시했다. 자동차회사 중역들의 검사를 거친 후 며칠 날짜로 계약 여부를 결정하는 최종 설명의 기회를 각 업자 대표에게 주게 될 것이라는 통고가 나갔다.

　그 중 한 직물업자 측 대표인 R씨는 심한 후두염에 걸린 채 지정된 장소로 나왔다.

　다음의 이야기는 R씨가 나의 강좌에서 그 때의 경험담을 말한 내용이다.

　『회의에서 그 회사 중역들과 만나는 차례가 나에게 돌아왔을 때, 나는 후두염으로 인해 목소리가 거의 나오지 않았습니다. 속삭임 소리조차 힘든 상태였지요. 내가 어느 방으로 인도되어 들어가 보니, 거기에는 직물 엔지니어, 구매 담당 직원, 판매부장, 사장 등의 얼굴이 보였습니다.

　나는 허리를 펴고 일어서서 말을 꺼내려고 무진 애를 써 보았으나, 목이 쉬어서 아무 말도 할 수가 없었습니다. 그들은 둥그렇게 둘러앉아 있었기 때문에 나는 종이 위에다가 「여러분, 저는 목소리가 나오지 않아서 말씀드릴 수가 없군요.」라고 써 보였습니다.

　그 때 사장이 「내가 대신 얘기해 주지요.」하지 않겠습니까! 그는 내 견본을 전시하면서 장점에 대한 자랑을 늘어놓았습니다. 그리고는 우리 제품의 장단점에 대한 토의가 진행되었습니다. 사장은 자신이 나를 대신해서 설명을 담당하였던 관계로, 이 토론에 있어서도 나의 편을 들게 되었습니다. 내가 할 수 있는 일이라고는 입가에 미소를 띠고 고개를 끄덕이며 가끔 몸짓으로 의사를 표현하는 정도뿐이었지요.

이 세상에 둘도 없는 진기한 회의의 덕택으로 나는 50만 야드의 직물 시트를 납품하게 되어 백 60만 달러어치의 계약을 획득하는 데 성공했던 것입니다. 그 때 내 목소리만 잃지 않았더라도 이 주문은 얻을 수가 없었을지 모릅니다. 그 때 내가 하려던 장사 방법은 결코 좋은 것이라고는 생각되지 않았기 때문입니다. 다른 사람으로 하여금 말하게끔 하는 것이 어느 경우에는 굉장한 이득을 가져다주는 것이라는 사실을 우연한 경우에 발견하였던 것입니다.』

상대로 하여금 말을 할 수 있도록 기회를 주는 일은 비단 비즈니스뿐만 아니라 가정생활에도 도움을 준다.

바바라 윌슨 부인은 그녀의 딸 로리와의 사이가 급속도로 나빠졌다. 로리는 어려서는 조용하고 상냥한 성격이었는데, 자라면서 점점 사람들과 비협조적이고, 때로는 호전적인 소녀로 변해 갔다. 윌슨 부인은 딸에게 훈계도 해보고, 으름장을 놓아 보기도 하고, 심지어는 체벌을 가하기까지 해보았으나 모두가 헛일이었다.

윌슨 부인은 우리 강좌에 나와서 이렇게 말했다.

『어느 날, 나는 포기해 버리고 말았습니다. 로리는 내 말에 복종하기는커녕 집안일을 채 끝내기도 전에 친구를 만난다며 훌쩍 나가버렸습니다. 그 애가 집에 돌아왔을 때, 나는 이전에도 수만 번이나 그랬던 것처럼 버럭 소리를 질러댈 뻔했습니다. 그러나 저에겐 그럴 기운조차 없었습니다. 그저 딸아이를 물끄러미 바라다보면서 슬프게 말했습니다. 「로리야, 도대체 왜 그러니?」

그러자 로리는 나의 기분을 알아차리고 조용히 말했습니다.

「정말 알고 싶으세요?」

내가 고개를 끄덕이자, 로리는 처음에는 주저주저하다가 이윽고 얘기를 하기 시작하더군요. 나는 전에는 그 애의 말에 귀를 기울여야 했을 때조차도 내 말만 늘어놓았던 것입니다. 한 번도 딸아이의 얘기를 차분히 들어준 적이 없었습니다. 항상 이래라, 저래라 하며 잔소리만 늘어놓았어요.

그 애가 자기의 생각이나, 느낌, 감정을 호소할라치면 으레 나는 그 애의 말을 가로막고 더욱 잔소리를 해댔습니다. 나는 그 애가, 군림하는 엄마가 아니라 모든 일에 터놓고 얘기할 수 있는 막역한 친구로서, 성장기에 겪는 당혹감을 해소시켜 줄 수 있는 대상으로서의 나를 필요로 하고 있다는 사실을 깨닫기 시작했습니다. 그런데도 지금까지 나는 응당 그 애의 말에 귀를 기울여야 했을 때조차도 잔소리만 늘어놓았던 것입니다.

그 때부터 나는 그 애가 하고 싶은 말을 다 할 수 있도록 해주었습니다. 딸아이는 자기 마음속에 품고 있던 얘기를 전부 털어놓았으며, 그 뒤 우리 사이는 더 없을 만큼 좋아졌습니다. 그 애는 다시금 사람들과 잘 어울리는 아이가 되었습니다.』

뉴욕의 한 신문 경제난에, 뛰어난 능력과 경험을 가진 사람을 구한다는 큼직한 광고가 실린 적이 있었다. 찰스 T. 큐벨리스라는 사람이 이에 대해 응모했다. 며칠 후 그는 면접 통지서를 받게 되었다. 그는 면접에 앞서 월 가를 돌아다니며 광고를 낸 회사의 설립자에 관하여 가능한 한 여러 가지를 알아두었다. 면접이 진행되는 도중 그는 이런 말을 꺼냈다.

『이렇게 훌륭한 업적이 있는 회사에서 일하게 된다면 그 이상 자랑스러울 것이 없으리라 생각합니다. 듣기로는 28년 전에 거의 무일푼으로 출발하셨다고 알고 있습니다. 그것이 사실입니까?』

성공한 사람이란 누구나 그의 지난날의 투쟁의 역사를 더듬어 보고 싶어 하는 법이다. 이 사람도 예외가 될 수는 없었다. 그는 몇 푼 안 되는 돈과 독자적인 아이디어만을 가지고 어떻게 사업의 첫발을 내디뎠는지에 대해서 장황하게 이야기하였다.

실망을 극복하고 남의 조소와 맞싸우며, 일요일과 공휴일 가릴 것 없이 하루에 12시간 내지 16시간을 일해 가며 오늘날 월 가의 거물들이 정보와 자문을 구하러 자기에게 찾아오게끔 되기까지, 어떻게 난관들을 극복하여 왔는지를 이야기해 주었다.

그는 과거의 경력에 커다란 긍지를 가지고 있었고, 그만이 가지고 있는 이 권리를 행사하는 데 있어서는 무엇보다도 커다란 즐거움을 맛보았던 것이다. 마지막으로 그는 큐벨리스 씨의 경력을 간단히 물어보고는 부사장을 불러들이더니, 이렇게 말했다.

『이 사람이 바로 우리가 구하고 있던 사람이라고 생각하네.』

큐벨리스 씨는 자기가 취직하고자 하는 고용주의 업적에 관한 지식을 찾아내는 데 수고를 아끼지 않았던 것이다. 그는 다른 사람에 대하여, 또는 그 사람이 가지고 있는 문젯거리에 대하여 관심을 표명했다. 그는 또한 상대방이 이야기하고 싶은 의욕을 돋워 줌으로써 좋은 인상을 주었던 것이다.

캘리포니아 주 새크라멘토에 사는 로이 G. 브래들리 씨는 이와는 반대되는 경험을 했다.

자기 회사의 영업직을 구하려는 사람이 얘기하는 것을 그는 잠자코 들어주었다. 로이 씨는 우리의 강좌에서 이렇게 보고했다.

『우리 회사는 규모가 작은 중개회사인 까닭에 연금이나 입원에 따른 의료보험 등의 혜택이 없었습니다. 각 책임자마다 독자적인 대리점을 맡고 있습니다. 규모가 큰 경쟁회사들처럼 고객을 위한 광고를 낼 수가 없어 안내장조차 없는 형편이었습니다.

리처드 프리오르 씨는 바로 우리가 원하는 직책의 경험을 가지고 있는 사람이었습니다. 그래서 내 부하직원이 먼저 그를 면담하면서, 이 직업에 따르는 모든 부정적인 측면을 얘기해 주었습니다. 그가 내 사무실에 들어왔을 때는 약간 실망하는 기색이 엿보였습니다. 그러고 나서 한 가지 우리 회사에서 일함으로써 얻게 될 이점을 그에게 말해 주었는데, 그것은 그가 독자적인 영업을 함으로써 사실상 자영할 수 있는 기회를 얻을 수 있다는 것이었습니다.

내가 이점에 대해 얘기하는 동안, 처음 면담하러 들어왔을 때 가졌던 부정적인 감상을 차츰 떨쳐버리는 것 같더군요. 몇 번이고 혼자 생각을 하면서 반은 자기 자신에게 말하는 것 같아 보였어요. 틈틈이 그의 생각에 부가해서 나의 견해를 몇 마디 해주고 싶은 마음도 들었지만, 나는 전적으로 그의 판단에 맡기기로 했습니다. 면담이 끝나 갈 즈음, 그는 우리 회사에서 일하고 싶다는 확신을 굳힌 것 같았습니다.

나는 그가 말하고 싶어 하는 것을 말할 수 있도록 가만히 들어주었기 때문에 그는 마음속으로 심사숙고할 수가 있었던 것입니다. 그래서 긍정적인 결론을 내렸는데, 그것은 자신을 위한 모험이었습니다. 그래서 우리는 그를 채용했고, 우리 회사에서 그는 뛰어난 수완을 발휘했습니다.』

친구들 사이에서도 상대의 자랑거리에 귀를 기울이기보다는 자기들의 공치사에 더욱 열을 올리기 마련이다.

프랑스 사상가 라 로슈푸코는 이렇게 말한 적이 있다.

『적을 만들려면 친구들을 이기면 된다. 그러나 친구를 얻고자 한다면 그들이 이기게 하라.』

왜 이 말이 진리일까? 그 이유는 친구가 우리보다 뛰어나다고 생각될 때는 그들은 중요감을 갖게 되지만, 그와 반대인 경우에는 그들에게 열등감을 주어 시기와 질투심을 일으키게 하기 때문이다.

뉴욕 시의 미드타운 직업소개소에서 가장 인기 있는 카운슬러는 헨리에타 양이었다. 하지만 처음부터 그녀가 인기 있었던 것은 아니었다. 헨리에타 양이 직업소개소에서 일하게 된 처음 몇 달 동안 동료들 가운데 헨리에타 양에게는 친구가 한 사람도 없었다. 왜일까? 헨리에타 양은 매일 자기가 성사시킨 직업 소개, 새로 튼 고객과의 거래, 그 밖에 그녀가 한 일 등에 관해서 공치사만을 늘어놓았기 때문이다.

『나는 나의 일에 능숙했으며, 자랑스럽게 여겼습니다.』하고 헨리에타 양은 우리 강좌에서 이렇게 말했다.

『그러나 동료들은 나와 함께 기뻐해 주는 대신에 비난을 하는 것 같았어요. 나는 그들이 나를 좋아해 주기를 원했고, 진심으로 그들의 친구가 되고 싶었습니다. 이 강좌에서 몇 가지 원칙을 배운 후, 나는 나에 대한 이야기는 될수록 자제하는 대신 동료들의 얘기를 귀담아 듣는 데 더욱 열을 올리게 되었습니다. 그들에게도 자랑거리가 많이 있었고, 그들은 내 자랑을 듣기보다는 자신들의 성과에 대해 더욱 열을 올리고 이야기했습니다. 이제 그들과 잡담을 나눌 때, 나는 그들의 즐거움을 나와 함께 나누어 가지자고 부탁을 하며, 그들이 요구할 때만 나의 이야기를 합니다.』

【원칙 6. 다른 사람으로 하여금 마음껏 이야기하게 하라.】

7

어떻게 협조를 구할 것인가

사람은 남에게서 얻은 생각보다는 스스로가 고안해 낸 생각에 대하여 더 큰 신뢰를 두는 법이다. 그렇다면 당신의 생각을 다른 사람에게 강요하려고 하는 것은 잘못된 판단이 아닐까? 그것보다는 제안을 해서 그 사람이 스스로 결론을 도출해 내도록 만드는 것이 더 현명한 길이 아닐까?

그 한 예로서, 나의 코스에 참가한 필라델피아 출신의 아돌프 셀츠 씨는, 언젠가 의욕을 잃고 실의에 빠진 자동차 판매원들에게 열성을 불어넣어 주어야 할 입장에 직면한 적이 있었다. 그는 판매원 회의를 소집하고, 그들이 바라는 것을 솔직히 말해 줄 것을 부탁했다. 그들의 요구사항을 흑판에다 하나하나 적었다. 그리고는 말했다.

『여러분이 요구하는 것들을 빠짐없이 해드리겠소. 그 대신 나도 여러분들에 대해서 요구가 있습니다. 나의 요구를 어떻게 충족시켜 줄 것인지 그 결심을 듣고 싶습니다.』

이 말에 대한 대답은 즉석에서 나왔다.

　　　충실, 정직, 능동적 태도, 낙관주의,

　　　협동, 하루 8시간의 열성적인 근무,.

　그 중 한 사람은 하루 14시간의 근무를 자청해 나섰다. 이 회의
는 새로운 용기와 새로운 감동을 가져다주었고, 셀츠 씨가 나에게
얘기한 데 따르면, 그 후의 판매성적은 놀랄 만큼 증대되었다는
것이다.

　『그 사람들은 나하고 일종의 신사협정을 하였기 때문에, 이쪽
에서 약속을 이행하는 한에 있어서는 그들도 그들의 약속에 충실
하기로 결심했던 것입니다. 그들의 희망과 바라는 것이 무엇인지
를 물어봄으로써 그들의 마음을 그대로 찔러버린 것이지요.』

　이렇게 셀츠 씨는 말했다.

　사람이란 자기가 강요당하고 있다든지, 명령받고 있다는 느낌
은 누구든 싫어하는 법이다. 우리는 자기 의사와 자기 생각에 따
라서 행동한 것으로 느끼기를 원하는 것이다. 자기의 희망이나 욕
구나 의견을 남들이 들어주기를 좋아한다.

　그 한 예로서 유진 웨슨의 경우를 들어 보자.

　그는 이 진리를 터득하지 못한 탓으로 수천 달러의 수수료를
손해 본 적이 있다. 웨슨 씨는 스타일리스트나 직물업자를 위하여
디자인을 해주는 어느 스튜디오에 스케치를 판매하는 것이 그의

직업이었다. 웨슨 씨는 뉴욕의 일류 스타일리스트 한 사람을 매주 한 번씩 찾아가기를 수년 동안이나 해 왔다.

웨슨 씨가 말하기를,

『그 사람은 내가 찾아가는 것을 한 번도 거절한 적이 없었으나, 그렇다고 내 물건을 산 적도 없었습니다. 매번 내가 가지고 간 스케치를 주의 깊게 들여다보고는 「이번 것도 마음에 안 드는군요.」라고 했지요.』

이렇게 150번의 실패를 거듭한 뒤에야 비로소 웨슨은 자기의 생각이 틀에 박혀 있음에 틀림없다고 단정 짓고, 그 후로는 사람의 행동에 영향을 줄 수 있는 방법을 연구하고 새로운 방책을 사용해서 감동을 불어넣을 방법을 습득하기 위해 매주 하룻저녁을 이에 충당하기로 마음먹었다. 이러는 동안 새로운 방법을 써 볼 만한 자신이 생기게 되자, 미완성인 스케치를 대여섯 가지 수집하여 가지고 그 스튜디오로 달려갔다.

『한 가지 부탁드릴 일이 있는데요.』라고 그는 말했다. 『오늘은 아직 완성되지 않은 스케치 몇 점을 가지고 왔는데, 실은 이것들을 댁의 용도에 닿도록 만들자면 어떻게 잔여 부분을 완성시키면 되겠는지를 묻고 싶어서 왔습니다.』

그는 이 스케치들을 아무 말 없이 얼마 동안 쳐다보더니 이렇게 대답했다.

『며칠 동안 두고 가시오. 그 때 오시면 말해 드리리다.』

웨슨은 사흘 후에 다시 그가 제의하는 내용을 들은 뒤 스케치를 도로 받아 가지고 돌아와서 고객의 의견에 좇아서 완성했다. 결과는 물론 전부가 합격이었다.

이 일이 있은 지 9개월 후, 그 고객은 이와 같이 그의 의견에 맞도록 그린 대량의 스케치를 주문하여 오게 되었다. 웨슨 씨는 이렇게 덧붙였다.

『내가 그토록 오랜 기간 이 고객에게 하나도 팔지 못한 이유가 무엇인지를 알게 되었습니다. 그가 마땅히 이 물건을 필요로 할 것이라는 생각에서 덮어놓고 사달라고만 했던 것입니다. 지금은 정반대의 방법을 씁니다. 그의 의견을 제시해 주도록 의뢰하는 것이지요. 이렇게 하면 그는 자신이 마치 디자인의 창작을 하는 것으로 의식하게 되고 실제로 그렇게 하게 되는 것입니다. 다시 말하면, 지금 나는 그 사람에게 물건을 파는 것이 아니고, 그 사람이 내 물건을 스스로 사는 것입니다.』

어떤 아이디어가 사람들에게 자신의 것이라고 느끼게 하는 일은 비단 비즈니스나 정치뿐만 아니라 가정생활에도 도움이 된다. 오클라호마 주 툴사에 살고 있는 폴 데이비스 씨는 우리 강좌에서 이 원칙을 어떻게 사용했는지에 대해서 이야기했다.

『나와 우리 가족은 지금까지 경험해 보지 못했던 가장 흥미 있는 휴가여행을 즐겼습니다. 나는 남북전쟁의 격전지인 게티즈버그, 필라델피아의 독립기념관, 수도인 워싱턴과 같은 사적지를 탐

방해 보기를 오랜 동안 꿈꾸어 왔습니다. 포지 계곡, 제임스 타운, 그리고 윌리엄스버그의 식민지 촌락 등이 내가 가장 가보고 싶었던 곳이었습니다.

그런데, 3월에 아내 낸시가 여름휴가에 대한 멋진 계획이 있다면서 뉴멕시코, 애리조나, 캘리포니아와 네바다 등 서부의 여러 주들을 여행하자는 것이었습니다. 아내는 전부터 이런 여행을 원했습니다. 그러나 우리는 두 지역 중 어느 쪽을 택해야 할지 결정을 지을 수가 없었습니다.

딸 앤은 중학교에서 미국역사 공부를 마쳤습니다. 그래서 그 애는 우리나라의 성장과정의 여러 사건에 많은 관심을 갖게 되었습니다. 그래서 나는 그 애에게 다음번 휴가 때는 학교에서 배운 곳들을 찾아가 보지 않겠느냐고 물었습니다. 앤은 그러고 싶다고 했습니다.

이틀 밤을 지내고 난 저녁, 식구들이 저녁식사를 하려고 식탁에 모여 앉았을 때, 아내 낸시는, 모두가 동의한다면 여름휴가를 동부에서 보내게 되면 앤에게 보람 있는 여행이 될 것이고, 우리 모두에게도 흥미진진할 거라고 말했습니다. 물론 모두가 찬성했습니다.』

이와 동일한 심리학이 어느 X선 장치 제조업자에 의하여 브루클린에 있는 가장 큰 한 병원에 그의 기자재를 판매하는 데 응용된 일이 있다. 이 병원은 건물을 증축하고 있었기 때문에 이 새로

운 병원에서는 미국에서도 가장 훌륭한 X선과를 부설할 준비를
하고 있었다.

X선과를 주관하고 있는 L 박사에게는 이렇다 하는 X선 장치회
사 판매원들이 떼를 지어 몰려와서는 제각기 자기네 기자재의 자
랑을 늘어놓는 바람에 골머리를 앓고 있었다.

그 가운데 한 교묘한 업자가 있었다. 그는 사람의 마음을 다루
는 방법을 잘 알고 있었던 것이다. 그는 다음과 같은 내용의 편지
를 썼다.

폐사에서는 최근에 새로운 종류의 X선 설비를 완성했습니
다. 마침 첫 번째 출하품이 지금 막 저희들 사무실에 도착했습
니다. 이번 제품도 완전한 것이라고는 생각지 않습니다. 이 사
실을 우리는 알고 있기 때문에 좀 더 개선하고 더 노력하고 있
습니다. 따라서 박사님과 같은 전문가께서 일차 왕림해 주시어
서 관람하신 후 이 기자재를 어떻게 하면 더 본연의 용도에 적
합할 수 있도록 개선할 수 있을 것인지에 대하여 박사님의 고
견을 들려주시면 다시없는 영광으로 생각하겠습니다. 박사님
의 분망하신 직무에 누가 되시겠지만, 편리하신 시간을 알려주
시면 그 시각에 차를 보내 드리겠습니다.

L 박사는 그 때의 일을 나의 강좌에서 다음과 같이 들려주었다.
『이 편지를 받고 나는 참으로 경탄하여 마지않았습니다. 경탄

하기도 했지만, 감사의 마음도 생겼지요. 이와 같이 나의 충고를 기대하는 X선 장치 제조업자를 일찍이 본 적이 없었기 때문입니다. 어쩐지 자신이 훌륭해진 것처럼 느껴졌지요. 그 주간은 무척 바빴던 때이기는 했지만, 그 기자재를 보러 가기 위하여 다른 약속을 취소해 버렸습니다. 그 기자재는 볼수록 마음에 들었습니다. 아무도 이 기자재를 나에게 팔아 보겠다고 하는 사람도 없었습니다. 이것을 병원을 위해서 사도록 하는 것이 곧 나의 의견에서 나올 것이라는 느낌을 가졌을 뿐입니다. 그 우수한 효능에 팔려서 그만 기자재를 설치해 줄 것을 주문하게 되어버린 것입니다.』

에머슨은 그의 에세이 《자기 신뢰》에서 이렇게 말했다.

『우리는 천재들의 모든 작품에서 우리가 거부했던 생각들을 인지하게 되는데, 그 생각들이 어떤 위엄을 갖추고 우리에게 다시 돌아온다.』

에드워드 M. 하우스 대령은 우드로 윌슨의 대통령 재임 당시, 국내적으로나 대외적으로나 대단한 영향력을 발휘한 사람이었다.

윌슨 대통령은 비밀 문제의 상의 또는 건의에 관해서는 그의 각료들보다 하우스 대령에게 더욱 의지할 정도였다. 대통령에게 영향을 끼친 하우스 대령의 비결은 도대체 무엇이었을까? 다행히도 하우스 자신이 그 내용을 아서 D. 하우덴 스미스에게 이야기해 주었고, 스미스는 《새터디 이브닝 포스트》지의 한 투고에 하우스의 말을 아래와 같이 인용해 주었다.

『내가 대통령과 알게 된 뒤, 그를 어떤 생각으로 유도하는 데 가장 좋은 방법은 그 생각을 아주 우연스럽게 그의 마음속에 심어 주어서 그가 관심을 가지고 스스로 생각해낸 것처럼 만들어 버리는 것이 바람직하다는 것을 알게 되었다. 처음 나는 뜻밖의 일에서 이러한 효과를 발견하게 되었다.

어느 날, 나는 백악관을 방문하고 어떤 정책을 건의했는데, 그는 내 의견에 반대하는 듯한 눈치였다. 그러나 며칠 후 어느 저녁 식사 자리에서 내가 건의한 정책을 마치 자신의 것인 양 자랑스럽게 말씀하시는 것을 보고는 깜짝 놀랐다.』

여기서 하우스가 말을 가로채고 『이것은 대통령의 생각이 아니라 제 생각이 아닙니까?』라고 말했을까? 천만에 말씀이다. 그렇게 눈치 없는 짓은 하지 않았다. 그는 명예에 관하여는 무관심했고 결과만을 바랐을 뿐이다. 그래서 윌슨으로 하여금 그 정책이 대통령 자신이 창안한 것이라는 의식을 계속 지탱하도록 내버려 두었다. 그뿐만 아니라, 이 정책은 여론이 대단히 지지할 것이라고까지 말해 주었다.

우리가 접촉하게 되는 모든 사람이 우드로 윌슨과 꼭 같은 「인간」이란 것을 잊어서는 안 된다. 따라서 하우스 대령의 기술을 우리도 한번 사용해 보기로 하자.

뉴 브룬스윅의 아름다운 캐나다 지역에 사는 한 사람이 몇 해 전에 이 방법으로 나를 자기의 단골 고객으로 만들었다. 나는 그 때 뉴 브룬스윅에 가서 낚시질을 겸해서 뱃놀이를 하려고 계획하고 있던 중이었다. 그래서 여행사에 편지를 보내 필요한 정보를 알려주기를 부탁했다. 내 이름과 주소가 우편목록 명단에 실려 있는 까닭에 당장에 수십 통의 안내서와 팸플릿이 송부되어 왔다. 어느 것을 택해야 할지를 모르고 있을 때, 한 캠프의 소유자가 아주 교묘한 수를 썼다.

그는 그의 캠프에서 묵어 간 몇몇 뉴욕 사람들의 이름과 전화번호를 알려주며 직접 그들에게 전화를 걸어 그들의 권유를 들어보라는 것이었다.

신기하게도 그 이름 중에는 내가 아는 사람이 있었다. 나는 그에게 전화를 걸어 캠프생활이 어떤지를 물어 본 뒤, 그 캠프에 내 도착일자를 전보로 통지하게 되었던 것이다.

다른 사람들은 그들의 서비스를 나에게 팔려고 애썼으나, 그 캠프의 주인은 내 스스로 사게끔 만들었던 것이다.

2천 5백여 년 전, 중국의 현인 노자(老子)는 이 책을 읽는 독자들이 오늘날 명심해야 할 얘기를 한 적이 있다.

『강과 바다가 수많은 산골짜기 시냇물의 복종을 받는 이유는 그것들이 항상 낮은 곳에 있기 때문이다. 따라서 사람들보다 높은 곳에 있기를 바란다면 그들보다 아래에 있고, 그들보다 앞서기를 바란다면 그들 뒤에 서라. 그리하면 위에 있을지라도 사람들은 그 무게를 느끼지 못하고 앞에 있을지라도 그들의 마음을 상하게 하

지 않느니라(江海所以爲百谷王 以其能爲百谷下 是以能爲百谷王
聖人之在民前也 以身後之 其在民上也 以言下之 其在民上也 民弗
厚也 其在民前也 民弗害也).』

【원칙 7. 다른 사람으로 하여금, 그 의견이 자기에게서 나온
것이라고 느끼게 하라.】

— · — · · — · · — · · — 8 — · · — · · — · · — · —

다른 사람의 입장에서 관찰하라

여기에 철두철미 옳지 않은 생각을 가진 사람이 있다 해도 그 자신이 그것을 옳다고 생각할 때는 그 사람을 비난해서는 안 된다. 그런 사람을 비난하는 일은 바보라도 할 수 있을 것이다. 그를 이해하도록 노력하라. 현명하고 관대한 사람은 남을 이해하려는 노력에 인색하지 않는다.

다른 사람이 자기 방식대로 생각하고 행동하는 데는 이유가 있다. 그 숨은 이유를 찾아내라. 그러면 그의 행동과 나아가서는 그의 성격까지도 이해할 수가 있을 것이다. 실제로 상대방의 입장이 되어 보는 것이다.

『내가 그의 입장이라면 어떻게 느끼고 어떻게 반응할 것인가?』 이렇게 자문해 본다.

원인에 관심을 갖게 되면 결과에도 동정을 갖게 됨으로써 불필요한 시간과 마찰을 피할 수 있게 되는 것이다. 그뿐 아니라 인간관계에 있어서도 노련해질 수 있을 것이다.

케네스 M. 구드는 그의 저서 《사람을 황금처럼 빛나게 하는 법》에서 다음과 같이 말했다.

『자신의 문제에 대한 강렬한 관심도와, 다른 사람들의 일들에 대한 하찮은 관심도를 비교해 본 다음, 이 세상의 모든 사람이 당신과 똑같이 느낀다는 점을 상기하라. 그렇게 되면 링컨이나 루즈벨트처럼 대인관계에서 확고부동한 기반을 다질 수 있을 것이다. 즉 사람을 다루는 데 성공할 수 있느냐의 여부는 다른 사람의 입장을 얼마만큼 동정적으로 이해할 수 있는지에 달려 있는 것이다.』

뉴욕 헴스테드에 사는 샘 더글러스 씨는 아내가 4년 전 이사 올 당시보다 잔디밭이 더 나아진 것이 없는데도, 잡초를 뽑거나 비료를 주거나 또는 일주일에 두 번씩 풀을 깎아 주거나 하면서 잔디밭에 너무 오랫동안 매달린다고 불평을 늘어놓곤 했다. 이런 소리를 들을 때마다 으레 그의 아내는 기분 나빠했고 저녁 분위기는 깨졌다.

우리 코스에 참석한 후 더글러스 씨는 여러 해 동안 자신이 얼마나 바보 같은 행동을 해왔는지를 깨닫게 되었다. 아내는 그 일을 즐겨하고 있고, 더군다나 자신의 부지런함에 대한 남편의 칭찬을 얼마나 원했을까 하는 데에는 미처 생각이 미치지 못했던 것이다.

일찌감치 저녁식사를 끝낸 어느 날, 아내는 잡초를 뽑으러 함께 나가지 않겠느냐고 더글러스 씨에게 말했다. 처음에는 망설여졌지만, 생각을 바꾸어 아내를 따라 잡초 뽑는 일을 거들었다. 아내는 눈에 띌 정도로 즐거워하였고, 두 사람은 함께 일을 하면서 유쾌한 대화를 나누기도 하며 한 시간을 보냈다.

그 이후로도 이따금씩 더글러스 씨는 아내를 도와 정원손질을 하였고, 잘 가꿔진 잔디밭을 바라다보고 아내를 칭찬했으며, 흙이 단단하기가 마치 시멘트 같은데도 잔디 손질을 훌륭하게 했다는 찬사도 아끼지 않았다. 그 결과, 그는 아내의 입장에서 이해하려고 한 까닭에—비록 대상이 하찮은 잡초이기는 하지만—두 사람 모두가 보다 행복한 삶을 누리게 되었다.

제럴드 니렌버그 박사는 이렇게 말했다.

『대화를 나눌 때, 상대방의 생각이나 감정을 자기 것인 양 소중하게 여기고 있다는 것을 보여줄 때 비로소 협조를 구할 수가 있게 된다. 대화를 시작할 때 상대방에게 자기의 목적이나 방향을 제시하고, 그들로부터 듣고 싶은 말을 기준으로 하여 자신의 말을 조절하면서 상대의 의견을 너그러이 수용한다면 상대방 역시 당신의 생각을 받아들일 마음의 문을 열게 되는 법이다.』

나는 요 몇 해 동안 기분이 울적할 때면 집 근처에 있는 공원에서 산책과 승마를 즐기곤 했다. 나는 고대의 승려처럼 오크 나무를 숭앙하는 터인데, 계절마다 어린 오크 나무들이 공연한 화재로 죽어가는 것을 보고는 실망이 적지 않았다. 이러한 화재는 부주의

한 담뱃불에 기인한 것이 아니고, 대부분 소년들이 원시생활을 동 경하여 공원 나무 아래서 날고기를 불에 구워 먹다가 일어난 것이 다. 어떤 때는 이러한 불이 너무 커져서 소방차가 출동한 적도 있 었다.

공원 모퉁이에는 불을 낸 사람은 벌금 또는 실형에 처한다는 경고문이 붙어 있기는 하나, 그 표지가 공원에서도 통행이 뜸한 장소에 붙어 있기 때문에 효과는 기대할 수 없다. 기마경관 한 사 람이 이 공원을 순찰하고 있기는 하지만, 그도 또한 임무에 열중 하지 않은 탓으로 화재는 계절마다 일어났다.

언젠가 한번 나는 화재를 발견하고 순찰 경관에게 달려가서 신 고했으나, 그는 태연스럽게도 그곳은 관할 구역이 아니기 때문에 자기가 간여할 일이 못된다고 대답한 적이 있다. 이 말에 기가 막 혀버린 나는 그 후부터 공원을 말을 타고 산책할 때는 내 스스로 공원 보안관이 된 기분으로 행동했다. 그러나 처음에는 소년들의 입장을 이해하려고 하지 않았다.

나무 아래서 불이 피어오르는 것을 발견하면 정의감에 불타 강 경한 방법을 취했다. 소년들에게는 말을 몰고 달려가서는 불을 피 운 벌로 유치장에 들어가게 될 것이라고 경고하고, 위엄 있는 말 투로 당장 불을 끄라고 명령하였다. 그래도 듣지 않으면 당장에 체포하겠다고 위협도 했다. 나는 단순히 그들의 생각은 고려해 볼 여지도 없이 내 감정만을 늘어놓아 버렸던 것이다.

그 결과는? 소년들은 내심 마땅치 않았지만, 마지못해 내 말에 따랐다. 내가 언덕을 넘어가 버리면 그들은 아마 다시 불을 피우기 시작할 것이며, 속으로는 공원을 전부 불질러버리고 싶을 것이다.

해가 거듭되는 동안 인간관계에 관한 좀 더 깊은 지식과, 다른 사람의 입장을 이해하려는 좀 더 많은 이해가 나에게 생기게 되었다. 지금 같으면 아마 나는 그들에게 명령하는 대신 그들 앞으로 다가가서 이렇게 말할 것이다.

『너희들 참 재미있어 보이는구나. 저녁식사로 무엇을 요리하는 중이냐? 나도 어렸을 때는 이렇게 불장난을 즐겨했지. 지금도 마찬가지지만 말이야. 그러나 이런 공원에서는 대단히 위험하다는 것을 잊어서는 안 된다. 너희들은 위험한 짓은 하지 않겠지만, 다른 애들은 부주의한 짓을 가끔 하니까 말이다.

그 애들이 너희들 불 피운 것을 보고는 자기들도 한번 해본다고 불을 피워 놓고는 집으로 돌아갈 때는 그만 잊어버리고 가곤하기 때문에 그 불이 마른 잎에 붙어 큰 불이 되고 만단다. 우리다 같이 서로 조심하지 않으면 이 공원에는 나무 한 그루 남아나지 못할 것이다.

불을 피운 죄로 교도소에까지 들어갈 수도 있지만, 그렇다고 너희들에게 호통을 치거나 즐겁게 노는 것을 간섭하고 싶지는 않다. 하지만, 낙엽은 불 곁에서 멀리 쓸어버리고, 다 논 뒤에는 흙을 불 위에 덮어 확실히 끄도록 해라. 그리고 이다음에 이런 놀이를 할 때는 저 언덕 위에 있는 모래구덩이 속에서 불을 피우면 어떻겠니? 거기라면 위험할 게 없을 테니 말이다. 그럼 재미있게 놀아라.』

같은 말이라도 이렇게 하면 효력은 전혀 다를 것이다. 소년들도 협조하고 싶은 마음이 생길 것이다. 불만이나 반발의 태도도 없을 것이다. 그들은 명령에 복종하도록 강요된 바가 없기 때문에 체면도 손상되지 않았을 것이고, 내가 그들의 입장을 생각함으로써 나 자신이나 그들 모두가 기분 좋은 결과를 얻을 수 있었을 것이다.

다른 사람의 눈을 통해 사물을 보는 일은, 두 사람 사이의 고조된 감정을 부드럽게 풀어 주기도 한다.

오스트레일리아의 뉴 사우스 웨일즈에 사는 엘리자베스 노박 부인은 자동차 할부금을 6주일이나 늦게 냈다. 그녀는 이렇게 말했다.

『어느 금요일, 나는 내 할부금 구좌를 담당하는 남자로부터 월요일 아침까지 1백 22달러를 입금시키지 않으면 그에 따른 조치를 취하겠다는 불유쾌한 전화를 받았습니다. 더구나 주말이어서 그 돈을 마련할 길이 없었으므로, 월요일 아침 다시 그의 전화를 받았을 때 나는 최악의 경우를 생각했습니다. 화를 내는 대신 나는 그의 입장에 서서 상황을 살폈습니다. 불편을 끼쳐 미안하다고 진심으로 사과를 했으며, 할부금을 늦게 낸 것만 해도 이번이 처음이 아니므로 나야말로 성가신 고객임에 틀림없을 것이라는 말도 했습니다. 그런데 갑자기 그의 목소리가 바뀌더니 전혀 그렇지 않다고 나를 안심시켜 주더군요. 때때로 자기 고객들이 얼마나 무례하며 거짓말을 잘하고, 어떤 때는 자기를 피하기도 한다는 둥 몇 가지 실례를 들어가며 계속 이야기를 하더군요. 나는 아무 말도 하지 않았습니다. 잠자코 듣기만 하면서 그로 하여금 자신의 애로사항을 나에게 다 말하도록 했습니다. 그러고 나서 내 쪽에서는 아무런 제의도 하지 않았는데, 어려우면 할부금을 지금 다 내지 않아도 상관없다고 말해 주었습니다. 이 달 말일까지 20달러만 먼저 내고 그 나머지는 형편 닿는 대로 지불해 주었으면 좋겠다고 말했습니다.』

다른 사람에게 어떤 것을 요청하거나, 물건을 사라거나, 기부하라거나 하는 등의 부탁을 하기 전에 우선 상대의 입장에서 고려해 보도록 노력해 보라. 또한 자신에게 그는 왜 이렇게 하지 않으면 안 되었을까, 하고 물어보라. 이런 것들은 실상 시간이 걸리겠지만, 마침내는 친구를 만들고 보다 좋은 결과를 손쉽게 얻을 수 있을 것이다.

『내가 무엇을 말할 것이며, 이에 대하여—이해관계와 심적 동기에 대한 나의 지식으로 미루어—그가 어떻게 대답할 것인지를 명백하게 예상해 놓지 않고서는 면담하기에 앞서 차라리 두세 시간이라도 그의 사무실 문전에서 서성거릴 일이지 감히 문을 열고 들어서지는 않을 것이다.』라고 하버드 직업학교의 돈 햄 학장은 말한 적이 있다.

이 책을 읽은 덕택으로 한 가지 일—즉 항상 다른 사람의 입장에 서서 생각해 보며 자신의 각도에서뿐만 아니라, 다른 사람의 각도에서도 관찰해 보는 습관—이것만이라도 얻을 수 있다면 당신의 직업 생활면에서 틀림없는 이정표 역할을 하게 될 것이다.

【원칙 8. 상대방의 입장에서 관찰하도록 노력하라.】

9

모든 사람이 원하는 것

논쟁을 막고 나쁜 감정을 없애고 우호를 증진시키면서 다른 사람으로 하여금 자기의 말에 귀를 기울이도록 만들어주는 마법의 말을 알고 싶지 않은가?

『그렇게 생각하시는 것도 전혀 무리가 아닙니다. 내가 선생이었더라도 역시 그렇게 생각했을 겁니다.』

이렇게 말머리를 열어 보라.

대답이 이렇게 나오면 아무리 심술궂은 사람이라도 누그러지게 마련이고 당신 자신도 백 퍼센트 성실한 마음을 갖게 될 것이다. 당신이 그 사람의 입장이라도 그와 똑같이 느꼈을 것이기 때문이다.

여기서 알 카포네를 예로 들어 설명해 보겠다.

당신이 만일 알 카포네와 꼭 같은 정신과 육체를 타고났다고 가정해 보자. 또한 당신이 그와 똑같은 환경과 경험을 가졌다고 가정해 보자. 당신은 하나 다른 것 없이 그와 마찬가지로 될 것이고, 그가 있는 곳에 있게 될 것이다. 그를 그토록 만든 것은 다름 아닌 그런 조건들이기 때문이다.

당신이 방울뱀이 아닌 단 한 가지 이유는 어머니와 아버지가 방울뱀이 아니었기 때문이다.

당신의 현재가 당신만의 공적이라고 생각하지는 말라. 또한 당신 앞에 노하고 편협하고 불합리한 사람이 나타났다고 하더라도 그것이 그 사람만의 책임이라고 생각해서는 안 된다. 그 가엾은 악마를 불쌍히 여기고 동정하라. 자기 자신에게 이렇게 말해 보라.

『하나님의 은총으로 내가 있나니.』

당신이 만나는 사람 가운데 4분의 3은 동정에 굶주리고 목마른 사람들이다. 그 사람들에게 동정을 주어보라. 그러면 그들은 당신을 사랑하게 될 것이다. 나는 언젠가 《작은 아씨들》의 저자인 루이사 메이 올컷(Louisa May Alcott, 1832~1888)에 관하여 방송한 적이 있다. 그녀가 매사추세츠 주의 콩코드에서 살았으며, 그녀의 불후의 작품들이 이곳에서 저술되었다는 사실을 나는 잘 알고 있었는데, 나는 무의식중에 그만 그녀를 뉴햄프셔의 콩코드에 있는 자택으로 방문했다고 말해버렸다. 이 뉴햄프셔라는 말을 단한 번만 했었더라도 별 탈은 없었을 터인데, 나는 참으로 기가 막히게도 두 번씩이나 해버렸던 것이다.

서신과 전보가 빗발치듯 날아들었고, 찌르는 듯한 공격이 변명의 여지가 없는 내 머리의 둘레에서 벌떼와 같이 휘몰아쳤다. 그

가운데 대부분은 노여움을 띤 것이고 모욕적인 내용도 있었다. 매사추세츠에서 자라나고, 그 당시에는 필라델피아에서 살고 있던 한 중년 부인은 분노를 나에게 터뜨리고 말았다. 내가 올컷 여사를 뉴기니에서 온 식인종이라고 불렀대도 이토록 혹독할 수는 없었을 것이다.

그 부인이 보낸 편지를 읽으면서 『주여, 이런 여자와 결혼하지 않은 것을 감사하게 생각합니다.』라고 자신에게 뇌까릴 정도였다. 나는 자신이 비록 지리적인 과오를 범하기는 하였지만, 당신은 상식적인 예의상으로 더 크나큰 과오를 범하고 있다는 말을 서신이나 말로 써 보내고 싶었다.

이것은 머리말에 불과한 것이고, 그리고는 소매를 걷어붙이고는 정말 마음먹은 것들을 털어놓아 버리려고 했다. 그러나 나는 그렇게 하지를 않았다. 나 자신을 억제했다. 그리고는 성급한 바보나 이런 짓을 할 수 있는 것이라고 마음속으로 다짐했다. 나는 바보이어서는 안 된다는 생각에서 그녀의 반발을 우정으로 바꾸어 보도록 노력했다. 이것은 도전인 동시에 내가 할 수 있는 게임의 한 가지였다.

『결국 내가 그녀라도 그렇게 했을 것이다.』 이렇게 자신에게 말해보고 그녀의 견해를 이해하기로 마음먹었다. 그 후 나는 필라델피아에 들르는 기회에 그녀에게 전화를 걸어 다음과 같은 대화를 했다.

나 : 여보세요 부인, 부인께서는 수주일 전에 저에게 편지를 주
　셨는데, 참으로 고맙게 생각합니다.

그녀 : (날카로우면서도 교양 있고 세련된 목소리로) 제가 지금
　누구와 대화를 하고 있는 거죠?

나 : 처음 뵙겠습니다. 제 이름은 데일 카네기라고 합니다. 부인
　은 제가 몇 주일 전에 루이사 메이 올컷에 관해서 방송한
　것을 들으셨을 것으로 알고 있습니다마는, 그 때 그녀가 뉴
　햄프셔의 콩코드에 산다고 용서받을 수 없는 실언을 해버렸
　지요. 참으로 바보 같은 실수였는데, 이 일을 여기에서 사과
　드립니다. 바쁘신 가운데도 그토록 편지를 해주셔서 감사합
　니다.

그녀 : 그런 편지를 드려서 죄송합니다, 카네기 씨. 그 때는 그
　만 참지를 못하고 무례함을 사과드립니다.

나 : 천만의 말씀입니다. 사과드려야 할 쪽은 부인이 아니라 저
　입니다. 어린아이라도 알고 있는 일을 제가 실언해 버렸지
　요. 그래서 그 다음 일요일 방송을 통해 사과를 드렸지만,
　부인께는 직접 사과를 드리고 싶었습니다.

그녀 : 저는 매사추세츠의 콩코드 출신이지요. 그리고 우리 집
　안은 매사추세츠 주에서 2백 년 동안을 내려오는 전통 있는
　가문이기 때문에 저는 고향을 퍽이나 자랑스럽게 여기고 있
　습니다. 그래서 선생님께서 올컷 여사가 뉴햄프셔 출신이라

고 말씀하셨을 때 몹시 실망했던 거예요. 그러나 지금은 그 편지를 몹시 부끄럽게 생각해요.

나 : 부인의 실망은 저의 실망에 비하면 10분의 1도 못될 것입니다. 제 실수는 매사추세츠를 손상시켰을 뿐만 아니라, 제 자신까지도 손상시키고 말았으니까요. 실상 부인과 같은 신분과 교양을 가지신 분 중에 일부러 시간을 내어 편지를 그렇게 써주시는 분이 얼마나 되겠습니까. 다음에라도 제 말에 과오가 발견되면 또 편지로 알려주시기를 부탁합니다.

그녀 : 제가 드린 비평을 그렇게 받아 주시니, 정말 감사합니다. 선생님은 틀림없이 훌륭한 분일 거예요. 선생님을 더 좀 깊이 알았으면 합니다.

이렇게 나의 사과와 그녀의 입장에 대한 이해로 말미암아 그녀의 사과와 나의 입장에 대한 이해를 얻을 수 있었던 것이다.

나는 자신의 성급함을 자제함으로써 모욕을 친절로 갚아주는 자기만족을 맛볼 수 있었다. 그녀를 나와 같이 만들어버릴 수 있었다는 데서, 그녀를 저주함으로써 얻을 수 있을 즐거움보다 더 크나큰 즐거움을 맛볼 수가 있었다.

백악관의 주인 되는 사람은 누구나 할 것 없이 민간관계의 골치 아픈 문제들을 매일같이 당면하게 된다.

태프트 대통령도 그 가운데 한 분인데, 그는 경험을 통해서 분노라는 감정의 산성을 중화시키는 데 있어서 동정의 지대한 화학적 가치를 발견하였다. 《봉사의 윤리학》이란 저서에서 태프트 씨는 한 야심적인 어머니의 노여움과 그 아들의 실망을 어떻게 풀어주었는지를 재미있게 해설하고 있다.

『워싱턴에서 정치적 영향력이 있는 남편을 가진 한 부인이 그녀의 아들을 어느 자리에 임명시켜 달라고 수주일 동안을 나에게 졸라댔다. 그녀는 상당수의 상원의원과 하원의원의 협조도 장담하였고, 실제로 입증하기 위하여 그들을 데리고 오기까지 했다. 그 직책은 기술 면의 자격을 필요로 하는 것이기 때문에 나는 그 국장이 추천하는 다른 사람을 그 자리에 임명해 버렸다.

그랬더니 그 어머니는 나에게 편지를 보내, 내가 조금만 마음을 썼더라면 자기를 행복하게 만들 수 있었는데, 그렇게 하지 않은 것은 은혜를 모르는 사람이라고 말했다. 그뿐 아니라, 자기 주출신 의원과 함께 애를 써서 내가 특히 관심을 가지고 있던 행정부 의안에 찬표를 얻도록 해주었는데도 불구하고 이렇게 보답했다고 불만이 여간 아니었다.

이러한 편지를 받았을 때, 누구나의 머리에 먼저 떠오르는 것은, 이 무례하고 건방진 언동의 주인공에 대하여 얼마만한 관용의 태도를 취해야 할 것인가 하는 문제인 것이다. 그리고는 이에 대한 회답을 작성하게 된다. 만일 현명한 사람이라면 이 회답을 책상서랍에 처넣어 버리고 자물쇠를 채워버릴 것이다. 그리고 한 이

틀이 경과한 뒤에 편지를 다시 꺼내 보라—그러한 편지의 회답은
으레 2,3일 늦어지기 마련이다—이만한 시간의 간격을 두게 되면
그 회답은 영영 발송하지 않게 되고 말 것이다.

이것이 내가 항상 취하고 있는 방법이다. 이렇게 한 뒤에 나는
조용히 앉아서 최대한의 친절한 말투로 이렇게 회답을 쓴다.

「이런 때에 얼마나 모친 되신 분이 실망하실 것인지를 잘 알
고 있습니다. 그러나 인사(人事)라는 것은 단순히 나 개인의 의사
만으로 좌우할 수는 없습니다. 기술상의 자격을 가진 사람을 선발
해야 했기 때문에 부득이 해당 국장의 추천에 따랐던 것입니다.」

그리고는 그 아들이 현재의 직책에서 모친이 기대하고 있는 영
달(榮達)을 성취하기를 바란다는 내 희망을 전달했다. 그 후 그녀
는 다시 편지를 보내 누그러진 마음으로 자기가 보낸 편지 내용에
대하여 미안하게 생각한다는 뜻을 전해 왔다.

내가 임명하려고 한 사람의 발령이 조금 늦어지고 있는 동안
같은 필체이기는 하나 이번에는 그녀의 남편 이름으로 된 편지 한
통을 받았다. 그 편지에 의하면 부인이 이번 일로 실망한 나머지
병상에 눕게 되고 마침내 위암 증세를 보이고 있다는 것이었다.
그러면서 그녀를 회복시켜 주기 위하여 이미 지시한 임명 건을 취
소하고 그의 아들을 임명해 달라는 것이었다. 나는 또 하나의 편
지를 쓰지 않으면 안 되었는데, 이것은 남편 앞으로의 편지였다.

부디 오진이기를 바라며 부인이 중병이라는 데 대하여 마음 아

프게 생각하나 그렇다고 이미 지시한 임명을 취소한다는 것은 불가능한 일이라는 내용이었다. 그 임명을 지시한 사람에 대한 발령이 난 지 이틀 후 백악관에서 음악회가 개최되었다. 그 때 맨 먼저 우리 부부에게 인사를 건넨 사람은 다름 아닌 그들 부부였다. 조금 전까지만 해도 그녀는 중병으로 누워 있다고 했는데.』

제이 맨검 씨는 오클라호마 주 툴사에 있는 한 엘리베이터-에스컬레이터 정비업소의 사장이었는데, 툴사의 어느 유수한 호텔과 에스컬레이터 정기점검 계약을 맺었다. 호텔 지배인은 손님에게 불편을 주지 않기 위해서 에스컬레이터 운행을 두어 시간 동안이나 중단하는 것을 원치 않았다. 수리하는 데에는 적어도 8시간이 소요되었다. 게다가 그의 회사에서도 호텔 측의 편의에 따라 수리해 줄 일류 수리공이 항상 대기하고 있는 것은 아니었다.

맨검 씨는 일류 수리공에게 그 일을 맡길 계획을 세운 후, 호텔 지배인에게 전화를 걸어서, 정비에 필요한 시간을 가지고 그와 왈가왈부 논쟁하는 대신 그에게 이렇게 말했다.

『릭, 호텔이 매우 복잡해서 에스컬레이터가 정지해 있는 시간을 최소화하고 싶어 하는 자네의 심정은 이해하네. 나 역시 자네의 걱정을 충분히 이해하고 있으며, 수리에 최선을 다하려고 하네. 하지만 내가 보기엔 지금 완벽하게 수리를 하지 않으면 앞으로 에스컬레이터가 더 자주 말썽을 일으키게 되어 그 때는 꽤 오랜 동안 운행중지를 하지 않으면 안 될 사태에 처하게 될지도 모를 걸세. 며칠씩이나 손님들에게 불편을 주고 싶지는 않겠지?』

그러자 지배인은 차라리 8시간 동안의 운행 중지가 며칠 동안 운행을 중지하는 것보다는 낫다고 말할 수밖에 없는 것이었다. 손님들을 불편하게 해서는 안 된다는 지배인의 사명감을 이쪽에서도 이해함으로써 맨검 씨는 그 지배인이 원만하게 그리고 적대감을 품지 않고 스스로 생각할 수 있도록 했던 것이다.

미주리 주 세인트루이스의 피아노 교사 조이스 노리스 부인은, 피아노 선생들이 10대 소녀들을 가르칠 때 흔히 부딪치는 문제점을 놓고 그녀가 어떻게 해결했는지를 얘기해 주었다. 배버트는 유달리 손톱을 길게 길렀다. 이것은 올바른 연주습관을 길들이기에는 심각한 핸디캡이었다. 노리스 부인의 얘기는 이렇다.

『배버트의 긴 손톱이 피아노를 치는 데 장애가 된다는 것을 알았죠. 처음 피아노를 배우러 오기 전 그 애와 가졌던 면담에서 나는 손톱에 대해서는 실망시키고 싶지 않았으며, 또 그렇게 자랑스럽고 매력적으로 보이려고 정성을 들이던 손톱을 쉽사리 깎아버리지는 않으리라는 것을 알고 있었으니까요.

첫 레슨이 끝난 후, 나는 기회를 보아 배버트에게 말했습니다. 「배버트, 너는 손도 예쁘고 손톱도 아름답구나. 만일 네가 피아노를 네 맘껏 치고 싶다면 그 손톱을 조금만 깎아버리렴. 그러면 더 빨리 그리고 쉽게 피아노를 칠 수 있다는 걸 알고 아마 너 자신도 깜짝 놀랄 거야. 한번 생각해 보지 않겠니?」

그러자 배버트의 얼굴은 거부하는 표정이 완연했습니다. 그 아이 어머니에게도 그렇게 말하면서 손톱이 정말 예쁘다는 말도 했습니다. 그 엄마 역시 거부반응을 보이더군요. 그래서 나는 배버트의 아름다운 손톱이 그녀에게 있어서는 정말 중요하다는 생각이 들었습니다.

그런 다음 주, 배버트는 두 번째 레슨을 받으러 왔습니다. 그런데 놀랍게도 손톱이 가지런히 손질이 되어 있었어요. 그래서 나는 그런 장한 일을 한 배버트에게 진정으로 칭찬을 아끼지 않았습니다. 그리고 배버트가 그렇게 하도록 영향을 끼친 그 아이 어머니에게도 고맙다고 했죠. 그러자 어머니는, 「아니에요, 저는 한 게 아무것도 없어요. 배버트 혼자서 결정한 걸요. 그 애가 다른 사람의 얘기를 듣고 손톱을 깎은 건 이번이 처음이에요.」라고 대답했습니다.」

노리스 부인은 손톱이 긴 학생은 가르치지 않겠다고 배버트를 위협했는가? 아니다. 그녀는 그렇게 하지 않았다. 그녀는 배버트로 하여금, 손톱을 기르는 것도 하나의 멋이며, 그것을 깎는다는 것은 나름대로 큰마음을 먹지 않고서는 할 수 없는 일이라는 점을 스스로 알게 했던 것이다. 노리스 부인의 말 속에는, 「난 너의 마음에 동감한다. 쉽지는 않겠지만, 그만큼 피아노를 잘 칠 수 있을 거야」라는 의미가 함축되어 있었던 것이다.

솔 휴로크(Sol Hurok)은 미국에서 손꼽히는 음악 흥행사이다. 25년간이나 살리아핀, 이사도라 덩컨, 파블로바와 같은 세계적 예술가들과 접촉해 왔다.

휴로크 씨는 말하기를, 이들 신경질적인 예술가들을 다룬 결과로 터득한 첫 번째 교훈은, 그들의 뛰어난 개성에 대한 철두철미한 이해가 필요하다고 했다. 그는 살리아핀의 매니저로 3년 동안 일한 적이 있는데, 이 대 가수에 대하여 항상 골머리를 앓았다. 그는 마치 응석받이 어린애와 같이 굴었다. 휴로크 씨 자신의 독특한 표현을 빌리자면,

『그는 어느 모로 보나 악마 같은 친구야.』

한 예로서 살리아핀은 출연하게 된 날 낮에 휴로크 씨에게 전화를 해서는,

『솔, 지금 몸이 영 좋지 않아요. 목구멍이 마치 굽지 않은 햄버거 같아요. 오늘 저녁에 노래하기는 도저히 불가능해요.』하고 말하는 것이다.

휴로크 씨는 이럴 때 그와 언쟁을 하였을까? 천만에. 그는 흥행사가 예술가를 다루는 데는 그런 방법으로는 안 된다는 것을 잘 알고 있었다. 그는 우선 살리아핀의 호텔로 달려가서는 위로의 말을 퍼붓는다.

『그거 참 안됐군, 불쌍한 친구. 오늘 노래를 못하는 것은 당연하지, 당장에 출연을 취소하겠어. 그저 몇 천 달러 손해 보는 것은

대단치 않아. 무리해서 노래를 불러 인기가 떨어지는 것보다야 낫지.』

그럴라치면 살리아핀은 한숨을 내쉬고는,

『오후 느지막하게 한번 또 들려주지 않겠어요? 다섯 시쯤에 오셔서 그 때 상태가 어떨지 한번 보는 게 좋겠어요.』 이렇게 대답한다.

다섯 시에 휴로크 씨가 그의 호텔로 달려가서 또 마구 동정을 표시하며 출연을 취소하자고 주장하면 살리아핀은 한숨을 내쉬며,

『이따가 한번 또 와 보시죠. 그 때는 좀 더 나아질지 모르니까요.』 한다.

7시 30분에 이르러서야 살리아핀은 마침내 출연할 것을 동의하고 그 대신 휴로크 씨가 청중들에게 살리아핀이 심한 감기에 걸려서 목소리가 몹시 좋지 않은 상태라는 것을 사전에 광고하도록 당부한다. 휴로크 씨는 빈말로라도 그렇게 하겠노라고 약속하는데, 그 베이스 가수를 무대로 끌어내는 길은 그 도리밖에 없다는 것을 알고 있기 때문이다.

아더 I. 게이츠 박사는 그의 훌륭한 저서 《교육 심리학》에서 이렇게 말했다.

『인간은 누구나가 다 동정받기를 원한다. 어린아이들은 동정을 받아내기 위한 나머지 스스로 상처를 내는 일조차 있다. 이와 마찬가지로 어른들도 그들의 상처를 보여주고 싶어 하며 사고나 질

병, 특히 외과수술의 상세한 경과 등을 이야기하고 싶어 한다. 불행에 대한 「자기 연민」은 실제건 가상이건 어느 정도는 누구에게나 있는 법이다.』

　만일 다른 사람이 자기처럼 생각해 주기를 바란다면 이것을 실행해 보라.

　【원칙 9. 다른 사람의 생각과 욕구에 동감해 주라.】

—··—··—··—10—··—··—··—··—

모든 사람이 좋아하는 호소 방법

나는 미주리 주에 있는 제시 제임스의 고향 변두리에서 자라났다. 그래서 제시 제임스의 아들이 아직도 생존해 있는 미주리 주커니의 제임스 농장을 방문한 적이 있다.

그의 부인은 제시가 어떻게 기차를 습격하고 은행을 털었으며, 그 돈을 이웃 가난한 농부들에게 나누어주어 부채를 청산케 하였는지를 이야기해 주었다. 제시 제임스는 2세기 뒤의 더치 슐츠나, 쌍권총 크롤리, 알 카포네와 마찬가지로 자신을 이상주의자라고 생각했던 모양이다. 문제는 이것이다. 즉 당신이 만나는 모든 사람이 자신에 대한 커다란 자부심을 가지고 있으며, 자기 계산으로는 훌륭하고 후한 사람이라고 생각하고 있다는 것이다.

대은행가인 J. P. 모건은 그의 한 심리 분석적 수필 속에서 『사람은 보통 행동에 대한 두 가지의 이유를 가지고 있는데, 한 가지는 그럴싸하게 보일 뿐인 것이고, 또 하나는 진짜의 것이다.』라고 관찰했다.

그 중 진짜 이유는 굳이 이러쿵저러쿵 말하지 않더라도 당사자는 잘 알고 있을 것이다. 인간은 누구든 이상주의적 경향을 가지고 자기의 행위에 대해 아름답게 채색된 이유를 붙이고 싶어 한다. 그래서 다른 사람의 생각을 바꾸게 하는 데는 이 아름답게 윤색된 이유를 붙이고 싶어 하는 마음에 호소하는 것이 효과적이다.

이런 사실을 사업 면에서 활용시켜 본다면 너무나 이상주의적이라고 할 것인가?

여기에서 펜실베이니아 주 글레놀덴에 있는 파렐 미첼 회사의 해밀튼 J. 파렐 씨의 경우를 생각해 보자.

파렐 씨의 아파트에 아직 계약 기한이 4개월이나 남아 있는데도 당장 집을 비우고 나가겠다고 위협하는 불만투성이 입주자가 있었다. 그는 계약에는 관계없이 당장에 집을 비우겠다고 통고해 온 것이다.

『이 사람들은 1년 중 가장 경비가 많이 드는 겨울 동안을 우리 집에서 살아 온 것입니다. 이 아파트를 가을 전에 또 임대하기란 퍽이나 힘든 일이라는 것을 잘 알고 있기 때문에 나는 벌컥 화가 났습니다. 전 같으면 계약서를 다시 한 번 읽어 보라고 대들며, 만일 기어코 옮겨 간다면 계약의 잔액에 대하여는 다른 방법을 써서라도 이를 회수하고 말겠다고 호통을 쳤을 것입니다. 그러나 그렇게 떠들썩하지 않고 해결할 방법이 없을까 생각했지요. 그래서 이렇게 말을 건넸습니다.

「도우 씨, 선생께서 하시는 말씀을 잘 들었습니다만, 아무래도 선생이 이사하리라고는 생각지 않습니다. 오랫동안 이 임대업을 하다 보니 사람을 보는 눈에 관하여 여러 가지 배운 것이 있는데, 제가 선생을 처음 보았을 때 벌써 신용할 만한 분으로 보았지요. 아직도 그 생각은 변함이 없기 때문에 내기를 해도 좋다는 생각입니다. 선생께서는 결심하신 것을 며칠 동안만 잘 검토해 보십시오. 그리고 임대 기간이 끝나는 다음 달 초하룻날까지 나를 찾아와서 그 때도 옮길 마음이 변치 않았다고 말씀하시면 이쪽에서도 선생의 결정에 따르겠습니다. 즉 선생이 자유로이 옮겨 갈 권리를 드리고, 제 판단이 틀렸다는 것을 인정하겠습니다. 그러나 선생이 약속을 존중하는 분이고, 그 계약에 충실하시리라는 것을 아직도 믿고 있습니다. 어쨌든 결국 우리는 인간이거나 원숭이거나 둘 중 하나일 테고, 결국 그 선택은 대개 자신에게 있으니까요!」

새 달이 돌아오자, 그 신사는 직접 찾아와서 집세를 치러 주었습니다. 그의 말에 의하면, 그들 내외가 상의한 결과 그대로 머물러 있기로 작정했다는 것입니다. 오직 명예스러운 일은 계약에 충실해야 한다는 결론에 도달했던 것이지요.』

작고한 노스클립 경이, 한번은 어떤 신문사가 공개하고 싶지 않은 자기의 사진을 게재한 것을 발견하고는 그 편집자에게 서신을 보냈다. 그러나 『내 마음에 들지 않으니 그 사진을 다시는 게재하지 마시오.』 이렇게 쓰지는 않았다. 그 대신 그는 더 고상한 심정에 대하여 호소했다. 그는 모든 사람이 어머니에게 가지고 있는 존경과 사랑에 호소해서 다음과 같이 써 보냈다. 『다시는 나의 그 사진을 게재하지 않기 바랍니다. 나의 어머니께서 싫어하니까요』

존 D. 록펠러 2세가 아이들의 사진을 사진사들이 찍는 것을 막고자 할 때는 그도 역시 그 아름다운 심정에 대하여 호소했다. 『애들의 사진이 게재되는 것을 원치 않습니다.』 이렇게 말하지는 않았다. 그는 아이들을 상처 입히고 싶지 않은 모든 사람의 한결같은 심정에 호소했다. 그는 이렇게 말했다.

『당신들은 잘 알게 아닌가. 당신들 중에도 아이들을 가진 사람이 있을 텐데. 아이들이 너무 얼굴이 팔리면 좋지 않단 말일세.』

메인 주 출신의 가난한 소년 사이러스 커티스가 《새터디 이브닝 포스트》와 《레이디즈 홈 저널》지의 소유자로서 백만장자가 되기 전 사업에 첫발을 들여놓았을 때, 그는 다른 잡지사들처럼 원고료를 제대로 지불할 능력이 없었다. 그는 또한 돈에 팔려 다니는 일급 작가들을 고용할 능력이 없었다. 그래서 부득이 그들의 아름다운 심정에 호소해 보았다. 그는 당시 한창 이름을 떨치던 《작은 아씨들》의 작가 루이사 메이 올컷 여사를 그를 위하여 글을 쓰도록 만들었다. 그는 그녀가 가장 아끼는 자선단체에 단지 1백 달러짜리 수표 한 장을 보낸 것으로 그 일을 성사시켰던 것이다.

여기서 어떤 회의론자는 이렇게 말할 것이다.

『그래, 그런 어리석은 짓이 노스클립 경이나 록펠러, 혹은 감상적 소설가에게는 들어맞을는지 모르지만, 돈을 받아내야 할 골칫덩이 녀석들한테도 통할는지 알고 싶소.』

옳은 말이다. 모든 경우에, 그리고 모든 사람에게 다 같이 적용되는 것이란 있을 수 없다. 만일 당신이 지금의 결과에 대하여 만족하고 있다면 굳이 지금까지 해온 방법을 바꿀 이유가 어디 있겠는가? 그러나 그렇지 못하다면 한번 시험해 볼 일이다.

과거 나의 강좌에 참가한 적이 있는 제임스 L 토머스의 다음과 같은 체험담을 들어보면 흥미 있을 것이다.

어떤 자동차회사의 여섯 명의 고객이 수리비의 지불을 거부한 적이 있다. 청구서 전액에 대하여 반대하는 것이 아니고, 각자는 경비의 일부가 부당하다고 주장하는 것이었다. 수리 항목마다 고객들의 사인을 받고 있었기 때문에 회사 측으로서는 하자가 없다고 믿고 또 그렇게 말했다. 이것이 첫 번째 실수였다.

그리고 신용계 직원이 그 미불금 회수를 위하여 취한 조치가 있는데, 과연 이 조치로써 소기의 목적을 달성할 수 있었을까?

1. 고객을 일일이 방문해서 미불금을 독촉했다.
2. 회사 측의 견해는 절대적이며, 또한 무조건 정당하다. 따라서 고객 측은 무조건 옳지 않다는 뜻을 명백히 밝혔다.

3. 회사 측이 고객들보다 자동차에 관해 훨씬 잘 알고 있다. 따라서 트집의 여지가 있을 수 없다.

4. 결과적으로 논쟁이 일게 되었다.

이 방법으로 고객을 설득해서 지불문제를 해결할 수 있었을까? 당신 자신에게 그 대답을 한번 물어보라.

이 문제가 총무부장에게까지 올라오게 되고, 신용계원은 그의 법률상 재능으로 한바탕 일을 터뜨리고 말 판국이었다. 그러나 총무부장은 문제의 고객들을 다시 한 번 조사해 본 결과 이들이 평소 신용이 아주 좋은 고객들이라는 것을 알게 되었다. 어딘가에 잘못이 있는 게 분명하다. 즉 수금 방법에 과오가 있었던 것이다. 그래서 그는 제임스 토머스를 불러 이 문제를 해결하도록 지시했다. 토머스 씨는 다음과 같은 방법을 썼다고 설명했다.

1. 나는 다른 장기 미불금을 수금할 때와 마찬가지로 고객들을 직접 방문했다. 그러나 그 말은 한 마디도 하지 않고 다만 여태껏 회사가 어떻게 처리하여 왔나, 또는 무엇을 잘못했는지를 알아보고자 왔노라고 말했다.

2. 고객의 경위를 들어보기 전에는 아무 의견도 말할 수 없다는 입장을 밝히고, 회사 측도 반드시 옳은 주장만을 한다고는 볼 수 없다고 말했다.

3. 나는 오직 그의 차에 대해서만 관심을 가지고 있으며, 그의

차에 관해서는 누구보다도 그가 더 잘 알고 있으며, 따라서 이 문제는 바로 그가 권위자라고 말해 주었다.

4. 그로 하여금 말을 하게 하고, 나는 그저 관심과 그가 기대하는 동정의 표시만을 하며 경청해 주었다.

5. 마지막에 그 고객의 기분이 가라앉았을 때, 나는 문제의 전말을 털어놓고 그의 공정한 처리 태도에 호소했다. 나는 보다 고상한 동기에 호소했다. 나는 이렇게 말했다. 『먼저 이 문제가 잘못 처리되었다는 것을 나 자신도 잘 알고 있다는 것을 이해해 주시기 바랍니다. 당신은 우리 회사의 한 직원으로 인하여 여태껏 불쾌하고 감정을 상하시게 된 것입니다. 그런 일은 절대로 있어서는 안 됩니다. 대단히 죄송합니다. 회사를 대표해서 사과를 드립니다. 여기에 앉아서 선생 측의 이야기를 들어 보니 선생의 공정하고 인내성 있는 태도에 대하여 커다란 감동을 받았습니다. 이 자리에서 한 가지 부탁드릴 것이 있습니다. 이 일은 선생만이 할 수 있는 일이고, 누구보다도 선생께서 잘 알고 계시는 일입니다. 여기에 그 문제의 청구서가 있습니다. 선생께서는 자신이 우리 회사의 사장이라고 생각하시고 이 청구액을 조정해 주시기 바랍니다. 그대로 따르겠습니다.

물론 청구액은 일부 조정되었다. 청구서 금액은 150달러에서

400달러까지였는데, 그 중 한 명만이 논란이 되었던 항목에 대해서 지불하지 않고 나머지 다섯 명은 모두 지불했다. 그런데 가장 재미있는 대목이 남아 있다. 그로부터 2년간 이들 6명의 고객으로부터 각기 새 차를 주문받았다.

토머스 씨는 이렇게 말한다.

『고객에 관하여 정확한 정보를 입수하지 못하고 있을 경우에는, 그들을 성실하고 정직하고 진실성 있고, 또한 그들이 옳았다고 확신만 시켜 주면 대금을 지불할 것이라는 전제 하에서 일을 진행시키면 틀림없음을 나는 경험으로 알고 있습니다. 요컨대 인간은 정직하고 자신의 의무를 이행하기를 바라는 법입니다. 그것에 대한 예외는 비교적 적습니다. 사람을 속이는 사람이라도 그가 정직하고 공정한 인물이라고 취급받으면 대부분의 경우 우호적인 반응을 나타내기 마련이죠.』

【원칙 10. 고상한 심정에 호소하라.】

—··—··—··— 11 —··—··—··—

영화나 텔레비전에서처럼 극적인 표현을 하라

수년 전 필라델피아의 《이브닝 불레틴》지가 뜬소문으로 중상(中傷)을 받은 적이 있다. 악의에 찬 소문이 유포된 것이다. 이 신문은 기사보다도 광고를 더 많이 게재하기 때문에 구독자들의 인기를 잃고 말았다는 소문이 광고인들에게 떠돌았다. 이에 대한 즉각적인 조치가 필요하게 되고 이러한 풍문을 막아야 했다.

여기에 그 회사가 취한 방법을 소개한다.

불레틴 지는 평상시 하루분의 기사를 분류하여 이것을 한 권의 책으로 발간했다. 이 책의 이름을 《원데이(하루)》라고 붙였다. 307페이지로 된 웬만한 단행본 분량이었다. 값은 몇 달러는 됨직한 책을 단돈 몇 센트에 판매했던 것이다. 이 책은 《불레틴》지가 실상 대단한 양의 흥미 있는 기사를 게재하고 있었다는 사실을 극적으로 실증해 준 것이다. 이 방법은 단순한 숫자의 나열이나 설명보다 더 생생하고 흥미 있고, 인상적으로 사실을 알려주게 한 것이다.

오늘날은 극적인 효과가 필요한 시대이다. 단순히 사실만을 설명해서는 부족하다. 이 사실을 생생하고 흥미 있고 극적인 것으로 만들어야 한다. 당신 자신이 흥행술을 사용하여야 한다. 영화나 라디오, 텔레비전 등이 모두 이 수법을 사용하고 있다. 관심을 끌기 위해서는 당신도 그렇게 해야 할 것이다.

쇼윈도 진열 전문가들은 극적인 효과를 살리는 방법을 알고 있다. 한 예로서, 새로 나온 쥐약 생산업자가 거래상에게 살아 있는 두 마리의 쥐를 사용해서 쇼윈도 전시를 했더니, 그 쥐들이 등장하는 동안의 한 주일은 다른 때의 5배나 매상이 올랐다.

텔레비전 상업광고를 보면, 상품을 판매하는 데 극적인 효과를 얻기 위한 테크닉을 사용한 예를 흔히 볼 수가 있다. 하룻저녁 텔레비전 앞에 앉아서 그들이 어떻게 광고를 만들었는지 분석을 해보라. 그러면 제산제(制酸劑)가 어떻게 해서 시험관 속에 들어 있는 산성의 색깔을 경쟁회사와는 비교도 안 될 정도로 빨리 변화시켜 주는지, 그리고 어떤 상표의 비누나 세제가 다른 상표와는 달리 어떤 방법으로 때를 말끔히 빼주는지도 알게 될 것이다. 어느 회사의 자동차가 급한 커브 길에서 말로만 듣던 것보다 더욱 뛰어난 성능으로 달리는 모습도 보게 될 것이다.

상품에 만족한 듯 행복해 하는 사람의 얼굴도 비쳐질 것이다. 이런 것들은 시청자에게 그 상품의 장점을 가장 극적인 방법으로 나타내 보여줌으로써 사람들이 그 상품을 사도록 만드는 효과를 얻는다.

비즈니스나 생활에서도 당신이 품고 있는 생각을 극적으로 나타낼 수 있다. 이것은 어려운 일이 아니다. 버지니아 주 리치몬드에 있는 NCR(국립 금전등록기 제조회사)의 영업담당 짐 예멘스 씨는, 극적인 행동을 보여줌으로써 실적을 올릴 수 있었던 경위를 이렇게 설명했다.

『지난주 이웃 가게에 들렀는데, 계산대 위에 있는 금전등록기가 구식인 것을 알았습니다. 나는 주인에게 다가가서 「손님이 다녀갈 때마다 당신은 말 그대로 돈을 버리고 계시는 셈입니다.」라고 말하면서 나는 동전 한 주먹을 바닥에 내던졌습니다. 그러자 가게 주인은 내 행동에 눈이 둥그레지더군요. 단순히 몇 마디 말로도 그의 관심을 끌 수는 있었겠지만, 바닥에 떨어지는 동전 소리를 듣고 가게 주인은 관심을 갖게 된 것입니다. 그래서 나는 그 가게 주인으로부터 낡은 계산기들을 모두 새 것으로 교체해 달라는 주문을 받아낼 수가 있었습니다.』

가정생활도 마찬가지다. 옛날에는 연인에게 구혼할 때 어떻게 했을까? 단지 사랑의 말만 했을까? 천만의 말씀이다! 무릎을 꿇고 자기의 구애가 진정이라는 것을 보여주었던 것이다. 요즘은 무릎을 꿇고 청혼하지는 않지만, 그래도 청혼하기 전에 낭만적인 분위기를 만드는 남자들이 아직도 많이 있다.

어린아이에게도 마찬가지다. 앨라배마 주 버밍햄에 사는 조 B. 팬트 2세는 다섯 살배기 아들과 세 살배기 딸아이에게 장난감을 정리시키는 일에 지친 나머지 〈기차놀이〉라는 게임을 발명했다. 조이가 세발자전거 위에 타서 기관사가 되고, 자네트의 왜건을 뒤에 매달아서 놀이가 끝난 저녁이면 화물열차에다 「석탄」을 모두 싣게 하여 오빠가 동생을 태우고 방을 한 바퀴 돌게 했다. 이런 방법을 사용했더니 방이 깨끗이 정돈되었다. 훈계를 늘어놓거나 야단을 치거나 으름장을 놓지 않아도 되었던 것이다.

인디애나 주의 미샤와카에 사는 매리 캐서린 월프 씨는 직장문제로 사장과 의논을 해야겠다고 마음먹었다. 월요일 아침에 사장과의 면담을 신청했으나 사장이 몹시 바빠 주말에 다시 한 번 비서에게 신청해 보라는 말만 들었다. 비서는 사장의 스케줄이 꽉 짜여 있지만 한번 힘써 보겠노라고 말했다.

월프 씨는 그 때 있었던 일을 이렇게 기술했다.

『한 주일이 다 가도록 비서로부터 소식이 오지 않았습니다. 그녀에게 어떻게 되었느냐고 물을 때마다, 사장이 나를 만날 수 없는 이유만 늘어놓더군요. 금요일 아침이 되어도 아무런 소식이 없었습니다. 나는 주말이 되기 전에 사장을 만나서 내 문제를 상의드리고 싶었으므로 혼자서 연구를 해보았습니다.

그래서 마침내 이렇게 했습니다. 사장에게 형식을 갖춘 편지 한 통을 써서, 사장이 한 주일 내내 얼마나 바쁘신지 잘 알지만, 내가 사장에게 상의 드리는 일도 중요하다는 뜻을 전했습니다. 편지 속에 메모 용지와 내 이름 앞으로 된 봉투를 넣은 뒤, 사장이

비서를 시켜 용지에 기입한 후 나한테 다시 부쳐 주십사 하는 부탁을 드렸습니다. 기입 용지는 이렇게 작성했습니다.

> 월프 씨, ＿＿요일 ＿＿시(오전 / 오후)에 당신을 만날 수 있습니다. 당신에게 ＿＿분간의 시간을 낼 수 있습니다.

나는 이 편지를 오전 11시에 사장의 서류함에 넣어두었습니다. 오후 2시에 나는 나의 우편함을 확인해 보았습니다. 내 앞으로 온 봉투가 하나 있더군요. 사장이 직접 내가 쓴 편지의 기입 난에 답장을 쓴 것으로 그 날 오후에 10분 동안 나를 면담하겠다고 했습니다. 나는 사장을 만나서 한 시간 이상이나 이야기를 나누면서 내 문제를 매듭짓게 되었습니다.

만일 내가 사장을 만나고 싶다는 사실을 극적인 방법으로 표현하지 않았다면 아마 지금까지도 그냥 기다리고만 있어야 했을 것입니다.』

제임스 B. 보인튼은 장황한 시장보고서를 제출해야 했다. 어느 화장품 회사의 콜드크림의 가격 인하 여부에 관한 자료가 당장 필요했는데, 상대는 광고업계의 거물로서 당해내기 어려운 사람이었다. 그리고 그의 첫 번째 시도는 이미 실패하고 만 뒤였다.

『내가 첫 번째 들어갔을 때는 조사 방법에 관한 쓸데없는 논쟁을 하고 말았습니다. 논쟁의 결과 나는 상대를 보기 좋게 이기고 면담을 끝냈습니다. 그러나 아무것도 생산적인 결과를 얻지는 못했습니다.

두 번째 갔을 때는 숫자나 자료의 표에 구애되지 않고 조사한 사실을 극적으로 표현했습니다. 그의 사무실에 들어갔을 때 그는 전화를 걸고 있었습니다. 그 사이 나는 가방을 열고는 그의 책상 위에 32통의 콜드크림을 가지런히 늘어놓았습니다. 이들이 모두 그가 잘 알고 있는 그의 경쟁회사 제품이었던 것은 물론입니다. 통마다 조사 결과를 기입한 쪽지를 붙여 놓았고, 그 쪽지에는 내용이 간단명료하고 효과적으로 표현되어 있었습니다.

이렇게 되자 아무런 논쟁도 필요 없게 되었습니다. 무엇인지 새롭고, 다른 것과는 다른 점이 있었던 것입니다. 그는 크림통 하나를 집어 들고 또 다른 하나를 집어 들더니 쪽지 위에 적힌 내용을 읽어 갔습니다.

그 뒤로는 친근한 대화가 오가고, 또 그가 알고 싶어 하는 것들을 물어보게 되었습니다. 그는 대단한 관심을 가지게 되었습니다. 처음에는 10분의 면담 약속이 10분은 이미 지나 버리고 20분, 40분, 한 시간이 지나도록 우리들의 이야기는 계속되었습니다.

이번에도 지난번과 똑같은 사실을 제공했지만, 다만 지난번과 다른 것은 극적인 표현과 흥행술을 이용한 것뿐인데도 그 결과는 이토록 판이했습니다.』

【원칙 11. 당신의 생각을 극적으로 표현하라.】

— ·· — · — ·· — ·12 — ·· — · — — · — ·

경쟁의식에 자극을 주어라

찰스 슈와브의 제철소 여러 공장 가운데 생산 능률이 신장되지 않는 공장이 있어 공장장을 불러 물었다.

『당신같이 유능한 사람이 이 공장을 제대로 움직이지를 못하다니 도대체 어떻게 된 일이오?』

『저로서도 알 수 없는 일입니다. 구슬러 보기도 하고 밀어붙여 보기도 하고 심지어 욕설도 퍼붓고 해고하겠다고 위협도 해봤습니다만 효과가 없었습니다. 그저 일을 하려 들지 않습니다.』

얘기가 오가는 중, 마침 그 때 주간 근무조와 야간 근무조의 교대 시간이 되었다.

슈와브는 백묵을 하나 들고는 가까이 있는 공원을 붙들고 물었다.

『자넨 오늘 주물을 몇 번 부었나?』

『여섯 번입니다.』

이 말에 슈와브는 아무 대꾸도 없이 바닥에다 큼지막하게 「6」

316

자를 써놓고는 나가버렸다. 저녁 교대 직원들이 들어와 그것을 보고 무슨 뜻이냐고 물었다.

『사장님이 오늘 다녀가셨는데, 나 보고 오늘 몇 번 주물을 부었느냐고 묻기에 여섯 번이라고 대답했더니, 마루에다 이렇게 써놓더군.』

다음날 아침에도 슈와브는 공장 안을 돌아보았다. 야간 근무조들은 「6」 자를 지워 버리고 대신 「7」 자를 큼지막하게 마루에 써놓았다. 다음날 아침 주간 근무조들이 출근하여 보니 마루 위에 백묵으로 「7」 자가 씌어 있는 것이 아닌가. 야간 근무조들은 그들이 주간 근무조보다는 일을 더 잘한다고 믿었던 것이다. 그렇다면 주간 근무조도 가만히 있을 수는 없는 일이다. 그들은 열을 올려 덤벼들었다. 그 결과 그날 저녁 그들이 작업을 끝마쳤을 때는 당당하고 자랑스럽게 「10」 자를 뒤로 남기고 돌아가게 되었던 것이다. 일은 점차로 향상되어 갔다. 얼마 안가서 여태까지는 생산에서 뒤처지기만 하던 이 공장은 그 제철소에서 제일가는 능률을 올리게 되었다.

이 원리를 찰스 슈와브 씨의 입을 통해 직접 들어 보기로 하자.

『그것은 경쟁심을 자극하는 방법입니다. 탐욕스런 돈벌이 경쟁이 아니고 남보다 뛰어나고 싶어 하는 욕구를 이용한 것입니다.』

남보다 뛰어나고 싶어 하는 의욕! 경쟁의식! 도전의식, 이런 것들에 호소하는 것이 틀림없는 방법들이다.

경쟁심 없이는 시어도어 루즈벨트도 결코 미국의 대통령이 될 수는 없었을 것이다. 그는 쿠바로부터 돌아오자마자 뉴욕 주지사로 지명되었다. 그러나 반대파에서는 그가 뉴욕 주의 합법적 거주자가 아닌 것을 발견하고 이를 문제 삼기 시작하자, 루즈벨트는 겁을 집어먹고 주지사 후보를 사퇴하려고 마음먹었다. 그 때 뉴욕 주 출신 상원의원 토머스 콜리어 플래트가 루즈벨트를 향해 쟁쟁 울리는 목소리로,

『산 후안(San Juan) 힐의 영웅이 겁쟁이란 말인가?』하고 소리쳤다.

루즈벨트의 경쟁의식을 자극한 이 한 마디 말이 그의 마음을 돌려 끝까지 대결한 결과 끝내 승리하고 말았다. 경쟁심이 그의 생애를 바꾸어 놓았을 뿐만 아니라, 미국 역사에 지대한 영향을 끼쳤던 것이다.

고대 그리스 왕의 호위병들의 신조는, 『사람들은 누구에게나 두려움이 있지만, 용감한 자들은 이를 떨치고 전진하여 때론 죽기도 하지만, 언제나 승리를 거두게 된다.』라는 것이었다. 이런 두려움의 극복보다 더 큰 모험이 어디에 있겠는가?

알 스미스가 뉴욕 주지사로 있을 때, 어떤 어려운 문제에 당면한 적이 있다. 데빌스 아일랜드(악마의 섬) 서쪽에는 「싱싱」이라는 악명 높은 형무소가 있었는데, 그곳을 관리할 형무소장이 공석이었고, 더럽고 좋지 못한 소문이 형무소의 담을 통하여 떠돌아다

녔다. 스미스 지사는 이 「싱싱」을 관리할 수 있는 강력한 사람을 필요로 했다. 고민 끝에 인선 결과 뉴햄프턴에 있는 루이스 E. 로즈를 불러오게 했다.

『「싱싱」을 한번 맡아보는 게 어때? 거기는 경험이 있는 사람이라야 한단 말이야.』하고 주지사는 쾌활하게 물었다.

로즈는 당황했다. 「싱싱」의 소장 자리라는 것은 정치권력의 향방에 따라 풍전등화와 같은 자리였던 것이다. 3주일도 못 가서 그만둔 사람도 있다. 그는 또한 자신의 직업상의 장래도 고려해야 했다. 과연 위험을 무릅쓰고 나서 볼 가치가 있는 일일까? 이렇게 망설이는 그를 보고 스미스 지사는 몸을 뒤로 젖히고 웃으면서 말했다.

『여보게, 자네가 겁을 집어먹는 것도 무리가 아니지. 참으로 위험한 자리니까 말이야. 웬만한 인물은 감당하기가 힘들 걸세.』

스미스 지사는 도전심을 돋구어 주었다. 로즈는 웬만한 인물은 감당하기 힘들다는 말에 마음이 움직였다. 그는 이를 수락하고 그곳에 취임하여 오래도록 소임을 다한 결과 당시 가장 유명한 형무소장이 되었다. 그가 저술한 《싱싱에서의 2만 년》이라는 책은 수십만 부나 팔렸다. 그는 또한 라디오를 통하여 방송도 하고 그의 형무소 경험담은 10여 편의 영화로도 제작되었다. 그의 「죄수의 인간화」라는 이상은 형무소에 기적적인 개혁을 가져왔다.

유명한 파이어스톤 타이어 앤드 러버 회사의 창립자인 하비 새뮤얼 파이어스톤은 이렇게 말했다.

『결코 보수의 많고 적음에 따라서 유능한 사람을 모으거나 거느릴 수는 없다. 그것은 일종의 게임이라고 생각한다.』

가장 위대한 행동과학자의 한 사람인 프레더릭 허즈버그 씨의 견해도 이와 같다. 허즈버그는 공원에서부터 최고경영자에 이르기까지, 수많은 사람들의 근무 태도에 대해서 깊이 연구했다. 그가 발견한 동기유발의 가장 큰 요인이 무엇이라고 여러분은 생각하는가? 말하자면, 일에 있어서 가장 자극적인 요소가 무엇일까? 돈? 양호한 근무 조건? 보너스? 아니다. 이들 가운데 그 어느 것도 아니다. 사람들에게 동기유발의 가장 주된 요인은 일 그 자체였다. 일이 신나고 재미있으면 그 일을 하고 싶어 하고, 더 잘해 보려는 동기도 유발되기 때문이다.

성공한 모든 사람들이 즐겨하는 것이 있다면 그것은 게임이다. 자기 표현의 기회, 자기 가치를 증명하고 남보다 뛰어나고 경쟁에서 승리하는 기회, 이것이 바로 2인 3각이나 돼지잡기, 사과 따먹기 같은 경기를 하는 이유 중 하나다. 즉 자기 중요감을 의식하려는 욕망인 것이다.

【원칙 12. 모험심을 돋워 주어라.】

---- PART 3 요 약 ----

상대를 자기의 생각에 따르도록 하는 방법

원칙 1. 논쟁에 이기는 최선의 방법은 논쟁을 피하는 것이다.

원칙 2. 다른 사람의 의견에 대하여 경의를 표하라.

『당신이 틀렸소.』라고 결코 말하지 말라.

원칙 3. 자기 생각이 옳지 않을 때는 재빨리, 그리고 단호히 이를 인정하라.

원칙 4. 우호적인 방법으로 접근하라.

원칙 5. 상대가 『네』라는 대답이 나올 문제를 우선 화제로 삼아라.

원칙 6. 다른 사람으로 하여금 마음껏 이야기하게 하라.

원칙 7. 다른 사람으로 하여금 그 의견이 자신에게서 나온 것이라고 느끼게 하라.

원칙 8. 상대방의 입장에서 관찰하도록 노력하라.

원칙 9. 다른 사람의 생각과 욕구에 동감해 주라.

원칙 10. 고상한 심정에 호소하라.

원칙 11. 당신의 생각을 극적으로 표현하라.

원칙 12. 모험심을 돋워 주어라.

PART 4.

지도자로서, 어떻게 반발을
불러일으키지 않고 부하를 교정할 것인가

1

잘못을 발견하더라도 이렇게 시작하라

켈빈 쿨리지 대통령 재임 당시, 나의 친구 하나가 어느 주말에 대통령의 초대를 받아 백악관을 방문한 적이 있었다. 대통령의 방에 들어서자, 대통령은 그의 여비서 한 사람에게 이렇게 말하고 있는 것을 들었다.

『오늘 아침 드레스는 아름다운데, 참으로 매력적이야.』

평소 과묵한 칼(캘빈 쿨리지에 대한 애칭)의 이만한 찬사는 아주 드문 일이었다. 너무나 뜻밖이고 상례에 벗어난 일이었기에 여비서는 몹시 당황했다. 그러자 대통령은,

『그렇게 굳어질 것 없어요. 기분이 좋아지라고 한 말이니까. 그리고 다음부터는 철자법에 조금 더 주의해야겠어.』

그의 이러한 수법은 다소 솔직한 듯이 보이기도 하지만, 심리적인 효과는 만점이다. 칭찬을 받은 뒤에는 약간의 잔소리를 들어도 그다지 기분이 나쁘지 않은 법이다.

이발사는 면도를 하기에 앞서 반드시 비누거품을 칠한다. 이것

을 매킨리가 1896년의 대통령 선거전에서 사용하였다. 당시 유명한 공화당원이 선거 연설의 초고를 써서 명연설이라고 자부하고 득의만만하여 매킨리 앞에서 읽어 주었다. 이 연설 내용에는 과연 훌륭한 점이 있기는 하였으나, 잘 된 것이라고는 할 수 없었다. 비난의 폭풍을 몰고 올 요소가 있었던 것이다.

매킨리는 이 사람의 감정을 손상시키고 싶지가 않았다. 그의 칭찬할 만한 열성을 인정해 주면서 동시에 이 연설문을 받아들일 수 없다는 뜻을 말해야 할 난처한 일을 재치 있게 처리했다.

『이 사람아, 참으로 훌륭한 연설문일세. 굉장한 연설문이야!』 매킨리는 계속해서 이렇게 말했다.

『이런 연설문은 자네 아니고는 만들 수 없을 걸세. 그러나 옳은 말을 명백하게 토로해야 할 경우가 허다하게 있기는 하지만, 이번 경우가 과연 그렇게 해서 좋을 것인지를 생각해 볼 필요는 있지 않겠나? 자네 입장에서는 안전하고 온건한 것일지라도 나는 당의 입장에서 이것을 고려해 봐야 하니까 말일세. 이번에는 나의 취지에 따라 다시 한 번 써줄 수 없겠나? 다 되거든 수고스럽지만, 그 초안을 내게 좀 보내주게.』

매킨리는 파란 연필로 표시를 하여 그가 두 번째 연설문을 작성하는 것을 도와준 결과 그는 마침내 선거 중 가장 성공적인 연사의 자리를 차지할 수 있었다.

에이브러햄 링컨이 쓴 편지 가운데 유명하기로 두 번째 가는 편지가 있다(가장 유명한 것은 싸움터에서 다섯 명의 아들을 잃은 빅스비 부인에게 보낸 애도의 편지이다). 링컨은 이 편지를 쓰는 데 단 5분밖에 걸리지 않았겠지만, 1926년에 있었던 경매에서 이 편지는 1만 2천 달러란 비싼 가격으로 팔렸다. 이 액수는 링컨이 반 세기 동안에 저축할 수 있었던 액수보다도 더 큰 것이었다.

이 편지는 남북전쟁이 격심한 고비에 다다랐던 1863년 4월 26일에 쓰인 것인데, 당시 링컨 휘하의 장군들은 18개월이나 연방군을 이끌고 참패의 고배를 거듭하고 있던 때이다. 사상자 수는 계속 늘어났고 국민의 기대는 허물어졌다. 수천 명의 병사들이 부대를 이탈했고, 상원의 공화당 의원들까지도 링컨을 백악관에서 몰아내기 위해 반기를 들었다.

『우리는 지금 파멸에 직면하고 있습니다. 하나님조차도 우리를 져버린 것 같습니다. 한 가닥 희망의 빛줄기도 찾을 수가 없습니다.』

링컨의 이 표현은 그 유명한 편지를 만들게 한 암담한 슬픔과 혼란의 시기를 말하였던 것이다.

국가 운명이 한 사람의 장군의 행동에 달려 있을 때, 링컨이 그 고집불통의 장군을 바로잡기 위하여 어떠한 방법을 썼는지를 더듬어보기 위하여 여기에 그 편지를 수록하고자 한다. 아마 이 편지가 링컨이 대통령 재임 시에 쓴 것들 중에서 가장 통렬한 것인데, 특히 후커 장군에게 그의 중대한 과오를 책망하기에 앞서 그를 칭찬하고 있다는 사실은 주목할 만한 일이다. 그 과오야말로 참으로 중대한 것이었으나, 링컨은 이것을 과오라고 부르지 않았다. 링컨은 보다 더 신중하고 보다 외교적이었다. 그는 이렇게 썼다.

『본인이 귀관에 대하여 충분히 만족스럽게 책임질 수 없는 몇 가지 일이 있습니다.』

얼마나 재치 있고 외교적인 말인가!

조셉 후커 장군에게 보낸 편지는 다음과 같다.

나는 귀관을 포토맥 전선의 지휘관으로 임명하였습니다. 물론 나는 확신을 가지고 그런 결정을 내렸습니다마는 본인이 귀관에 대하여 충분히 만족스럽게 생각할 수 없는 몇 가지 일이 있다는 사실을 귀관이 이해해 주시면 다행으로 생각하겠습니다.

나는 귀관이 용감하고 전략에 능한 군인으로 믿고 있으며, 또 이 사실을 기쁘게 여기고 있습니다. 나는 또한 귀관이 정치와 귀관의 직분을 혼동하고 있지 않으리라는 것을 믿고 있습니다. 그것은 정당한 것입니다. 귀관은 야심이 만만한데, 이것은 적당한 한도까지는 해롭다기보다는 유익한 것입니다. 그러나 번사이드 장군의 지휘 하에 있을 당시 귀관은 자신의 야심에 집착하여 명령에 불복종함으로써 국가와 혁혁한 공적을 쌓은 명예로운 상관에게 중대한 과실을 범했습니다.

나는 귀관이 최근에 군과 정부가 독재자를 필요로 한다고 역설하는 것을 들은 적이 있습니다. 물론 나는 그에 반대합니다만, 그러나 본인이 귀관을 임명한 것은 이러한 목적을 위해서가 아닙니다. 성공적인 장군만이 독재권을 발휘할 수 있는 것입니다. 귀관에게 부탁하고 싶은 것은 군인으로서의 성공인 바, 본인은 전쟁의 승리를 위해 독재정치의 위험도 무릅쓸 생각은 없습니다. 정부는 귀관의 능력을 최대한으로 인정하고 지지할 것이지만, 이 능력이란 귀관이 오늘날까지 발휘해 오고, 또 앞으로 모든 지휘관들을 위하여 발휘하게 될 그 능력을 말하는 것입니다.

본인은 오히려 귀관의 언동에 영향을 받아 군내에서 상관을 비방하는 풍조가 일어 오히려 그것이 귀관 자신에게 돌아가지 않을까 그것을 두려워합니다. 본인은 힘자라는 데까지 귀관을 도와 그와 같은 사태를 막아내도록 힘쓰겠습니다.

이러한 풍조가 군대 내에 파급되어 있을 때는 귀관이나, 또는 비록 나폴레옹이 다시 살아온다 할지라도 우수한 군대를 기대할 수는 없을 것입니다. 지금이 경솔한 일을 경계해야 할 바로 그 때일 것입니다.

경솔한 일을 경계하며 정력을 다하고 빈틈없는 경각심을 발휘하여 전진함으로써 우리에게 승리를 가져다주기를 바랍니다.

우리는 쿨리지도 아니고 매킨리도, 또한 링컨도 아니다. 때문에 이 철학이 과연 우리의 일상 사업상 접촉에서도 적용될 수 있을 것인지 하는 것이 궁금해질 것이다. 그 여부를 알아보기 위하여 필라델피아의 와크 건축회사에 근무하는 W. P. 고우 씨의 경우를 살펴보자.

고우 씨는 여러분이나 나와 마찬가지로 평범한 시민의 한 사람이다. 그는 내가 필라델피아에서 강의하던 한 강좌의 일원이었습니다.

와크 건축회사는 필라델피아에서 대규모 사무실용 빌딩 공사를 청부받아 지정된 기일 내에 완공시키기로 되어 있었다. 모든 일이 계약 내용대로 순조롭게 진행되고 건물이 거의 완성단계에 들어섰을 때인데, 이 건물의 외관 청동장식 하청업자가 별안간 예정일자까지 납품을 완료할 수 없다고 통고해 왔다. 일은 터지고 만 것이다. 이 한 업자로 말미암아 모든 작업은 중단되고 막심한 손해가 불가피하게 된 것이다.

장거리 전화로 고성이 오가는 언쟁이 벌어졌으나 모든 것은 헛일이었다. 이 때 고우 씨는 이 호랑이굴에 직접 뛰어들어서 호랑이를 사로잡을 사명을 띠고 뉴욕으로 파견되었다.

『브루클린에서 사장님의 성씨(姓氏)는 하나밖에 없다는 사실을 알고 계셨는지요?』

사장실에 들어서면서 고우 씨가 물은 말이다.

『그렇습니까? 전혀 몰랐는데요.』 사장이 놀라면서 대답하자,

『글쎄, 아침에 기차에서 사장님의 주소를 알아보려고 전화번호부를 들추어 보았더니, 브루클린에서 사장님의 성씨가 꼭 하나밖에 없더군요.』

『모르고 있던 사실인데요?』 사장은 이렇게 말하고는 재미있다는 듯이 직접 전화번호부를 들추어 보았다.

『그렇군요. 흔한 성이 아니거든요.』 그는 자랑스러운 듯이 말했다. 『원래 우리 집안은 2백여 년 전에 네덜란드에서 뉴욕으로 이주하여 왔지요.』

그는 그의 집안과 선조들에 관한 이야기를 몇 분 동안이나 늘어놓았다. 사장의 이야기가 끝나자, 고우 씨는 그가 찾아가 본 다른 공장들과 비교해서 그의 공장이 대단히 크다는 것을 칭찬했다.

『제가 본 중에서 제일 깨끗하고 정돈된 공장입니다.』 고우 씨가 말했다.

『사실이지 이 사업을 일으키느라고 내 평생을 바쳤지요. 나는 참으로 자랑으로 여기고 있습니다. 한번 공장을 구경해 보시겠어요?』

공장을 돌아보는 동안 고우 씨는 공장 조직에 대하여 칭찬을 아끼지 않으며, 다른 경쟁업자를 압도하기에 충분하다고도 추겨주었다. 고우 씨는 처음 보는 몇 가지 기계에 대해 질문을 하고 사장은 그것이 자신이 발명한 것이라고 자랑했다. 사장은 이들 기

계의 조업 장면을 보여주고 그 우수한 성능의 설명에 상당한 시간을 할애했다.

그는 또한 고우 씨와 점심식사를 같이 하자고 고집하기까지 했다. 이러는 동안에 고우 씨는 찾아온 진짜 목적에 관해서 한 마디도 언급하지 않았다는 점에 유의하기 바란다. 점심식사가 끝나자 사장이 입을 열었다.

『자, 이제는 용건에 들어갑시다. 물론 당신이 무엇 때문에 찾아오셨는지 알고 있습니다. 우리들의 이야기가 이렇게 즐거운 것이 될 줄이야 참으로 예상 밖이군요. 다른 주문이 지연된다 할지라도 귀사에서 주문한 것을 기일 내에 틀림없이 납품해 드릴 것을 약속하겠으니 안심하고 돌아가십시오.』

고우 씨는 한 마디의 부탁도 하지 않고 이렇게 그가 바랐던 것을 얻을 수가 있었던 것이다. 자재는 약속대로 도착했고, 건물은 기일 내에 완공되었다.

만일 고우 씨가 이런 경우에 흔히들 사용하는 과격한 방법을 택했더라면 일이 이렇게 순조롭게 해결될 수 있었을까?

연방 신용조합 뉴저지 주 포트 몬마우스 지점 지배인인 도로시 우루블류스키는 우리의 강좌에서 어떻게 한 고용원의 생산성을 향상시킬 수 있었는지에 관해서 보고를 했다.

『우리는 최근 한 젊은 여성을 수습 금전출납계원으로 채용했습니다. 고객을 대하는 그녀의 태도는 매우 훌륭했습니다. 그녀는 개인 구좌를 다루는 데도 정확했고 능률적이었습니다. 문제는 마감 시간이 되어 그 날의 시재를 맞출 때 발생했습니다.

출납계 주임이 나에게 와서 그녀를 당장 파면시켜야 한다고 강경하게 주장했습니다. 「그녀의 장부 맞추는 작업이 너무 느려서, 다른 사람들이 모두 지체되고 있어요. 참다못해 몇 번을 되풀이해서 가르쳐 주었는데도 전혀 알아듣지를 못하는 거예요.」

이튿날, 나는 그녀가 신속하고 정확하게 고객들과 개인 구좌를 처리해 가는 것을 지켜보았습니다. 고객들에게도 아주 친절했습니다.

그녀가 장부를 맞출 때 왜 그렇게 트러블이 생기는지를 알아내는 데는 그다지 시간이 걸리지 않았습니다. 사무실 문을 닫은 뒤, 나는 그녀에게 얘기를 하려고 다가갔습니다. 그녀는 몹시 긴장해 있었고 혼란되어 있었습니다. 나는 그녀에게, 고객들을 대하는 태도가 아주 친절하고 사교적이어서 보기가 좋다고 칭찬을 하고, 업무도 정확하고 빨라서 좋다고 추켜세웠습니다. 그리고는 시재를 맞출 때 우리들이 사용하고 있는 방법을 상세히 가르쳐 주었습니다. 그녀는 일단 내가 자기를 신뢰하고 있다는 것을 깨닫게 되자, 나의 설명을 쉽게 이해하고 그 방법을 곧 터득했습니다. 그 이후 그녀는 아무런 문제도 일으키지 않았습니다.」

칭찬으로 시작하는 것은 노보카인[(Novocain, 치과용 국부 마취제, 상표명) 배경으로 한 아메리칸 조크]을 사용해서 진료를 시작하는 치과의사와 같다. 환자에게는 드릴링이 가해지지만, 노보카인이 아픔을 죽여주는 것이다. 모름지기 지도자는 그런 방법으로 부하를 다루어야 한다.

【원칙 1. 칭찬과 감사의 마음으로 시작하라.】

— ·· — ·· — ·· — 2 — ·· — ·· — ·· —

어떻게 미움을 사지 않고 비판을 할 것인가?

찰스 슈와브가 어느 날 오후에 그가 경영하는 제철소의 작업장을 돌아보고 있을 때, 담배를 피우고 있는 종업원들과 마주쳤다. 그들의 바로 머리 위에는 「금연」이라는 표지판이 붙어 있었는데도.

이때 슈와브가 그 표지판을 가리키며, 『저것이 보이지 않소?』하고 야단을 쳤을까? 그렇지 않다. 그는 그 종업원들 앞으로 걸어가서 담배 하나씩을 권하고는,

『이 담배를 밖에 나가서 피워 주었으면 고맙겠소.』하고 말했다.

그들의 규칙위반 행위를 직접 목격하였음에도 불구하고 여기에 대해서는 일언반구도 없이 오히려 조그마한 선심까지 써 가며 그들의 자존심을 살려준 데 대하여 그들은 자연히 존경심을 가지게 되었다. 이런 사람을 좋아하지 않을 수 있겠는가?

존 워너메이커도 이와 꼭 같은 방법을 썼다. 워너메이커는 필

라델피아에 있는 그의 백화점을 매일 한 차례씩 돌아보곤 했다. 어느 날 그는 한 고객이 현금 지불대 앞에 서서 기다리고 있는 모습을 발견했다. 이 부인에 대하여 주의를 기울이는 점원은 아무도 없었다. 점원들은 한쪽 구석에 몰려서 서로 웃으며 잡담들만 하고 있었다. 워너메이커는 아무 말도 하지 않았다. 그는 살며시 지불대 뒤로 걸어가서 그 손님의 일을 직접 보아주고는 마침 지나가는 점원 하나에게 그 물건을 포장해 주도록 부탁하고는 그대로 그 자리를 떠났다.

공무원들은 지역 주민들을 멀리한다고 해서 가끔 비난의 대상이 되고 있다. 때로는 자기들의 상관이 많은 방문객들로 인해서 너무 시달림 받는 것을 원치 않는 과잉보호 보좌관들에게 그 잘못이 있는 경우도 종종 있다.

디즈니 월드의 고장인 플로리다의 올랜도 시 시장으로 오랜 동안 재임해 온 칼 랭포드 씨는, 시민들이 자기를 부담 없이 만날 수 있도록 하라고 자주 보좌관에게 일렀다. 시장은 「개방」 정책을 지향하고 있다고 주장함에도 불구하고 지역 주민들이 그를 찾아가면 비서관들과 사무관들이 앞을 가로막았다.

마침내 시장은 해결책을 찾아냈다. 사무실 문을 아주 떼어내버렸던 것이다. 그러자 비로소 보좌관들도 시장의 심중을 헤아리게 되었으며 사무실 문의 제거는 시장이 개방정책을 편다는 상징적 의지를 나타낸 것이다.

많은 사람들이 비난을 하기 시작할 때, 처음에는 칭찬을 하다가도 「그러나」라는 말을 덧붙여서 나중에는 비난을 한다. 이를테면 어떤 아이의 산만한 학습태도를 고칠 때, 우리는 이렇게 말한다.

『자니야, 이번 학기에 성적이 올라가서 정말 네가 자랑스럽구나. 그러나 대수학은 더 열심히 하지 않으면 성적이 떨어질지도 몰라.』

이런 경우, 자니에게는 「그러나」라는 소리를 듣기 전까지는 자신감이 생길지도 모른다. 그러고 나서는 원래의 칭찬에 의문을 갖게 될지도 모른다. 그로서는 그러한 칭찬의 말이 나쁜 성적에 대한 비난을 하기 위해 꾸민 서론에 불과한 것처럼 보일지도 모른다. 이래서는 신뢰감이 없어져서 부모는 애당초 자니의 학습태도를 고쳐 보겠다는 목적을 아마 이를 수 없을 것이다.

이런 경우 「그러나」를 「그리고」로 바꾸고 그 다음의 말도 부정적인 말보다 긍정적으로 말한다면 이 문제는 쉽게 해결될 수가 있다.

『자니야, 이번 학기에 성적이 올라가서 정말 네가 자랑스럽구나. 그리고 다음 학기에도 꾸준히 노력한다면 대수학 성적도 올라갈 거야.』

이제는 나쁜 성적에 대한 비난이 뒤따르지 않았으므로 자니는 칭찬의 소리를 제대로 받아들일 것이다. 우리가 앞으로 바라는 자니의 행동을 간접적으로 암시해 주었기 때문에 아마도 우리의 기대에 어긋나지 않도록 자니는 노력할 것이다.

실수에 대해서 간접적인 방법으로 넌지시 암시하면 직접적인 비난에 대뜸 화를 내는 예민한 성격의 소유자들에게 놀라운 효과가 있다.

로드 아일랜드의 운서킷에 사는 마지 제이콥 부인은 살던 집을 증축하면서, 깨끗이 치울 줄 모르는 인부들이 하루 일을 끝낸 후 어떻게 해서 주위를 깨끗이 정리하게 되었는지 그 방법을 우리 강좌에 나와서 들려주었다.

공사를 시작한 처음 며칠 동안 제이콥 부인이 직장에서 귀가했을 때, 앞뜰에 나뭇조각들이 널브러져 있는 것을 보았다. 작업 솜씨가 뛰어난 일꾼들이었으므로 그들에게 화를 내고 싶지는 않았다. 그래서 인부들이 작업을 마치고 돌아간 뒤, 제이콥 부인은 아이들과 함께 그 나뭇조각들을 주워서 한쪽에 가지런히 쌓아 놓았다.

이튿날 아침, 제이콥 부인은 공사감독을 한 구석으로 불러 『어젯밤에 앞뜰을 저렇게 말끔히 치워 주셔서 정말 기쁘군요. 대단히 깨끗해서 이웃에게도 폐가 되지 않았어요.』하고 말했다.

그날 이후부터 인부들은 나뭇조각들을 주워서 한쪽에 쌓아 놓았다. 그리고 그 감독도 하루 일이 끝난 뒤 앞뜰이 깨끗한지 어떤지 확인하기 위해 매일같이 집안에 들어와 묻곤 했다.

예비역들과 현역 교관들 사이에 마찰이 생기는 주된 요인은 그들의 머리 모양 때문이다. 예비역들은 자신을 민간인(실제로도 거의가 그런 신분이므로)이라고 생각해서 머리를 짧게 깎기를 싫어한다.

제542 예비역 교육대의 할리 케이서 상사는 예비역 하사관들을 지휘하면서 바로 이런 문제에 부딪치게 되었다. 선임 현역 상사인 그가 부하들에게 고함을 지르거나 으름장을 놓으리라고 예상했지만, 그보다는 간접적으로 넌지시 암시하는 방법을 쓰기로 작정하고 상사는 이렇게 말했다.

『신사 여러분! 귀관들은 지휘관입니다. 부하들에게 솔선해서 모범을 보임으로써 효과적인 지휘를 할 수가 있습니다. 귀관들은 머리 모양에 관한 규칙을 잘 알고 있을 것입니다. 나의 머리는 귀관들의 머리보다 더 짧습니다. 하지만 내 머리부터 오늘 당장 자르겠습니다. 거울을 한번 보십시오. 만약 모범을 보이기 위해 머리를 깎아야겠다고 생각하면, 귀관들이 부대 내의 이발관에 갈 수 있는 시간적 조치를 취해 주겠습니다.』

결과는 예상대로였다. 몇몇 하사관들이 거울을 들여다보고 나서 그날 오후에 이발관에 가서 「규율」대로 머리를 깎았다. 카이저 상사는 이튿날 아침, 몇몇 하사관들에게는 이미 지휘관으로서의 자질이 엿보인다고 말했다.

설교가로 유명한 헨리 워드 비처는 1887년 3월 8일에 사망했다. 그가 죽은 다음 주일, 자리가 빈 교단에 라이먼 애보트가 설교 초빙을 받았다. 그는 가장 훌륭한 설교를 해야겠다는 욕심으로 설교 내용을 몇 번이고 고쳐 쓰고 정성들여 다듬었다. 그리고는 아내에게 먼저 읽어 보였다. 글로 쓰인 연설문이 대개 그렇듯이 이것 역시 빈약한 것이었다. 만일 그 아내가 생각이 부족한 여자였다면 아마 이렇게 말했을 것이다.

『여보, 이건 형편없군요. 안되겠어요. 이래 가지고는 모두들 졸고 말겠어요. 백과사전을 읽어 내려가는 꼴인 걸요. 그토록 오랫동안 설교를 해보셨으면 이것보다는 잘하셔야 하지 않겠어요? 왜 더 좀 인간미가 풍기도록 쓰지 않으세요. 그리고 또 자연스럽게 말이에요. 그대로 읽다가는 당신 위신만 깎이겠어요.』

아내로서 흔히 이렇게 말할 수 있을 것이며, 이런 경우 어떠한 결과가 초래될 것인지는 짐작하고도 남음이 있다. 그의 부인은 이것을 알고 있었기 때문에 다만 이 글을 《노스 아메리칸 리뷰》지에 투고하면 아마 훌륭한 글이 될 것이라고만 말했다. 다시 말하면 그녀는 칭찬을 함과 아울러 그 글이 설교문으로서는 적당치 않다는 견해를 은근히 비쳤던 것이다. 라이먼 애보트는 아내의 의도를 알아차리고는 정성들여 작성한 원고를 찢어버리고 메모 한 장 없이 설교를 성공적으로 끝마쳤다.

【원칙 2. 실수에 대한 주의는 간접적으로 하라.】

— · · — · · — · — 3 — · — · · — · · —

자신의 실수를 먼저 이야기하라

몇 해 전, 나의 조카딸 조세핀 카네기가 내 사무실에서 비서로 일하기 위해 뉴욕에 왔다. 그 때 그 애의 나이는 19세였으며, 3년 전에 고등학교를 졸업했기 때문에 직업상의 경험이라고는 전혀 없는 거나 마찬가지였다. 오늘날 그녀는 유능한 비서가 되었지만, 처음엔 실수가 많았다.

어느 날, 나는 막 그 아이에게 야단을 치려고 하다가 자신에게 이렇게 타일렀다.

『잠깐만 참아라, 데일 카네기, 잠깐만. 너는 조세핀보다 배나 나이를 먹었고, 몇 천 배나 더 직업상의 경험을 가지고 있지 않은 가. 비록 대수롭다고는 할 수 없지만, 네가 가진 소견과 판단과 창 조력을 그녀가 가질 것을 기대할 수야 없지 않은가? 하물며 너 자 신은 19세 때에 도대체 무엇을 하고 있었던가. 네가 저지른 수많 은 어리석은 과오들을 상기해 보라.』

이렇게 곰곰이 솔직하고 공정한 입장에서 생각해 보니, 야구에 비교해서 조세핀의 타율이 나의 19세 때의 것보다는 확실히 높다는 사실을 알게 되고, 오히려 솔직히 말해서 조세핀을 크게 칭찬해 줘야 될 일이라고 생각하게끔 되었다.

그 다음부터는 내가 조세핀에게 시킬 일이 있을 때는 언제나 이렇게 말했다.

『조세핀, 실수를 했구나. 따지고 보면 내가 옛날에 저지른 과오에 비하면 아무것도 아니다. 사람이 날 때부터 판단력을 가진 것은 아니지. 그것은 경험에서 생겨나는 것인데, 네 나이 때의 나와 비교하면 너의 판단력은 훨씬 훌륭해. 어리석은 행동을 많이 해온 내 자신이 부끄럽기 때문에 너를 나무라고 싶지는 않단다. 그러나 네 자신도 그렇게 했으면 더 현명했으리라고 생각하지 않니?』

나무라는 사람이 자신도 완전무결한 사람이 아니라는 점을 겸손하게 자인하면서 상대의 실수에 대해서 타일러 준다면 듣기에 별로 거북살스럽지를 않을 것이다.

캐나다 매니토바의 브랜든에 사는 엔지니어 E. G. 딜리스톤은 새로 들어온 비서로 인해 골머리를 앓고 있었다. 비서에게 타이핑시킨 편지를 뒤에 책상에 앉아 서명을 하려고 들여다보면 한 페이지에 두세 군데는 오자가 나왔다. 딜리스톤 씨는 이 문제를 어떻게 해결했는지를 우리 강좌에서 보고했다.

『대부분의 엔지니어들이 그렇듯이 나도 영어 철자법이 정확하지는 못했습니다. 수년 동안 나는 자칫 틀리기 쉬운 철자들만 모아 놓은 까만색의 조그만 인덱스 북을 가지고 있었습니다. 비서에게 오자를 지적해 준다 하더라도 그것을 교정하는 일이나, 사전을 찾아보는 일을 잘 하리라는 보장도 없고 해서 다른 방법을 강구하기로 했습니다. 다음번 편지에도 오자가 찍힌 것을 보고, 나는 그 타이피스트와 마주앉아 이렇게 말했습니다.

「이 글자는 틀린 것 같군. 나도 항상 틀리던 글자 가운데 하나지. 그래서 난 이 철자법 사전을 이용하게 되었지. (나는 그 단어가 있는 페이지를 펴 보였다) 맞아, 여기 있군. 우리가 보낸 편지의 철자법을 보고 우리를 판단하는 사람들은 우리를 직업의식이 투철하지 못하다고 여길 수 있기 때문에, 나는 철자법에 대해서 각별히 신경을 쓰는 편이야.」

그녀가 내 방식대로 따랐는지 어떤지는 잘 모르겠지만, 그 이후로는 오자가 눈에 띄게 줄었어요.』

기품이 넘치던 베른하르트 폰 뷜로우 공은 1909년에 이렇게 해야 하는 필요성을 절실하게 느낀 적이 있었다. 당시 폰 뷜로우 공은 거만하고 안하무인인 빌헬름 2세 밑에서 수상직을 맡고 있었다. 독일제국 최후의 황제인 빌헬름 2세는 막강한 육해군을 자랑하고 있었다.

그 때 마침 놀라운 사건이 벌어졌다. 영국을 공식방문 중이던 빌헬름 2세의 《데일리 텔레그래프》지와의 회견 내용이 문제가 된 것이다. 그 한 예로서, 그는 영국을 친선국가로 생각하고 있는 오직 하나의 독일 사람이며, 그가 해군을 증강하고 있는 것은 일본의 위협에 대비하기 위해서이며, 자기만이 오직 영국을 러시아와 프랑스에 의한 멸망으로부터 구해 냈으며, 영국의 로버트 경이 보어전쟁에서 승리할 수 있은 것은 다름 아닌 자기 덕택이라는 등등이다.

백 년에 걸친 평화스러운 시대에 유럽제국 어느 왕의 입에서도 이토록 놀라운 말이 떨어진 적은 없었다.

온 유럽 대륙은 벌집을 쑤셔 놓은 듯이 들끓었다. 영국은 격분하고 독일 정치가들은 망연자실했다. 이 분노의 소용돌이 속에 서게 된 황제는 당황하여 폰 뷜로우 수상에게 이 발언에 대한 책임을 대신 져달라고 부탁하기에 이르렀다. 그의 생각으로는, 폰 뷜로우 수상 자신이 이번 일의 모든 책임이 자기에게 있으며 국왕에게 이 믿을 수 없는 말들을 발표하도록 건의한 것이 바로 자신이었다고 해명해 주기를 바랐던 것이다.

『하지만 폐하, 독일이나 영국의 어느 누구도 제가 폐하께 이런 말을 하도록 건의할 수 있었으리라고 생각하는 사람은 한 사람도 없을 것입니다.』

폰 뷜로우 수상은 이렇게 대답했으나, 그 순간 아차 자신이 중대한 실수를 하고 말았구나 하고 뉘우쳤다. 과연 황제는 대노하여 소리쳤다.

『경은 내가 경으로서는 절대 저지르지 않을 실수를 내가 저지르고 다니는 멍텅구리로 취급하는 건가!』

폰 뷜로우는 황제를 탓하기에 앞서 먼저 그를 칭찬해 주었어야 했을 것을, 하고 생각했으나 때는 이미 늦었기 때문에 차선의 방법을 써보기로 했다. 즉 나무람을 한 뒤에 칭찬하는 방법인데, 과연 이 방법은 으레 칭찬의 결과가 그러하듯이 기적적인 효과를 나타냈다. 그는 존경심에 넘치는 태도로 이렇게 대답했다.

『저는 결코 그러한 뜻에서 말씀드린 것이 아닙니다. 폐하께서는 여러 면으로 저와 비교할 수 없을 만큼 뛰어나십니다. 육해군에 관한 지식에서뿐만 아니라, 특히 자연과학에 있어서 더욱 그렇습니다. 저는 폐하께서 측우기나 무선전신, 뢴트겐 광선 등에 관하여 설명하시는 것을 몇 번이나 존경의 마음으로 경청한 적이 있습니다. 저는 부끄러울 만큼 자연과학 부문의 여러 가지 일들에 관하여 무지하고, 화학이나 물리학에도 조예가 얕을 뿐 아니라, 단순한 자연현상조차도 이것을 설명할 능력을 갖지 못하고 있습니다. 그러나 그 대신 역사에 관한 지식은 조금 갖고 있는 편이며, 정치학, 특히 외교 분야에 활용될 수 있는 지식을 조금 가지고 있을 뿐입니다.』

이 말에 황제는 미소를 띠었다. 폰 뷜로우 수상은 그를 칭찬하여 추켜올리고 자신을 낮추었던 것이며, 그러자 황제는 모든 일을 용서할 심경에 이르게 된 것이다. 그는 흥분한 어조로 이렇게 말했다.

『우리는 도와서 서로를 위대한 사람으로 완성시켜야 한다고 내가 늘 말해 오지 않았는가? 우린 서로 의지해야 돼. 그렇고말고.』

그는 폰 뷜로우의 손을 잡고 몇 번이고 흔들었다. 이 일이 있은 그날 황제는 너무 흥분한 나머지 주먹을 불끈 쥐고는 이렇게 소리쳤다.

『어느 누구라도 폰 뷜로우 공에 대하여 이러쿵저러쿵 나에게 말하는 자가 있으면 코빼기를 후려갈겨 줄 테다!』

폰 뷜로우는 이렇게 위기에서 자신을 구출하는 데 성공은 하였지만, 그가 약삭빠른 외교가라는 점을 고려할 때 한 가지 실수를 범한 것에는 틀림없다. 즉 그는 자신의 단점을 먼저 이야기하고 빌헬름의 훌륭한 점을 추켜 주어야 했는데, 황제가 도움이 필요한 나머지 재치 없는 짓을 하고 있다는 뜻을 슬그머니 비쳐버리고 만 것이다.

만일 자신을 낮추고 남을 추켜올리는 몇 마디 말이 거만하고 모멸감을 느낀 황제를 착실한 벗으로 전환시킬 수 있었다면 겸양과 칭찬이 우리들 일상 교제에 있어 얼마만한 효과가 있는 것인지는 짐작하고도 남을 것이다. 이 이치를 올바르게 활용한다면 인간관계에서 틀림없는 기적을 이루어 낼 것이다.

자신의 잘못을 인정하는 것은, 비록 자신이 그 잘못을 바로잡지 않더라도 다른 사람의 행동을 바꾸게 할 수가 있다. 메릴랜드의 티모니움에 사는 클레런스 제르후센은 최근 열다섯 살 된 아들이 담배를 피운다는 사실을 알았을 때, 이런 사실을 입증했다.

제르후센 씨는 이렇게 말했다.

『물론 나는 데이비드가 담배 피우는 것을 원치 않았습니다. 하지만 애 엄마와 내가 담배를 피웠습니다. 말하자면 우리는 그 애에게 항상 나쁜 본을 보여준 셈이죠. 나는 데이비드에게, 내가 그 나이 때 어떻게 담배를 피우기 시작했나 하는 것과, 니코틴이 내 건강을 어떻게 해치고 있는지, 이제는 담배를 끊는다는 것이 거의 불가능해졌다는 사실들을 설명해 주었습니다. 기침을 할 때면 참기 어려울 정도로 괴로우며, 담배를 끊지 않으면 몇 년 지나지 않아 그도 나처럼 될 거라고 일깨워 주었습니다. 나는 그 애에게 직접적으로 담배를 끊으라고 훈계를 하거나, 흡연의 위험성에 대한 협박이나 경고 따위는 하지 않았습니다. 그저 어떻게 해서 내가 담배에 중독되었으며, 그것이 나에게 끼친 영향을 설명한 것뿐이었습니다.

그 아이는 한동안 생각하더니, 고등학교를 졸업할 때까지는 담배를 피우지 않겠다는 것이었습니다. 세월이 지났지만, 데이비드는 담배를 다시 피우지 않았고, 이후로도 담배를 피울 생각은 결코 하지 않았습니다.

그 때 나는 대화 덕택에 나 자신도 담배를 끊기로 결심했습니다. 그리고 가족의 도움에 힘입어 결국 담배를 끊는 데 성공했습니다.』

훌륭한 지도자는 다음 원칙을 따른다.

【원칙 3. 남을 비난하기에 앞서 자신의 과오에 대해서 먼저 이야기하라.】

— · — ·· — · — ·· — · 4 — · — ·· — · — ·· —

명령받기 좋아할 사람은 없다

언젠가 나는 미국에서도 손꼽히는 전기 작가 아이다 타벨 여사
와 식사를 함께 한 적이 있다. 내가 사람을 움직이는 방법에 관한
책을 집필 중이라고 이야기하자, 우리들의 화제는 자연히 인간관
계의 제반 문제로 옮겨져 여러 가지 의견이 활발히 교환되었다.
그녀는 오웬 D. 영의 전기를 쓸 당시, 영과 같은 사무실에서 3년
간이나 일한 적이 있다는 남자와 만나 영에 관해서 여러 가지 일
을 물어보았다고 한다.

그의 말에 의하면, 영은 결코 남에게 명령조로 말을 하지 않았
다고 한다. 명령을 하는 대신 암시를 준다는 것이다. 이것을 하라
거나 저것을 하지 말라거나 하는 말은 절대로 하지 않았다. 「이렇
게 생각해 보면 어떨까?」, 「저렇게 해서 잘되겠는가?」 하는 식으
로 상대방의 의견을 묻는 것이 그의 버릇이었다고 한다.

편지를 구술하여 비서로 하여금 받아쓰게 한 다음에는 『이 내용
을 어떻게 생각하는가?』 라고 그는 물었다. 그는 부하 직원이 쓴

편지도 읽어 보고 난 다음에는 『이곳은 이런 식으로 고쳐 쓰면 더 좋을 것 같은데, 자네 생각은 어떤가?』하고 물어보는 것이었다.

그는 언제든지 아랫사람이 자주적으로 일할 기회를 부여하였던 것이다. 결코 명령은 하지 않고 자율적으로 일을 하도록 하였으며, 그런 자율 속에서 실패를 해가며 스스로 배우도록 꾀했던 것이다.

이러한 방법은 상대방으로 하여금 잘못을 교정하는 데 대단히 용이하도록 만들어준다. 또한 상대방의 자존심도 손상시키지 않고 중요감도 줄 수 있으며, 반감 대신 협력하는 마음을 불러일으킬 수 있는 것이다.

무모한 명령이 불러일으킨 반감은, 비단 그것이 분명 나쁜 상태를 바로잡기 위한 명령이라 하더라도 오랫동안 지속되는 법이다. 펜실베이니아 주 와이오밍에 있는 한 실업학교의 교사인 댄 산타렐리 씨는, 한 학생의 불법주차로 말미암아 교내 매점 진입로를 막아버렸던 일에 대해서 우리 강좌에서 얘기한 적이 있다.

다른 교사 한 사람이 교실로 들이닥쳐서는 오만한 자세로 『진입로를 막고 있는 게 누구 차지?』하고 물었다. 그 차의 주인인 학생이 자기 차라고 대답하자, 그 선생은 버럭 소리를 질렀다. 『당장 차를 치워! 지금 당장 치워버리지 않으면 체인을 감아 끌어낼 테니까.』

　분명 그 학생은 잘못했다. 그곳에 차를 세워둔 것은 잘못이다. 그러나 그 날 이후, 그 선생이 하는 일에 그 학생이 반발하였을 뿐만 아니라, 그 반의 모든 학생들이 반발하고 나섰다.

　그 선생은 다른 방식으로 해결할 수는 없었을까? 만일 그 선생이 다정하게 『누구 차가 진입로에 서 있지?』 하고 물으면서 다른 차들이 드나들 수 있도록 차를 옮겨주면 좋겠다고 말했다면 그 학생은 기꺼이 차를 옮겼을 것이고, 그 학생이나 급우들도 기분이 상하거나 반발을 불러일으키지 않았을 것이다.

　의견을 제시하는 일은 명령을 보다 부드럽게 만들어줄 뿐만 아니라, 때로는 사람들의 창의력을 자극하기도 한다. 사람들은 명령을 내리는 결정에 자신들이 참여하게 되면, 그 명령을 쉽게 받아들이는 경향이 있다.

　남아프리카 요하네스버그의 아이언 맥도날드 씨는 정밀기기 부품을 전문으로 생산하는 조그만 공장의 지배인으로 있을 적에 아주 큰 오더를 받게 되었다. 아무리 궁리를 해보아도 납품 기일을 댈 수가 없을 것 같았다. 공장의 작업 스케줄이나 짧은 납품 기일을 감안해 볼 때, 그로서는 이 주문을 받아들인다는 것은 불가능한 일로 생각되었다.

　종업원들을 독려해서 주문량을 생산하게 하는 대신 맥도날드 씨는 종업원들을 모두 모아놓고 그들에게 상황을 설명해 주었으며, 제 날짜에 주문량을 생산할 수만 있다면 회사와 종업원 자신들에게도 이득이 돌아오게 된다는 것을 말해 주었다. 그러고 나서 질문을 시작했다.

『우리가 이 주문을 처리하는 데 어떤 방법이 있을까요?』

『누가 이 주문을 받아들일 가능한 다른 생산 방식을 생각해낼 수 있습니까?』

『작업 시간이나, 개인이 맡은 업무를 조정하는 방법은 없을까요?』

종업원들은 다양한 아이디어를 내놓았고, 그 주문을 받아들일 것을 강력히 주장하게 되었다. 그들은 「할 수 있다」는 자세로 그 상황에 임했고, 그래서 주문을 제 날짜에 맞출 수가 있었다.

능률적인 지도자는 다음의 원칙을 이용한다.

【원칙 4. 직접적인 명령을 내리기보다 의견을 제시하라.】

— ·· — · — ·· — ·· — 5 — ·· — · — ·· — · — ·· —

상대의 체면을 지켜 주어라

언젠가 제너럴 일렉트릭 사는 찰스 스타인메츠 부장을 다른 부서로 이동시켜야 하는 미묘한 문제에 봉착한 적이 있었다. 스타인메츠는 전기에 관해서 권위자였다. 기획부장으로는 적임이 아니었다. 그러나 회사로서는 그의 감정에 상처를 주고 싶지 않았다.

사실 그는 필요 불가결한 인물이었지만, 한편 지극히 신경이 예민한 사람이었다. 그래서 회사는 새로운 직책을 하나 신설하여 그를 전임 발령하였다. 「고문 엔지니어」라는 것이 그 직함이었다. 그렇다고 직위 상으로는 큰 변동이 없다. 그리고 기획부장에는 다른 사람을 임명하였다.

스타인메츠도 좋아하였다. 중역들도 좋아하였다. 그처럼 까다로운 사나이를 체면을 살려주면서 무사히 이동시킬 수 있었던 것이다.

상대방의 체면을 살려준다는 것은 매우 중요한 일이다. 그런데도 이 중요성을 이해하고 있는 사람이 과연 얼마나 되는지는 의심스러운 노릇이다. 자기의 기분을 살리기에 골몰한 나머지 타인의 감정을 짓밟으며 상대방의 자존심 따위는 전혀 무시해 버린다.

다른 사람이 보는 앞이건 말건 아랫사람이나 아이들에게 야단을 친다. 좀 더 깊이 생각하여 한두 마디 다정한 말을 써 가면서 상대방의 심정을 이해해 주면 그쪽이 훨씬 더 효과적일 것임에도 불구하고 어쩔 수 없이 종업원을 해고해야만 될 난처한 경우에는 이 점을 잘 생각해 둘 필요가 있다.

마샬 A. 그랜저라는 공인회계사로부터 나에게 온 편지의 한 구절을 여기에 소개하기로 하겠다.

『종업원의 해고라는 것은 어떻게 생각하든지간에 유쾌한 일은 아닙니다. 해고당하는 쪽은 더욱 불쾌할 것임에 틀림이 없지요. 우리가 하는 일은 계절적인 일입니다. 따라서 매년 3월 소득세신고 기간이 끝나면 대량의 해고자를 내게 됩니다.

목을 자르는 일은 결코 유쾌할 수가 없습니다. 따라서 일을 되도록 간단히 처리하는 습관이 우리 사이에는 이루어져 있습니다. 대개 다음과 같은 방법을 쓰지요. 즉,

「스미스 씨, 좀 앉으세요. 아시는 바와 같이 시즌도 끝나고 했으니, 당신이 할 일도 더 이상 없는 것 같습니다. 애당초 바쁜 한철 동안만 일을 도와주기로 약속이 되어 있었고……등등.」

상대방은 이 말 한 마디에 벌써 큰 타격을 받습니다. 발길로 한대 채인 기분이겠지요. 그들의 대부분은 회계업무로 일생을 보내

오다시피 한 사람들이지만, 이렇게 간단히 해고하는 회사에 대해서는 눈곱만한 애착도 느끼지 않는 것입니다. 그래서 나는 임시 고용인을 해고시킬 때에는 좀 더 신중한 태도와 방법을 취하려고 생각하였습니다. 각자의 성적을 잘 조사 검토한 다음, 나는 이렇게 이야기했습니다.

「스미스 씨, 당신의 근무 성적은 아주 훌륭했어요. 뉴욕에 출장 갔을 때는 정말 고생하셨습니다. 하여튼 임무를 잘 수행해 주셨기 때문에 회사도 체면이 선 셈이지요. 당신은 그만한 실력이 있으니 어디에 가시든지 큰일을 하실 것입니다. 우리는 당신을 믿으며, 또 가능한 한 최대의 조력을 아끼지 않겠으니, 이 점을 잊지 마시기 바랍니다.」

그 결과로 상대방은 해고당한 것을 크게 가슴 아파하지 않고 밝은 기분으로 나가는 것입니다. 발길로 채이고 나온 기분이 아니지요. 회사에 일만 있다면 계속해서 고용해 주었을 것임에 틀림없다고 그들은 믿는 것입니다. 회사가 또 다시 그들의 일을 필요로 할 때에는 기꺼이 달려와 줄 것입니다.』

우리 코스의 한 토론 시간에, 다른 사람을 헐뜯는 경우의 부정적인 효과와, 다른 사람의 체면을 세워주는 경우의 긍정적인 효과에 대해서 두 개의 클래스 멤버들이 토론을 벌였다.

펜실베이니아의 해리스버그에 사는 프레드 클라크 씨는 자기 회사에서 일어난 일을 이렇게 말했다.

『회사의 한 생산회의에서 부사장이 어느 생산과장 한 사람에게 생산 공정에 대해 아주 날카로운 질문을 던졌습니다. 부사장은 윽박지르듯이 그 과장의 잘못을 캐려 했습니다. 동료들 앞에서 무안당하기를 원치 않았던 그 과장은 대답을 얼버무려 버렸습니다. 그 대답을 물고 늘어진 부사장은 더욱 호통을 치면서 그가 거짓말을 하고 있다고 몰아세웠습니다.』

『이 회의가 열리기 이전에는 존재했을지도 모르는 모든 유대감이 그 짧은 순간 송두리째 붕괴되어 버렸습니다. 원래 일처리에 능숙하던 그 과장은, 그 때 이후로 회사에서 쓸모없는 사람이 되어버리고 말았습니다. 몇 달 후 그는 회사를 그만두고 우리의 경쟁사로 옮겨가게 되었는데, 그곳에서 아주 일을 잘하고 있다고 합니다.』

또 다른 클래스 멤버인 안나 마존 양은, 자기 직장에서도 그와 비슷한 일이 있었지만, 문제에 대한 접근 방식의 차이에 따라 그 결과가 아주 달라진 경우를 이야기했다.

마존 양은 식품 포장의 마케팅 전문가였는데, 어떤 신상품의 테스트 마케팅이라는 첫 중대한 임무가 그녀에게 주어졌다. 마존 양은 우리 강좌에서 다음과 같이 말했다.

『실험의 결과가 나왔을 때, 저는 어찌할 바를 몰랐어요. 저는 계획단계에서 중대한 실수를 범함으로써 실험 전체를 다시 해야만 했습니다. 그런데다가 제가 이 프로젝트에 대해 보고를 하기로 되어 있던 회의가 열리기 전까지도 사장님과 이 문제를 협의할 시간조차 없었습니다.

보고를 하라는 지시를 받았을 때, 나는 두려움으로 몸이 떨렸어요. 나는 쓰러지지 않으려고 안간힘을 썼어요. 그러나 회의에 참석한 남자들이, 여자란 너무 감정적이어서 관리자로는 부적합하다는 말이 나오지 않도록 눈물은 절대 보이지 않기로 결심했습니다. 저는 보고를 간단히 끝낸 후, 실수를 저질렀기 때문에 다음번 회의 때까지 다시 연구하겠노라고 말했습니다.

저는 사장이 펄쩍 뛸 것으로 예상하며 자리에 앉았습니다. 그러나 예상 밖으로 사장은 제가 한 일에 대해서 고맙다고 하더니, 새로운 일거리를 맡으면 으레 실수는 있을 수 있는 법이라며, 다시 하는 연구는 정확할 것이고 회사에도 이익이 될 것을 확신한다고 말하는 것이었어요. 사장은 동료들이 보는 앞에서, 자기는 나를 믿고 있으며, 내가 최선을 다했다는 사실을 이해하고 있고, 실패의 원인은 능력 부족이 아니라 경험 부족이라고 말해 주었어요.

결코 사장님을 실망시키지 않으리라 저는 굳게 다짐하면서 고개를 들고 회의장을 나왔습니다.」

설사 우리가 옳고 다른 사람이 분명히 잘못했다 하더라도 상대의 체면을 밟아버리면 그 사람의 자존심에 상처만 안겨줄 뿐이다.

전설적인 인물로 프랑스의 선구적 비행사이자 작가인 생텍쥐페리는 이렇게 쓰고 있다.

『나에게는 누구에게라도 그 사람 스스로의 의도에 대해 위축시키는 말이나 행동을 할 권리가 없다. 중요한 것은 내가 그 사람에 대해서 어떻게 생각하느냐 하는 것이 아니고, 그가 그 자신을 어떻게 생각하느냐 하는 것이다. 인간의 존엄성에 상처를 주는 것은 죄악이다.』

【원칙 5. 상대방의 체면을 세워 주어라.】

6

어떻게 상대를 성공의 길로 이끌 것인가?

피트 발로우라는 서커스 단장과 나는 예전부터 친한 사이였다. 그는 개와 망아지를 데리고 각지를 순회공연하고 있었는데, 나는 피트가 개에게 재주를 가르치는 것을 보고 퍽 재미있다고 생각하였다. 개가 조금이라도 잘하면 그는 쓰다듬어 주고 고기를 주고, 굉장히 칭찬을 해주는 것이었다.

이러한 방법은 결코 새로운 것이 아니고, 동물을 훈련시키는데 옛날부터 써 오던 것이다.

우리들은 이미 다 알고 있는 방법을 왜 인간에게 응용하지 않을까? 왜 회초리 대신에 먹을 고기를, 비판 대신에 칭찬을 이용하지 않는 것일까? 상대방이 조금만 잘하는 일이 있으면 진심으로 칭찬해 보라. 그러면 이에 힘을 얻어서 상대방은 더욱 더 진보 향상할 것임에 틀림없다.

자신의 저서 《난 별 볼일 없는 인간이지만, 그래도 내게는 내가 제일이라오》에서 심리학자인 제스 레어는 이렇게 말하고 있다.

『칭찬은 따뜻한 인간정신에 대한 햇빛과도 같아서, 우리는 칭찬 없이는 자라지도 꽃피지도 못한다. 그런데도 대부분의 사람들은 타인에게, 걸핏하면 비난의 찬바람을 퍼붓기 일쑤이고, 어쩐 일인지 우리의 이웃이나 동료들에게 칭찬의 따뜻한 햇볕을 주는 데 인색하다.』

내 삶을 돌이켜보면, 몇 마디의 칭찬의 말이 나의 미래를 송두리째 바꿔놓았음을 알 수 있다. 당신도 당신의 삶에 있어서 이와 같은 말을 할 수 있을 것이다. 역사는 칭찬의 마법에 대한 놀랄 만큼 많은 실례로 가득 차 있다.

지금으로부터 약 백여 년 전, 열 살가량 난 소년이 이탈리아의 나폴리 어느 공장에서 일하고 있었다. 그는 성악가가 되고 싶었으나, 최초에 만난 교사는 『너에게 노래는 맞지가 않아. 네 목소리는 마치 덧문이 바람에 덜렁거리는 소리 같아.』하고 핀잔을 주는 바람에 그만 낙담하고 말았다.

그러나 그의 어머니는 비록 가난한 농촌 부인이었지만, 그를 끌어안고 따뜻하게 격려해 주었다.

『너는 꼭 훌륭한 성악가가 되고 말게다. 어머니는 그것을 알 수가 있어. 그 증거로 너는 점점 노래 솜씨가 나아져 가고 있지 않니?』

그녀는 몸이 부서지도록 일하여 그 아들에게 음악공부를 시켰다. 이 어머니의 칭찬과 격려가 그 소년의 생애를 일변시켰던 것이다. 그의 이름은 여러분도 잘 아는 다름 아닌 당대 최고의 성악가 엔리코 카루소였다.

19세기 초반의 이야기인데, 런던에 작가가 되기를 지망한 한 청년이 있었다. 그에게 유리하다고 생각되는 조건이라고는 하나도 없었다. 학교는 4년밖에 다니지 못하였고, 부친은 빚을 걸머지고 형무소에 들어가 있었으며, 하루 세 끼 끼니도 때우기 힘들 지경으로 가난한 살림이었다. 그러다가 그는 겨우 직업을 하나 얻었다. 쥐구멍같이 음침한 창고 속에서 구두약통에 레테르를 붙이는 일이었다. 밤이면 초라한 지붕 아래 다락방에서 두 소년과 함께 새우잠을 잤다. 그 두 소년이란 빈민가의 부랑아였다.

그는 자신이 없었기 때문에 혹시 누가 보면 비웃을까봐 사람들이 다 잠든 다음에 자리에서 빠져나와 그의 첫 원고를 우송하였다. 계속해서 원고를 보내 보았지만 전부 반송되어 왔다. 그러나 드디어 그에게도 기념할 만한 날이 찾아왔다. 원고 하나가 햇빛을 보게 되었던 것이다. 원고료는 한 푼도 못 받았으나 편집자로부터 칭찬을 들었다. 그는 인정을 받았던 것이다. 그는 너무나 감격하여 흘러내리는 눈물을 닦으려고도 하지 않고 거리를 돌아다녔다.

자기의 작품이 활자화되어 세상에 나온다는 사실이 그의 생애에 큰 변혁을 가져왔던 것이다. 만약 그것이 없었다면 그는 일생을 그 어둠침침한 창고 속에서 생애를 보냈을는지도 모른다. 이 소년이 바로 그 유명한 찰스 디킨스였다.

그리고 50여 년이 흐른 뒤 또 다른 한 소년이 런던의 어느 직물 상점에서 일하고 있었다. 아침에는 다섯 시에 일어나고, 청소며 잔심부름을 하느라고 하루에 열네 시간이나 혹사당하였다. 이러한 중노동이 그에게는 견딜 수 없이 고생스러웠지만, 그런 대로 2년간이나 참았다. 그 이상은 도저히 참을 수가 없어 어느 날 아침, 그는 아침밥도 먹지 않고 가게를 빠져나와 가정부로 일하고 있는 어머니한테로 15마일이나 되는 길을 달려갔다.

그는 미친 듯이 울부짖으면서 그 가게에서 일하느니 차라리 죽는 편이 낫겠다고 어머니에게 호소하였다. 그래서 그는 모교의 교장선생님 앞으로 자기의 곤경을 호소하는 장문의 편지를 보냈다. 교장선생은 곧 답장을 보내왔다. 군은 매우 두뇌가 명석하여 그러한 중노동에는 적합지 않으니 더 지적(知的)인 일을 해야 할 것이라고 말하면서 그에게 학교 교사의 자리를 제공해 왔다.

이 칭찬은 소년의 장래를 일변시켰으며, 영문학사상 불멸의 공적을 남기게 하였던 것이다. 77권이나 되는 서적을 저술하였고, 수많은 베스트셀러를 탄생시켜 마침내 백만장자의 부를 펜으로 쌓은 이 장본인은 다름 아닌 H. G. 웰즈 그 사람이었다.

비난 대신 칭찬을 하는 것이 바로 B. F. 스키너 씨 교육의 기본 개념이다. 이 시대의 위대한 심리학자인 스키너 씨는, 비난을 최소화시키고 칭찬을 극대화시킬 때 사람들이 행하는 좋은 일들은 더욱 강화되고, 나쁜 일들은 관심의 결여로 인해서 없어지게 된다는 사실을 동물과 인간의 실험을 통해서 입증하고 있다.

노스캐롤라이나의 로키 산에 사는 존 링겔스포 씨는 자기 아이들에게 이 방법을 사용했다. 대부분의 가정이 그렇듯이 부모가 자식들과 대화를 하는 주된 형태는 자식들에게 소리를 지르는 것이었다. 그리고 대부분 그렇듯이 그런 일이 있을 때마다 아이들이나 부모들에게 있어서 상태가 더 나아지는 것이 아니라 오히려 그 반대였다. 이 문제에 대한 해결방안은 끝이 보이지 않는 것만 같았다.

링겔스포 씨는 이런 문제를 극복하기 위해서 우리 강좌에서 배운 몇 가지 원칙을 적용해 보기로 마음먹었다. 그는 이렇게 보고했다.

『우리는 아이들의 잘못에 대해서 호통을 치는 대신 칭찬을 해보기로 했습니다. 눈에 띄는 것이라곤 온통 잘못투성이였으니 그리 만만치가 않더군요. 칭찬거리를 찾아내기란 정말 쉬운 일이 아니었습니다. 어렵게나마 몇 가지 칭찬거리를 찾아 칭찬을 해주었습니다. 그렇게 처음 며칠이 지나자, 아이들이 저지르던 진짜 못된 짓들이 하나하나 없어지기 시작했어요. 그런 뒤에는 다른 결점들도 사라지기 시작했습니다. 아이들은 우리의 칭찬을 잘 받아들였습니다. 심지어는 옳은 일을 하려고 애쓰기조차 하더군요. 우리는 믿어지지가 않았습니다. 물론 그것이 오랫동안 지속되지는 않았지만, 모든 것이 다시 제자리에 돌아왔을 때, 상황은 그 이전보다 훨씬 나아졌습니다. 이제는 더 이상 전처럼 아이들을 다룰 필요가 없어졌어요. 나쁜 짓보다는 올바른 행동을 훨씬 더 많이 했으니까요.』

이 모든 것은 아이들이 못된 짓을 저지를 때마다 야단을 치기보다는, 그들이 조금이라도 나아지는 것을 칭찬해 준 결과인 것이다.

직장에서도 마찬가지다. 캘리포니아 주 우들랜드 힐즈에 사는 케이스 로퍼 씨는 이 원리를 자신의 회사에 적용했다. 로퍼 씨는 자기의 인쇄소에서 아주 뛰어난 품질의 제작물을 발견했다. 이 제작물을 찍어낸 인쇄공은 일의 적응에 애를 먹고 있던 새로 들어온 고용원이었다. 그 공원의 과장은 매사에 부정적인 그의 태도에 불평을 늘어놓으면서 그를 그의 부서에서 몰아낼 것을 진지하게 생각하고 있던 중이었다.

이런 사실을 전해들은 로퍼 씨는 직접 인쇄소에 가서 그 젊은이와 이야기를 나누었다. 로퍼 씨는 자기가 받아 본 제작물을 보고 기분이 매우 좋다는 이야기와 함께, 최근에 우리 인쇄소에서 제작된 인쇄물 가운데서 가장 뛰어나다고 지적했다.

로퍼 씨는, 어째서 그 제작물이 다른 것보다 뛰어난지 하는 것과, 그 젊은이의 회사에 대한 기여가 매우 크다는 점을 확고히 지적해 주었다.

그 젊은 인쇄공의 회사에 대한 태도가 어떠리라고 당신은 생각하는가? 며칠 지나지 않아 완전히 돌변했다. 그는 몇몇 동료들에게 사장과의 대화를 얘기해 주면서, 이 회사에 좋은 제작물을 알아보는 사람이 있더라고 말했다. 그리고 그날부터 그는 충성스럽고 헌신적인 종업원이 되었다.

로퍼 씨가 한 일이란 그저 젊은 인쇄공을 칭찬해 주면서 『자네 참 기술이 좋군.』이라고 말했을 뿐이었다. 그리고 로퍼 씨는 그 제작물의 뛰어남을 구체적으로 지적해 주었다. 왜냐하면 일반적인 찬사를 늘어놓기보다는 업적을 구체적으로 지적해 주어, 그것을 받아들이는 사람으로서는 더욱 의미 깊은 것이 되었기 때문이다.

사람은 누구나 칭찬 받기를 좋아한다. 그러나 그 칭찬도 구체적일 때 진지하게 가슴에 와 닿는 법이며, 다른 사람에게 그저 겉치레로 한 소리가 아니라는 느낌도 줄 수가 있는 것이다.

인간은 누구나 감사와 인정을 갈망하고 있으며, 그것을 위해서라면 어떤 일이든지 할 수 있다는 점을 명심하라. 그러나 위선이나 아첨을 바라는 사람은 아무도 없다.

되풀이하지만, 이 책에서 가르치는 원칙들은 진정으로 실천할 때 비로소 효과가 있다. 나는 잔꾀에 대해서 이야기하고 있는 것이 아니다. 인생을 살아가는 새로운 방법에 대해서 이야기하고 있는 것이다.

사람을 바꾸는 일에 대해서 얘기하기로 하자.

만일 당신이나 내가, 우리가 만나는 사람들로 하여금 그들에게 숨겨져 있는 보물을 깨닫게 해줄 수만 있다면, 우리는 그 사람을 바꾸는 것 이상의 일을 해낼 수가 있다. 문자 그대로 그들을 개조 시킬 수가 있는 것이다.

과장된 얘기라고? 그렇다면 미국이 배출해 낸 가장 뛰어난 심 리학자이며 철학자인 윌리엄 제임스의 슬기로운 얘기를 들어 보 기로 하자.

우리는 우리가 지닌 실제 능력에 비한다면 절반밖에 깨어 있 지 않다. 육체적 정신적인 능력 가운데 우리는 그 작은 일부만 사용하고 있을 뿐이다. 이 말은 넓은 의미에서 해석하면, 인간 은 자신의 능력 한계에 훨씬 못 미치는 삶을 살고 있다. 단지 습관적으로 사용하지 않을 뿐인 다양한 능력을 인간은 지니고 있는 것이다.

그렇다. 이 책을 읽고 있는 당신은 습관적으로 사용하지 않게 된 여러 가지 능력을 지니고 있다. 그리고 당신이 제대로 사용하 지 않고 있는 이런 능력 가운데 하나는 아마도 다른 사람을 칭찬 하여 그로 하여금 자기의 잠재력을 깨닫게 해주는 능력일지도 모 른다.

능력은 비난 속에서는 시들고 말지만, 격려 가운데서는 꽃을 피우는 법이다.

보다 효과적인 지도자가 되기 위해서는 다음의 원칙을 사용하라.

【원칙 6. 비록 작은 일일지라도 아낌없이 칭찬해 주어라.】

— ·· — ·· — ·· — · 7 — ·· — ·· — ·· — ·

개에게도 좋은 이름을 지어 주어라

능력 있는 사람이 일을 잘못하기 시작하면 당신은 어떻게 하겠는가? 당신은 그를 파면시킬 수 있겠지만, 그것으로써 해결되는 문제는 아무것도 없을 것이다. 심하게 나무랄 수도 있으나, 그렇게 하면 오히려 반감을 사기가 십상이다.

인디아나 주 로웰에 있는 규모가 큰 트럭 대리점 서비스 담당 매니저인 헨리 헹크 씨는 자신이 데리고 있는 기능공의 일처리가 만족스럽지 못했다. 그는 그 기능공에게 호통을 치거나 으름장을 놓는 대신 그를 사무실로 불러 마음을 터놓고 대화를 나누었다.

『빌, 자넨 훌륭한 기술자야. 자넨 이 일에 여러 해 동안 종사해 오지 않았나? 자네가 수리해 준 수많은 자동차가 고객들에게 만족을 주었지. 사실 자네의 일처리에 대해서 고객들이 얼마나 칭찬을 많이 했는지 아나? 그런데 최근 들어서는 시간도 오래 걸리고, 일처리도 예전 같지가 않은 것 같네. 자네가 과거에 그토록 뛰어난 기술자였기 때문에 내가 지금의 상태에는 만족하고 있지 않다는 것을 알아주었으면 좋겠네. 아마도 우리가 서로 대화를 하다보면 문제 해결의 실마리를 발견할 수 있을 걸세.』

빌은 자기가 해온 일의 질이 그렇게 떨어지고 있는지를 미처 깨닫지 못했다고 하면서, 지금의 이 일은 자신의 전공 분야이므로 앞으로는 나아질 것이라고 다짐했다.

빌은 과연 그렇게 했을까? 물론이다. 빌은 다시 능란하고 철두철미한 기술 솜씨를 발휘했다. 행크 씨가 수여한 명예를 걸머쥔 그는 자신의 옛날 솜씨 못지않게 일을 잘 처리해 낸 것이다.

볼드윈 기관차 회사의 사무엘 보클레인 사장은 이렇게 말한 적이 있다.

『뭔가 좋은 점을 찾아내어 그에 대해 칭찬해 주면 대부분의 사람은 이쪽이 마음먹은 대로 따라오기 마련이다.』

요컨대 상대방의 특정한 점을 교정하려고 한다면 바로 그 특정한 일면이 그 사람의 뛰어난 일면이라고 말해 주는 것이다.

「비록 장점이 없더라도 장점을 꾸며 처신하라」고 일찍이 셰익스피어는 말했다. 상대방에게 어떤 장점을 발휘시키고자 한다면 그가 그 장점을 이미 지니고 있는 것처럼 가정하고 공연히 그렇게 취급해 줄 일이다. 평판을 좋게 해주면 그 사람은 당신의 기대에 어긋나지 않도록 노력할 것이다.

아일랜드 더블린에 사는 치과의사 마틴 피츠휴 박사는 어느 날 아침, 한 환자가 입을 헹굴 때 사용하는 컵을 올려놓는 쇠붙이로

된 컵받침이 불결하다고 지적한 데 대해서 충격을 받았다. 사실 그 환자는 종이컵으로 물을 마셨으나, 어쨌든 간에 불결한 기구를 사용한다는 것은 의사답지 못한 일이다.

그 환자가 돌아간 후, 피츠휴 박사는 사무실로 들어가서 일주일에 두 번씩 사무실을 청소하러 오는 파출부 브리기트에게 편지를 써 놓았다.

친애하는 브리기트,

내가 당신을 직접 만날 기회가 자주 없어서 당신이 내 사무실을 깨끗이 청소해 주는 데 대하여 편지로라도 감사드리고자 합니다. 일주일에 두 번씩 두 시간은 너무 짧은 시간이기 때문에 컵받침을 닦는 일과 같은 「가끔 한 번씩」 해야 할 일들이 있을 때는 30분 정도씩 초과 근무를 해도 좋습니다. 물론 그런 초과 근무에 대해서는 수당을 드리겠습니다.

『이튿날 아침 병원에 출근해 보니, 내 책상은 마치 거울처럼 반짝거렸으며, 의자 역시 반질반질해서 하마터면 미끄러질 뻔했습니다. 진료실에 들어가 보니 지금까지는 본 적이 없는 깨끗하고 반짝반짝 윤이 나는 컵받침이 용기에 넣어져 있더군요. 나는 그 파출부에게 명예를 부여했고, 이 짤막한 편지 한 장에 그녀는 자기의 모든 정성을 다 쏟았던 것입니다. 그녀가 이 일을 하는 데 더 많은 시간이 걸렸을까요? 아니, 전혀 더 걸리지 않았습니다.』

이런 옛말이 있다.

『개에게 나쁜 이름을 지어 주느니 차라리 목을 매다는 편이 나을 것이다.』

그러나 좋은 이름을 붙여주면 어떤 일이 벌어지는지 한번 보라!

뉴욕 시의 브루클린에서 4학년 담임선생님인 루스 홉킨스 부인은 그 학교의 첫 수업이 있던 날 자기 학급의 명단을 훑어보았다. 새 학기를 시작하는 한편으로는 기쁘기도 하고 가슴이 설레기도 했지만 또한 걱정스럽기도 했다. 왜냐하면 그 학교에서 가장 유명한 「악동」인 토미가 금년에는 자기 반이 되었기 때문이다.

토미의 3학년 때 담임선생님은, 동료 교사와 교장선생님에게는 물론 만나는 사람마다 토미에 대한 불평을 늘어놓았던 것이다. 토미는 단순한 개구쟁이만은 아니었다. 학급의 규율을 문란케 했고, 다른 사내아이들에게 싸움을 걸고, 여자 아이들을 골탕 먹이는가 하면, 때로는 선생님에게도 무례하게 대하는 짓이 나이가 들수록 점점 더 심해져 갔다. 그렇지만 토미가 지닌 단 하나의 장점은 배운 것을 금방 알아듣고, 학교 수업을 쉽게 마스터하는 능력이었다.

홉킨스 부인은 즉시 「토미 문제」를 다루기로 작정했다. 자기 반 학생들과 처음 대면하는 자리에서 홉킨스 부인, 학생들 모두에게 한 마디씩 해주었습니다.

『로즈야, 옷이 참 예쁘구나.』, 『앨리샤는 그림을 잘 그린다면서?』 이번에는 토미의 차례가 되었다. 홉킨스 부인은 토미의 눈을 똑바로 쳐다보면서 이렇게 말했다.

『토미야, 내가 알기로 너는 타고난 지도자라고 하던데. 올해 우리 학교 4학년 학급 전체에서 우리 반이 최고의 반이 되도록 만드는 데 네가 도와주리라고 나는 믿는다.』

홉킨스 부인은 처음 며칠 동안 토미가 하는 일마다 칭찬도 해주고, 정말 훌륭한 학생이라고 추켜세우기도 하면서 그 점을 강조했다. 그런 명예가 주어지자, 비록 아홉 살밖에 안된 토미지만 선생님을 실망시킬 수가 없었던 것이다.

만일 당신이 다른 사람의 태도나 행동을 바꾸는 것과 같은 리더십을 발휘하고 싶다면 다음의 원칙을 사용해 보라.

【원칙 7. 다른 사람에게 훌륭한 명성을 갖도록 해주어라.】

— · — · — · — 8 — · — · — · —

잘못은 바로잡기 쉬운 것처럼 보이게 해주어라

나의 친구 가운데 40대의 독신자가 있었다. 그 사람이 최근 어느 여성과 약혼을 하게 되었다. 그런데 그 상대 여성이 그에게 댄스를 배우라고 성화라는 것이다. 이 문제에 대해서 그는 나에게 이와 같이 말했다.

『나는 젊었을 때 댄스를 배워서 그것을 그대로 20년간이나 똑같이 추고 있으니, 한번 다시 배울 필요는 있어. 처음 찾아간 교사는 나의 춤추는 폼이 전혀 되어 있지 않다고 말했지. 아마 그것이 사실이었을 거야. 처음부터 새로 배워야 한다기에 그만 나는 마음이 내키지 않아 그녀에게서 배우는 것을 포기하고 말았지. 그 다음번 교사는 사실대로 말해 주지는 않는 것 같았으나, 그쪽이 훨씬 내 마음에 들었어. 나의 춤추는 폼이 약간 유행에는 뒤떨어져 있으나, 기초가 든든하므로 새로운 스텝도 곧 습득할 수 있을 거라고 말해 주었어. 처음 교사는 나의 결점을 강조하여 나를 낙담시켰으나, 두 번째 교사는 그와 정반대였어. 장점을 보아주고 단점은 별로 들추어내지 않았지. 리듬도 잘 알고 있으며 소질도 다분히 있다고 말해 주더군. 일단 그런 말을 듣고 나니 자신이 서툴다는 것을 알면서도 행여 그렇지도 않을 것 같다는 느낌이 들게 되더군. 물론 수업료를 이미 지불하였으므로 칭찬의 말을 좀 하는 것쯤 크게 이상할 것은 없으나, 굳이 그런 것을 염두에 둘 필요는 없는 일이지. 하여튼 칭찬을 받은 덕분으로 나의 댄스는 눈부시게 숙달되었어. 교사의 말이 나에게 힘과 희망을 주었으며 향상과 발전을 재촉해 준 거지.』

아이들이나 남편이나 종업원을, 바보라든지 무능하다든지 둔하다든지 하고 욕하는 것은 그들의 향상심의 싹을 송두리째 잘라버리는 결과를 가져온다. 그와 반대로 격려해 주고, 위로하고, 노력만 하면 무슨 일이라도 능히 할 수 있다고 확신시켜 주기만 하면 된다. 상대방의 능력을 이쪽이 믿고 있음을 잘 알려주어야 한다. 그러면 그 사람은 자기의 우수성을 과시하려고 노력하게 된다.

로웰 토머스도 이 방법을 쓰고 있다. 그는 이 방면에서는 타의 추종을 불허한다. 사람을 분기(奮起)시키고, 자신감을 불어넣어 주고, 용기와 신념을 심어주는 데 비상한 재주를 가지고 있었다. 예를 들면 이런 일이 있었다.

얼마 전 나는 토머스 부부와 주말을 함께 보낸 적이 있다. 그 토요일 밤 불이 활활 타는 난로 옆에서 브리지 게임이나 하지 않겠느냐는 권유를 받았다. 브리지라고? 터무니없는 소리다. 나는 그런 것을 왜 하는지 도무지 이해할 수가 없다. 나는 브리지라면 딱 질색이다.

『데일, 브리지란 알고 보면 아무것도 아닐세. 별다른 비결이 있는 것도 아니고, 그저 기억력과 판단력만 있으면 되네. 자넨 기억력에 관한 책까지 저술한 적이 있지 않은가. 자네한테는 안성맞춤의 게임일세.』

나는 권하는 대로 어느새 난생 처음으로 브리지 테이블 앞에 앉았다. 그들이 문제없다고 권하는 바람에 어쩐지 나도 하면 할 수 있을 것 같은 생각이 들어 브리지를 하게 된 것이었다.

브리지 이야기가 나오면 엘리 컬버트슨이 생각난다. 브리지를 조금 할 줄 아는 사람이라면 누구든 그의 이름을 알고 있을 것이다. 그가 쓴 브리지에 관한 서적은 세계 각국어로 번역이 되어 이미 백만 부도 더 팔렸다고 한다. 그도 어느 젊은 여성으로부터 『당신은 브리지에 뛰어난 소질이 있다.』 라는 말을 듣지 않았다면 그 방면의 일인자가 되지는 못하였을 것이다.

컬버트슨이 미국에 온 것은 1922년인데, 최초는 철학과 사회학의 교사가 되려고 하였지만 적당한 일자리가 없었다. 그래서 그는 석탄 장사도 해보았으나 실패하고 말았다. 다음에는 커피 판매도 해보았으나 그것도 여의치 않았다.

그 당시 그에게는 브리지의 선생이 되려는 생각은 조금도 없었다. 트럼프 솜씨도 매우 서툴러서 여럿이 모여 노는 데에는 축에도 못 낄 정도였다. 처음부터 끝까지 묻기만 하여 옆의 사람을 귀찮게 하고 승부가 끝나면 게임의 결과를 꼬치꼬치 따지고 들었기 때문에 아무도 그와 놀기를 반겨하지 않았다.

그러던 어느 날, 그는 조세핀 딜론이라는 미모의 브리지 교사와 알게 되어 그것이 사랑으로 발전하였고, 드디어는 결혼까지 하게 되었다. 그녀는 그가 면밀히 카드를 분석하여 생각하는 모습을 보고 그에게 트럼프 경기에 대한 천부의 소질이 있다고 칭찬하여 주었다. 컬버트슨으로 하여금 브리지의 대권위자가 되게 한 것은 그녀의 이런 격려의 말이었다고 한다.

오하이오 주의 신시내티에서 우리 코스의 강사로 있는 클래런스 M. 존스는 격려해 주는 것과, 잘못을 고치기 쉬운 것으로 보이게 만드는 것이 어떻게 그의 아들의 인생을 완전히 바꿔 놓았는지에 대해서 이렇게 얘기하고 있다.

『1970년, 당시 15세이던 나의 아들 데이비드는 나와 함께 살기 위해 신시내티로 왔습니다. 그 때까지 그 아이는 고통으로 점철된 생활을 해왔습니다. 1958년에 그 아이는 자동차 사고로 머리 수술을 해야 했고, 그 상처가 지금까지도 이마에 크게 남아 있습니다. 1960년, 아이 엄마와 나는 이혼을 해서 데이비드는 엄마를 따라 텍사스 주 댈러스로 갔습니다. 15세가 될 때까지 그 아이는 댈러스의 교육제도에 따라 지진아를 위한 특수학급에서

학교생활을 해야 했습니다. 아마도 머리의 상처가 원인이었을 것입니다. 학교에서는 뇌가 손상을 입어 정상적으로 기능할 수 없다고 결정한 것입니다. 데이비드는 같은 또래 아이들보다 2년 아래 학급에 속해 있어서, 15살인데도 7학년이었습니다. 아직도 데이비드는 곱셈을 못하고 손가락으로 헤아리며 읽지도 잘 못합니다.

하지만 한 가지 긍정적인 점은 있습니다. 데이비드는 라디오와 텔레비전 만지기를 좋아하지요. 데이비드는 텔레비전 기술자가 되기를 원하고 있습니다. 나는 그것을 격려해 주고, 기술자가 되기 위해서는 수학을 배워야 한다는 것을 지적해 주었습니다. 나는 수학에 익숙해지도록 데이비드를 돕기로 결심했습니다.

우리는 4조의 플래시 카드(잠깐 보여주고 읽게 하는 외국어나 숫자 학습용 카드)를 구입했습니다. 더하기, 빼기, 곱하기, 나누기 4종류의 카드를 가지고 우리들은 매일 밤 수학공부를 했습니다. 한 달이 지나자 데이비드는 8분 만에 카드를 전부 맞힐 수 있게 되었습니다. 처음에는 52분이 걸렸었습니다. 데이비드는 차츰 배우는 것이 쉽고 재미있다는 것을 알게 되었습니다.

자연히 데이비드의 수학성적은 놀라울 정도로 향상되었습니다. 곱셈을 할 수 있게 되었을 때 수학이 얼마나 쉬운 것인지 당신은 알고 있을 것입니다. 데이비드는 수학에서 B학점을 받고는 스스로도 깜짝 놀랐습니다. 다른 과목에서의 성적 향상도 믿기지 않을 정도로 빨리 찾아왔습니다. 독서능력도 급속히 향상되었으며 데이비드는 그림에도 탁월한 재능을 나타냈습니다.

학년이 끝나 갈 무렵, 과학교사가 데이비드에게 과학 전시회에 출품을 해보라고 권했습니다. 데이비드는 지렛대의 효과에 대한 매우 복잡한 일련의 장치들을 만들기로 결정했습니다. 그것은 정확한 제도와 모델 제작에서부터, 복잡한 수학을 적용하는 기술을 요구하는 것이었습니다. 데이비드의 작품은 교내의 전시회에서 1등상을 차지했을 뿐만 아니라, 신시내티 시 과학전시회에서 3등상을 획득했습니다.

데이비드는 마침내 해내고야 만 것입니다. 다른 아이들보다 2학년이나 뒤떨어지고 뇌에 손상을 입었다고 지진아 학급에 보내졌던 아이가, 친구들로부터 「프랑켄슈타인」 이라고 놀림을 받던 아이가 정상적인 아이들을 제치고 상을 받은 것입니다. 갑자기 데이비드는 자기가 배울 수 있고 어떤 일들을 성취할 수 있다는 것을 발견했던 것입니다.

그 결과 어떻게 되었을까요? 8학년 2학기부터 고등학교를 졸업할 때까지 데이비드는 한 번도 우등생 대열에서 빠지지 않았습니다. 고등학교 때 데이비드는 전국 우등생협회의 회원으로 선출되었습니다. 배우는 것이 쉽다는 것을 알게 되자, 그 아이의 인생은 변한 것입니다.』

다른 사람이 향상하도록 도와주기를 원한다면 다음 원칙을 명심하라.

【원칙 8. 격려해 주고, 실수란 바로잡기 쉬운 것처럼 보이게 해
주어라.】

— ·· — · — ·· — · 9 — ·· — · — ·· — · —

자발적으로 협력하도록 만들라

1915년, 유럽이 제1차 세계대전의 소용돌이 속에 휘말려 있을 때, 미국으로서도 가만히 방관만 하고 있기는 힘들게 되었다. 과연 평화를 회복할 수 있을지 그 누구도 장담할 수 없었다. 그러나 우드로 윌슨 대통령은 하여간 노력을 해보기로 결심하고 전쟁 당사국의 지도자들과 협의하기 위해 평화사절을 파견키로 하였다.

평화주의를 표방하는 국무장관 윌리엄 제닝스 브라이언이 그 임무를 맡기 원했다. 자기에게 불후의 명예를 가져다 줄 절호의 기회라고 생각하였기 때문이다. 그러나 윌슨은 브라이언 대신에 친구인 하우스 대령을 임명하였다. 그 임무를 맡게 된 하우스 대령은 난처한 문제에 봉착하게 되었다. 즉 브라이언의 감정을 상하지 않도록 유의하면서 그 사실을 그에게 밝혀야만 하게 되었던 것이다.

그 당시의 상황을 하우스 대령은 일기에 이렇게 썼다.

『브라이언은 나에게서 그 이야기를 듣자, 얼굴에 실망의 빛을 뚜렷이 나타냈다. 그는 자기가 갈 생각이었다는 것이었다. 거기에서 나는 대통령으로서는 이번 사절 파견을 공공연히 함은 현명하지 못하다는 의견을 가지고 있어서, 브라이언이 가게 되면 세상의 이목도 더 끌고 더 곤란할 것이라고 말하였다.』

당신은 이 말이 암시하는 의미를 알 것이다. 하우스 대령은, 브라이언은 국무장관으로서 너무 그릇이 큰 인물이기 때문에 그 임무에는 적합지 않다는 것이다. 그리하여 브라이언도 기분이 풀렸다는 것이다.

세심한 하우스 대령은 이쪽의 제안에 「기꺼이 협력하도록 하는」 인간관계의 중요한 법칙을 지켰던 것이다.

윌슨 대통령은 윌리엄 G. 맥카두를 각료로 들여앉힐 때도 이 방법을 사용하였다. 각료라면 누구에게나 명예로운 지위이다. 그러한 지위를 부여하는 데 있어서까지 윌슨은 상대방의 중요감을 배가시키는 방법을 썼던 것이다. 맥카두 자신의 말을 빌리면 다음과 같다.

『윌슨이, 지금 조각(組閣) 중인데, 만일 당신이 재무장관을 맡아 준다면 더할 나위 없이 기쁘겠다고 나에게 말하였다. 실로 마음 흐뭇하게 해주는 표현이었다. 이 명예로운 지위를 받아들임으로써 오히려 내 쪽에서 은혜를 베푸는 기분이었다.』

그러나 불행히도 윌슨은 언제나 그와 같은 태도만 취했던 것은 아니다. 그가 이 방법을 일관하여 썼다면 아마 역사는 많이 달라졌을는지도 모른다. 예컨대, 국제연맹 가입 문제로 그는 상원의 비위를 건드리고 공화당을 무시하였다. 인간관계를 고려하지 않은 이러한 태도는 그 자신의 실각을 초래하고, 그의 건강을 해치고 수명을 단축시켜 주었으며, 미국을 국제연맹에 참가치 않게 함으로써 역사의 진로를 변경시켰던 것이다.

정치가와 외교관만이 이러한 「상대방으로 하여금 자기가 원하는 일을 기꺼이 하도록 만드는」 원칙을 사용하는 사람들은 아니다. 인디아나 주의 포트웨인에 사는 데일 O. 페리어는 그가 어떻게 자녀 스스로 심부름을 하도록 만들었는가 하는 얘기를 해주었다.

『제프가 해야 할 심부름의 하나는, 배나무 밑에 서 있다가 지나가는 사람이 배가 떨어진 것을 주워가지 못하도록 미리 배를 줍는 일이었습니다. 제프는 그 일을 달가워하지 않았기 때문에 전혀 일을 하지 않거나, 지나가는 사람이 제프가 못 본 것을 집어갈 정도로 대충 해치우거나 했습니다. 제프를 꾸짖기보다 나는 다른 방법을 쓰기로 하고, 어느 날 제프에게 말했습니다.

「제프야, 너하고 흥정할 일이 있단다. 네가 배를 한 바구니 주워올 때마다 1달러를 주겠다. 그러나 네가 일을 끝낸 다음에 한 개라도 흘린 것이 있으면 너한테서 1달러를 벌금으로 받겠다. 어떠냐, 내 제안이?」 누구나 예상할 수 있는 바와 같이 제프는 모든 배를 주워 왔을 뿐만 아니라, 나무에 달린 것까지 모두 흔들어 떨어뜨릴까봐 나는 감시를 해야 했습니다.』

내 친구 중에 피치 못할 사람들로부터 받는 많은 강연 의뢰를 줄곧 거절만 하는 사람이 있다. 그런데 그의 거절하는 태도가 너무 교묘하기 때문에 거절당한 편에서도 그리 기분 나빠하지를 않는다. 그 거절법이란, 바쁘다거니 어쩌니 하고 그쪽의 어려운 형편은 말하지 않고, 먼저 의뢰해 준 데 대하여 진심으로 사의를 표하고, 죄송하지만 아무래도 사정이 허락지 않는다고 사과하면서 그 대신 다른 강연자를 추천해 준다. 즉 상대방이 실망을 느낄 여유를 주지 않도록 다른 강연자 쪽으로 돌려버리는 것이다.

독일에서 우리의 코스에 참석한 군터 슈미트 씨는 그가 경영하는 대규모 식료품점에서 일하는 한 여종업원의 얘기를 했다. 그 종업원은 진열된 선반 위의 상품들에 가격표를 붙이는 일을 게을리 하고 있었다. 그것은 혼란을 불러일으켰고 손님들의 불평을 샀다.

몇 번에 걸친 주의와 경고, 훈계도 별로 효과가 없었다. 할 수 없이 슈미트 씨는 그녀를 사무실로 불러서 그녀를 전체 점포의 「가격표 부착 감독주임」으로 임명한다고 말하고, 그녀가 모든 상품의 가격표가 제대로 붙어 있는지를 감독하는 책임을 맡게 되었다고 발표했다. 이러한 새로운 책임과 새로운 직함이 그녀의 종전까지의 태도를 완전히 바꾸어 놓았다. 그 때부터 그녀는 자신의 의무를 철저히 이행한 것이다.

이것은 언뜻 생각하면 어린아이 장난 같은 속임수처럼 보일 것이다. 그러나 나폴레옹 1세도 이와 같이 한 적이 있다. 그는 자기가 제정한 레지옹드뇌르 훈장을 천 5백 개나 뿌리기도 하고, 18명의 대장에게 원수의 칭호를 주기도 했으며, 자신의 군대를 「1등 군대」라고 곧잘 불렀다. 역전의 용사들을 「장난감」으로 속이고 있다고 비난하자, 그는 간단히 대답했다.

『인간은 어차피 장난감에 의해서 지배되는 것이다.』

이 나폴레옹의 수법—즉 직위나 권위를 주는 방법은 우리들이 사용을 해도 효과가 있다. 그 한 예로서 뉴욕 주 스카스데일에 사는 나의 친구 어니스트 젠트 부인의 경우를 소개하겠다.

부인은 근처의 개구쟁이 악동들에게 크게 시달림을 받은 적이 있다. 정원에 들어와서 잔디를 밟아 망쳐 놓는 것이다. 혼도 내보고 달래도 보았지만 아무 소용이 없었다. 그래서 그 부인은 그 골목대장에게 감투를 씌워줌으로써 권위를 부여하였다. 그 감투란 「탐정」이라는 칭호이다. 그리고 잔디밭의 불법 침입자를 단속할 임무를 맡겼던 것이다. 이 방법은 과연 놀라운 효과를 나타냈다. 「탐정」은 뒷마당에서 모닥불을 피워놓고 밤늦도록 불법 침입자들을 감시하게 되었던 것이다.

훌륭한 지도자라면 부하의 행동이나 태도를 바꿀 필요를 느꼈을 때, 다음과 같은 지도 지침을 항상 마음속에 간직하고 있어야 할 것이다.

1. 신중하게 행동하라. 할 수 없는 일은 섣불리 약속하지 말라. 자신에 대한 이익은 잊어버리고, 다른 사람에 대한 이익에 마음을 집중하라.
2. 다른 사람이 무엇을 원하고 있는지 정확하게 파악하라.
3. 동감하라. 다른 사람이 진심으로 무엇을 원하는지를 자신에게 물어보라.
4. 당신이 제안한 일을 함으로써 그 사람에게 어떤 이익이 돌아갈지를 생각하라.
5. 그러한 이익을 다른 사람의 욕구와 연계시켜 주어라.
6. 부탁을 할 때는 그 일을 함으로써 그 사람에게 어떤 이익이 돌아갈 것인지를 암시해 주어라.

우리는 자칫 이런 식으로 무뚝뚝하게 명령할 수가 있다.

『존, 내일 손님들이 방문하니까 창고를 깨끗이 청소하고 물건도 가지런히 정리해 주게. 그리고 카운터 정리도 좀 해놓게.』

그러나 우리는 같은 생각을, 그 일을 함으로써 존이 얻을 이익을 강조하면서 다음과 같이 표현할 수가 있다.

『존, 지금 당장 해치워야 할 일이 있네. 지금 이 일을 해두면, 나중에 일할 수고를 덜 수가 있지 않겠나? 내일 우리 점포에 많은 손님이 찾아오는데, 창고도 보여줄 생각일세. 그런데 창고가 너무 지저분한 것 같네. 자네가 청소를 하고 물건도 깨끗이 정리해 준다면 손님에게 주는 인상도 좋아질 것이고, 우리 점포의 이미지뿐만 아니라 자네의 이미지도 좋아질 게 아니겠나?』

존은 당신이 제의한 일을 기쁘게 할까? 아마 그다지 기뻐하지는 않을 것이다. 그러나 자신의 이익을 암시하지 않는 것보다는 일할 의욕이 생길 것이다.

존이 창고의 청결함에 자랑을 느끼고 점포의 이미지 향상에 기여하는 데 관심을 갖고 있다는 것을 당신이 안다고 가정한다면 그는 일에 더욱 협조적이 될 것이다.

이러한 방법을 사용할 때, 다른 사람들로부터 항상 호의적인 반응을 얻을 것이라고 믿는 것은 어리석은 일이다. 그러나 많은 사람들의 경험은 이러한 원칙을 사용하지 않는 것보다는 이 방법을 사용하는 편이 다른 사람의 태도를 바꾸는 데 도움이 된다는 것을 보여주고 있다. 그리고 이 방법으로 만일 10퍼센트라도 성공을 거둔다면 당신은 현재보다 지도자로서 10퍼센트 더 유능해지게 되는 것이다. 그리고 그것은 그만큼 당신에게 도움이 될 것이다.

당신이 다음의 원칙을 사용한다면 사람들은 당신이 원하는 일을 기꺼이 해줄 것이다.

【원칙 9. 당신이 제의하는 일을 사람들이 기꺼이 하도록 만들라.】

---- PART 4 요 약 ----

지도자가 되려면?

지도자의 임무는 때로는 부하의 태도와 행동을
고쳐주는 일을 포함한다. 이것을 달성하기
위해서는 몇 가지 제안을 실천해야 한다.

원칙 1. 칭찬과 감사의 마음으로 시작하라.

원칙 2. 실수에 대한 주의는 간접적으로 하라.

원칙 3. 남을 비난하기에 앞서 자신의 과오에 대해서 먼저 이야
기하라.

원칙 4. 직접적인 명령을 내리기보다는 의견을 제시하라.

원칙 5. 상대방의 체면을 세워 주어라.

원칙 6. 비록 작은 일일지라도 아낌없이 칭찬해 주어라.

원칙 7. 다른 사람에게 훌륭한 명성을 갖도록 해주어라.

원칙 8. 격려해 주고, 실수란 바로잡기 쉬운 것처럼 보이게 해
주어라.

원칙 9. 당신이 제의하는 일을 사람들이 기꺼이 하도록 만들라.

어떻게 친구를 만들고
상대를 설득할 것인가

개정판 인쇄일 / 2023년 01월 09일
개정판 발행일 / 2023년 01월 13일
☆
지은이 / 데일 카네기
옮긴이 / 채혜원
펴낸이 / 김동구
펴낸데 / ◎ 明文堂
(창립 1923년 10월 1일)
서울특별시 종로구 윤보선길 61(안국동)
우체국 010579-01-000682
☎ (영업) 733-3039, 734-4798
(편집) 733-4748
fax. 734-9209
e-mail : mmdbook1@hanmail.net
등록 1977. 11. 19. 제 1-148호
☆
ISBN 979-11-91757-72-9   03190
☆
값 15,000원

어떻게 번민을 극복하고 새 삶을 시작할 것인가

데일 카네기 | 채혜원 옮김

"오늘 하루를 실천에 살라! 하루가 일생인 것이다."
어제에 발목 잡히지 말고 내일을 걱정하지 말라. 오로지 오늘에 최선을 다하라!

明文堂

그대 만일 저 언덕의 소나무가 되지 못할진대,
산골짜기 벼랑 밑에 잡목인들 되어라―그러나
여울 가에 가장 아름다운 나무가 되어라.
덩굴이 되어라, 나무가 아니거든.

그대 만일 덩굴이 아니겠거든, 작은 풀잎인들 되어라.
그리하여 가는 길 오는 길을 흥겹게 하여 주오.
그대 만일 사향이 되지 못할진대 갈대인들 되어라―
그러나 호숫가에 오래오래 사는 갈대가 되어라!

우리 모두 선장이 될 수 없듯, 그 중 누구는 선원도 되리라.
그러나 모두가 할 일은 따로 있을지니.
큰 일도 있을 테며, 작은 일인들 없을손가,
모름지기 해야만 할 일은 모두 매한가지 아니랴.

그대 만일 큰 길이 되지 못할진대, 호젓한 오솔길인들 되어라.
그대 만일 태양이 되지 못할진대, 별이라도 되어라.
성공과 실패는 껍데기에 있지 않나니,
무엇이 된들 소중한 것이 되소서.

                    - 더글러스 머록

번민은 비단 정신뿐만 아니라 우리 육체마저 병들게 한다.
에너지를 소모시키고, 사고력을 둔화시키며,
공명심마저 소실시켜버린다.
카네기는 오늘 하루를 실천에 살기를 역설했다.